图书情报学研究丛书

文献编目理论研究

WENXIAN BIANMU LILUN YANJIU

吴丽坤　殷　洁　著

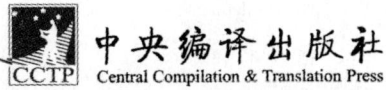

图书在版编目（CIP）数据

文献编目理论研究 / 吴丽坤，殷洁著. ——北京：中央编译出版社，2013.8
 ISBN 978-7-5117-1725-2

Ⅰ.①文… Ⅱ.①吴…②殷… Ⅲ.①文献编目—理论研究 Ⅳ.①G254.3

中国版本图书馆 CIP 数据核字（2013）第 176921 号

文献编目理论研究

出 版 人：刘明清
出版统筹：谭　洁
著　　者：吴丽坤　殷　洁
责任编辑：曲建文
责任印制：尹　珺
出版发行：中央编译出版社
地　　址：北京市西城区车公庄大街乙5号鸿儒大厦B座　邮编：100044
电　　话：（010）52612345（总编室）　（010）52612363（编辑室）
　　　　　（010）66161011（团购部）　（010）52612332（网络销售）
　　　　　（010）66130345（发行部）　（010）66509618（读者服务部）
网　　址：www.cctpbook.com
经　　销：全国新华书店
印　　刷：北京振兴源印务有限公司
开　　本：710 毫米×1000 毫米　1/16
字　　数：329 千字
印　　张：24.5
版　　次：2013 年 8 月第 1 版第 1 次印刷
定　　价：68.00 元

本社常年法律顾问：北京市吴栾赵阎律师事务所律师　闫军　梁勤
凡有印装质量问题，本社负责调换。电话：(010)66509618

前 言

所谓编目，即编制目录。其中的"目"是指篇卷的名称，"录"是关于书的内容、作者信息以及书的评价等简要文字说明。目录，也称书目，是读者与文献之间的桥梁。

编目工作的主要任务是描述、揭示、组织、报道文献信息，使得每一份文献都能在最需要它的时间、地点和特定的读者手中得到充分利用。依工作性质分，编目工作一般可以分为：描述性编目（著录）、主题编目（分类标引、主题标引）、规范控制（主题规范、名称规范）；依发展阶段分，编目工作大致可以分为：传统编目（查重、分类标引、著录、目录制作、目录组织）、现代编目（查重、分类标引、主题标引、MARC著录、规范控制）。编目工作主要的目的在于编制书目记录以汇集成图书馆目录，达到书目控制的目的。

图书馆目录从最初的财产清单到具有检索、集中、识别、选择和获取功能的现代图书馆目录，其功能随着时代的发展不断扩充。在读者的需求和技术进步的影响下，图书馆目录的功能不断突破旧的思维方式的束缚，逐步走向完善。

编目理论是随着图书馆目录功能的演变而发展的。17世纪以前，图书馆目录的功能一直停留在"财产清单"的阶段。17世纪后，图书馆的社会功能越来越突出，导致图书馆目录功能由财产清单变为查检图书的工具。自从1841年被公认为第一部最完备的编目条例《91条规则》出版以来，170多年过去了，图书馆的目录功能随着时代的发展不断得到扩充、完备。纵观图书馆目录的目的与功能的发展，编目从单纯的抄录缮写到具体描述作品实体与内容的馆藏诠释，再进而成为利用馆藏的指引和导航。近代以来，文献编目学的发展日渐活跃、观念日新。近年来，国际图联发表了《书目记录功能需求》（FRBR），提出了书目控制理论的新模型，它利用"实体—属性"方法构建了一个揭示书目结构和关系的概念模型。该模型一经问世便受到世界范围内的普遍关注，迅速成为国际书目控制的焦点，该模型对沿袭了一个多世纪的编目理论提出了挑战，在编目界引起了强烈反响，更是被期许为颠覆性的创新之作，不仅带动了规范数据的功能需求（FRAD）、主题规范记录的功能需求（FRSAR）概念模型的产生，更是推动了《国际编目原则声明》、RDA、OPAC等文献编目学、图书馆学各个领域的全面变革，FRBR的理念及其概念模型也为我们重新审视图书馆的编目理论和实践提供了一个机会。

在现代信息环境下，目录亟待被重新思索与定位，编目亟需回顾历史、前瞻未来、探究内涵、发掘其更深层次的潜在价值。在网络和计算机技术高速发展的今天，数字资源的大量出现改变了传统纸质资源独霸天下的局面，呈现出勃勃生机。计算机技术和网络技术的发展，给图书馆工作带来了深刻变化，给传统的编目工作也带来了极大的挑战。作为反映图书馆传统核心理论内容之一的编目规则也在原基础上依据实际发展进行了多次修订。英美编目规则修订联合指导委员会（Joint Steering Committee for Revision of The Anglo-American Cataloging Rules，简称JSC）对《英美编目条例》第二版（以下简称AACR2）的修订成为新著录标准产生的契机，新版著录标准"资源描述与检索"（Resource Description and Access，简称RDA）自称是"一部新的资源描述与访问的国际标准"，将为所有类型的内容和媒体的资源描述和检索提供全面的指南和用法说明，其性质是一个在数字环境下资源著录与检索的新标准。

前 言

其计划目标很明确：要以数字资源为重点；建立在原则基础上；世界范围内使用；易于使用与说明；能在联机、基于网络的环境里应用；适合所有类型的媒介与其他资源描述标准；应用范围拓展至图书馆领域外。RDA 已经于 2010 年 6 月以工具套件的形式在网络上发布，在编目界产生较大的影响，各国图书馆专业人士纷纷对此进行研究和讨论。

本书在客观上梳理中西编目思想的演进过程、追溯编目发展历程后，主要对当前国际文献编目界的关注热点 FRBR 概念模型和新的国际编目条例 RDA 的内容、特点及发展应用进行详尽介绍，并重点分析 FRBR 和 RDA 给编目事业带来的影响。本书力求展现基于 FRBR 和 RDA 的编目理论及实践，共分八章。第一章梳理编目思想的演进和编目理论的发展脉络；第二章介绍文献信息的著录原理与著录规则；第三章简要介绍机读目录及其在网络环境下的发展概况；第四章介绍书目记录功能需求（FRBR）概念模型及研究进展；第五章论述了 FRBR 对文献编目的深刻影响，包括对编目规则、对数据格式、对书目关系、对公共检索的影响；第六章对资源描述与检索（RDA）的历史背景、基本目的、内容及特点、测试及实施进展、发展前景进行论述；第七章阐述资源描述与检索（RDA）对编目规则的继承与发展，包括 RDA 与 AACR2、RDA 与 MARC21、RDA 与《国际编目原则声明》、RDA 与中文编目规则；第八章对基于 FRBR 和 RDA 的未来编目事业提出设想。

由于时间和能力有限，本书难免有疏漏之处，敬请读者谅解、批评和指正。本书在编写过程中参考了许多专家学者的论著，在此谨向作者致以最诚挚的敬意和谢意。

本书第一章和第三章由殷洁老师完成初稿，其余部分由吴丽坤撰写。

吴丽坤

2013 年 3 月 10 日

目　录

第一章　编目思想与理论的演进 ………………………………… 1
　第一节　编目活动的早期探索 ………………………………… 1
　　一、中国古代编目活动的萌芽 ……………………………… 3
　　二、西方古代编目活动的萌芽 ……………………………… 4
　第二节　编目思想的确立 ……………………………………… 5
　第三节　世界两大编目体系的形成 …………………………… 7
　　一、英美编目体系的形成 …………………………………… 8
　　二、普鲁士编目体系的形成 ………………………………… 12
　　三、两大编目体系的主要分歧 ……………………………… 14
　第四节　编目思想的深刻变革 ………………………………… 16
　　一、奥斯本与《编目的危机》 ……………………………… 17
　　二、柳别斯基和《编目规则与原则》 ……………………… 19
　第五节　编目的主要理论成就 ………………………………… 22
　　一、古代编目的主要理论成就 ……………………………… 22
　　二、近现代文献编目的主要理论成就 ……………………… 24

第二章 文献信息著录与编目 ………………………………… 31

第一节 著录及其相关概念 ………………………………… 31

一、著录及其意义 ……………………………………… 31

二、著录的相关概念 …………………………………… 33

第二节 著录的方法 ………………………………………… 40

第三节 文献信息著录规则 ………………………………… 46

一、《国际标准书目著录》……………………………… 47

二、《英美编目条例》(第2版) ………………………… 53

三、中国文献著录国家标准 …………………………… 60

四、《中国文献编目规则》……………………………… 67

五、《西文文献著录条例》……………………………… 72

六、《中国编目规则》…………………………………… 75

第四节 文献信息编目 ……………………………………… 78

一、文献信息编目法 …………………………………… 78

二、文献信息编目原则 ………………………………… 81

第三章 机读目录及其在网络环境下的发展 ……………… 85

第一节 机读目录的发展简史 ……………………………… 85

一、美国 ………………………………………………… 85

二、英国 ………………………………………………… 88

三、其他国家和地区 …………………………………… 89

四、国际标准化组织 …………………………………… 89

五、国际图联 …………………………………………… 90

六、联合国教科文组织 ………………………………… 92

七、MARC21 …………………………………………… 92

八、中国机读目录的研制过程 ………………………… 93

第二节 机读目录格式简介 ………………………………… 95

一、机读目录框架格式 …………………………………… 96
　　二、机读目录执行格式 …………………………………… 97
第三节　机读目录的编制方式 ………………………………… 106
　　一、联机编制方式 ………………………………………… 106
　　二、原始编制方式 ………………………………………… 107
　　三、联机联合编制方式 …………………………………… 107
第四节　机读目录在网络环境下的发展 ……………………… 108
　　一、MARC XML 体系结构 ……………………………… 108
　　二、MARC XML Schema 和 DTD ……………………… 110
　　三、MODS 和基于 RDF 的 MARC ……………………… 112

第四章　书目记录功能需求（FRBR）及其研究进展　114
第一节　FRBR 概述 …………………………………………… 114
　　一、FRBR 的产生背景 …………………………………… 115
　　二、FRBR 的研究目标和范围 …………………………… 117
　　三、FRBR 的研究方法 …………………………………… 119
　　四、FRBR 模型的拓展研究 ……………………………… 120
第二节　FRBR 的实体及属性 ………………………………… 121
　　一、实体 …………………………………………………… 121
　　二、属性 …………………………………………………… 130
第三节　FRBR 关系研究 ……………………………………… 141
　　一、FRBR 模型中的书目关系 …………………………… 141
　　二、FRBR 在高层次图表中所描述的关系 ……………… 143
第四节　FRAD 概念模型简述 ………………………………… 159
第五节　国家书目记录的基本要求 …………………………… 161
　　一、基本功能级别 ………………………………………… 162
　　二、基本级国家书目记录的基本数据需求 ……………… 163

3

　　　三、基本级国家书目记录 …………………………………… 170
　　　四、应用说明 ………………………………………………… 174
　　　五、小结 ……………………………………………………… 175
　第六节　FRBR的研究进展及实践 ………………………………… 176
　　　一、FRBR研究概况 ………………………………………… 176
　　　二、FRBR研究进展 ………………………………………… 179
　　　三、FRBR的实践研究 ……………………………………… 180

第五章　书目记录功能需求（FRBR）对文献编目的影响 ………… 182
　第一节　FRBR对编目理论和实践的深刻影响 …………………… 182
　　　一、FRBR对ISBD的影响 ………………………………… 183
　　　二、FRBR对AACR的影响 ………………………………… 185
　　　三、FRBR对RDA的影响 ………………………………… 188
　　　四、FRBR对数据格式MARC的影响和冲击 …………… 192
　第二节　FRBR模式下书目关系的表达 …………………………… 199
　　　一、书目关系产生的历史背景及其发展 …………………… 199
　　　二、书目关系类型 …………………………………………… 201
　　　三、书目关系在AACR2、MARC21中的应用 …………… 203
　　　四、未来信息资源编目中书目关系的表达 ………………… 207
　第三节　FRBR对图书馆OPAC检索功能的作用与影响 ………… 211
　　　一、OPAC的历史与发展 …………………………………… 211
　　　二、OPAC现状 ……………………………………………… 215
　　　三、OPAC的局限性 ………………………………………… 216
　　　四、FRBR模型的用户任务 ………………………………… 218
　　　五、FRBR对OPAC的影响 ………………………………… 221

第六章 资源描述与检索（RDA） …… 224

第一节 RDA 的历史背景 …… 224
一、AACR 的不断修订 …… 224
二、FRBR 等的问世 …… 225
三、AACR2R 的不适应性 …… 226
四、负责 RDA 的团体和个人 …… 226

第二节 RDA 的基本目的 …… 230

第三节 RDA 的内容及特点分析 …… 232
一、RDA 的结构与内容 …… 232
二、RDA 的主要特点 …… 240
三、RDA 与其他数据的关联与整合 …… 242

第四节 RDA 的测试与实施进展 …… 249
一、RDA 的测试 …… 249
二、使用 RDA 的障碍 …… 250
三、RDA 的实施进展 …… 251
四、RDA 在国内图书馆的应用 …… 255

第五节 RDA 的前景 …… 259
一、RDA 的优势 …… 259
二、RDA 的弊端 …… 261
三、有关 RDA 的争议和质疑 …… 262
四、RDA 目前在我国所面临的问题 …… 264
五、RDA 的发展前景 …… 265

第七章 RDA 对编目规则的继承与发展 …… 267

第一节 RDA 与 AACR2 …… 267
一、AACR2 发展历史的简要回顾 …… 267
二、AACR2 的局限性 …… 268

三、RDA 的产生及发展 …………………………………… 269
　　四、RDA 对 AACR2 的继承 ……………………………… 269
　　五、RDA 的创新 …………………………………………… 270
　　六、RDA 与 AACR2 在著录部分的对比 ………………… 275
　第二节　RDA 与 MARC21 ……………………………………… 289
　　一、MARC21 的产生及发展 ……………………………… 289
　　二、RDA 与 MARC21 的合作 …………………………… 290
　第三节　RDA 与《国际编目原则声明》………………………… 292
　　一、《国际编目原则声明》的产生和发展 ………………… 292
　　二、RDA 对《国际编目原则声明》的贯彻及思考 ……… 293
　第四节　RDA 与中文编目规则 ………………………………… 296
　　一、中文编目规则的变革路向 …………………………… 297
　　二、对修订《中国文献编目规则》的意见和建议 ……… 300

第八章　基于 FRBR 和 RDA 的编目学未来发展的分析 ……… 313
　第一节　MARC 的未来 ………………………………………… 313
　　一、传统 MARC 的缺陷 …………………………………… 314
　　二、机遇与挑战 …………………………………………… 316
　　三、MARC 的未来 ………………………………………… 318
　第二节　OPAC 的未来 ………………………………………… 322
　　一、OPAC 的发展趋势 …………………………………… 323
　　二、基于 FRBR 模型的 OPAC …………………………… 326
　　三、图书馆 OPAC 的 FRBR 实践 ………………………… 329
　　四、关于 RDA 对 OPAC 影响的思考 …………………… 333
　　五、RDA 对图书馆 OPAC 构建的启示与思考 ………… 338
　第三节　编目的未来 …………………………………………… 343
　　一、编目的价值 …………………………………………… 343

二、编目面临的挑战 …………………………………… 344
三、信息技术对编目的影响 …………………………… 347
四、互联网时代编目的四大趋势 ……………………… 350
五、基于需求重新定位编目职能 ……………………… 356
六、基于新职能设计编目的未来形态 ………………… 360

参考文献 ……………………………………………………… 364

第一章 编目思想与理论的演进

第一节 编目活动的早期探索

编目的主要任务是描述、揭示、组织、报道文献信息，使得每一份文献都能在最需要它的时间、地点和特定的读者手中得到充分利用；编目工作的目的在于编制书目记录以汇集成图书馆目录，达到书目控制的目的。探究编目活动的内涵和发展历程，可从目录与书目记录的功能来认识。

自从人类创造了语言符号，便相继出现了各种形式的文字载体，古埃及的纸莎草、罗马的羊皮纸等，这些是历史上最早的图书，也是世界上最古老的文献。随着书籍的日益增多，出于保存和利用的需要，"目录"这一工具应运而生，同时，随之产生了"目录"的概念。正如美国著名编目学家怀纳（Bohdan S. Wynar）在《分类与编目导论》（*Introduction to Cataloging and Classification*）中给出的解释："当藏书的规模大到人们无法逐一记住它们时，目录就是必要的。一个小规模的私人图书馆或教会图书馆一般很少需要正规的目录；用户可以通过作者、书名或主题来记起每一本书、录音制品、地图或其他诸如此类的文献。当

这样的藏书变得稍大些时，可以对它们进行非正式的排列来实现查找，如按主题分门别类地组织它们。而当藏书的规模变得过大，上述方法显得过于简单时，就需要一个正式的目录。"在西方，"目录"（catalog 或 catalogue）一词源于希腊语的"katalogos"。其中，"kata"是"根据"、"按照"的意思，"logos"有"词语"、"因素"、"次序"、"理念"的含义。由此看来，"katalogos"的基本含义可以理解为"将其内容按照某种合理的方法编排组织起来的著作或一组事物的一览表"。

人们对目录的认识经历了由简单到复杂、由零散到系统、由局部到整体的漫长过程，这一知识的积累是编目思想的必然准备阶段。经过数千年的发展，作为人类管理事务的一项最基本的工具和技术，目录已经广泛地应用于社会的各个领域，而图书馆的文献目录无疑是其中最正规、最复杂的应用。图书馆目录的功能初期可以概括为：使读者可以找到其所要的书；利用某作者、某特定主题或某类型文献来显示图书馆的馆藏；从版本或从其特性（体裁或主题）协助读者选择其所要的书。然而今日，在信息载体多元、馆藏类型改变、技术已充分应用至图书馆工作方式的情况下，也应赋予其更完整的内容。书应改为任何智慧创作，而某特定主题应在书目关系的强调与注重下，扩大为某特定和相关主题；所指对资料的查询与聚集，仍不是图书馆目录最终目的；对于信息的沟通和保存之间有完美的平衡才是图书馆或档案馆等任何文化保存机构目录的终极目标。沟通是对读者与其所需各种信息之间做正确而有效率的媒介，包括为读者过滤不必要的信息；保存则是长久地持续保持信息与读者间的有效沟通。1876年，卡特提出图书馆目录三大功能，即查询（检索）、聚集和识别功能。时代在前进，图书馆目录的功能也在不断扩展，于良芝把图书馆目录功能总结为：确认、聚合、选择、获取和导航。目录不但是读者依其不同的信息需求藉以查找优质信息的可靠工具，而且也是管理信息的工具。

第一章 编目思想与理论的演进

一、中国古代编目活动的萌芽

在中国,"目录"一词最早出现于《七略》之中,但编目的活动则出现得更早。王重民先生通过研究甲骨文认为,中国目录工作的雏形在殷商时期就已经出现。根据考古发现证明,在安阳殷墟出土的甲骨文,每一个穴窖的甲骨常以一个帝王在位的时期为断限,或分组排列,一个穴窖甲骨的入藏、陈列、参考、使用都有一定的方法和手续。一些甲骨的尾或背上,刻有"人"、"示"和一些数码,"这些记录和数码,应该都是与另外简单的单据目录相适应,这些都表示着目录参考工作的实际意义……包含着目录工作的雏形,代表着我国古代目录工作的起源"。

我国的文献编目活动从揭示一书内容的单数目录到纲纪群籍的群书目录,已有两千多年的历史。春秋战国时期,文献的整理和编目工作有了很大的发展,孔子删定六经,与其弟子合作,把对于《诗经》和《尚书》的阐释注于《诗》、《书》之前,后世称之为"序"。这是现代内容提要的雏形,是古典文献学的起源。自公元前 26 年至公元前 6 年(汉成帝河平三年至哀帝建平元年),西汉刘向、刘歆父子相继领导秘府藏书的校书编目工作,编制我国第一部反映国家藏书的综合性分类目录《七略》,著录图书 13219 卷,按类编排,分 6 略 38 种 603 家。虽然《七略》已经亡佚,但东汉班固修撰《汉书》时删《七略》之要而成《汉书·艺文志》,为后世保留了《七略》的大致容貌及主要内容。《汉书·艺文志》每书著录内容有书名、篇卷数,时而以小字附注著者姓名、著者介绍、题解、辨伪或简短的提要。书名制度渐趋完善,凡著者姓名见于书名顶端或书名之中者,多为以著者区分的同名著作,或本无书名、而以著者姓名为名的著作。《汉书·艺文志》是现存最早的一部国家藏书目录,它基本反映《七略》的著录思想与方法。可以看出,《七略》已经初步确立了目录的基本项目和相对固定的著录格式,正式拉开了我国古代有组织的正规的文献编目事业的大幕。

唐贞观年间，魏征等修《隋书·经籍志》，采用先著录书名后著录著者的方法，奠定了我国图书先书名后著者的基本著录形式基础，清代目录学家多沿用这种做法，形成了我国书名著录在前的传统。《隋书·经籍志》还对图书的真伪、亡佚、残缺等情况分别注明，成为稽核项的开端。《隋书·经籍志》是继《汉书·艺文志》之后的又一部著名的官家藏书目录。

二、西方古代编目活动的萌芽

根据考古发掘，亚述王朝的巴尼拨图书馆是迄今为止、在已发掘的古文明遗址中历史最悠久的图书馆，比埃及著名的亚历山大图书馆还早400年。亚述巴尼拨图书馆因亚述末代国王亚述巴尼拨（前668—前627）而得名。据考证，亚述巴尼拨图书馆中的藏书门类齐全，包括哲学、数学、语言学、医学、文学以及占星学等各类著作，几乎囊括了当时的全部学识。当时的亚述人已经懂得对各类图书进行分类和编目。亚述书吏还在每块泥板上附上题签，标明该泥板所记载的内容。然而，发端最早的古巴比伦与亚述王朝的编目活动随着两河文明的失落而失落了。

据记载，和原始图书一样，国外最原始的"目录"也是以黏土板形式出现的。在西方图书馆史上，第一位图书馆编目员是出生于希腊的哲学家、诗人卡利马科斯（Callimachos，前305—前204）。他是继亚里士多德（Aristotle）之后接管位于埃及亚历山大城的亚历山大图书馆（Alexandria Library）的第二任馆长。公元前250年前后，他为亚历山大图书馆编制分类目录《在全部学术领域指引人们写作之表记》（Pinakes）。这套目录是当时亚历山大图书馆的馆藏分类目录，他把人类知识分为八大部一百二十大类，类下或以著者字顺或据年代顺序组织款目。款目上书目信息的记录大体上有著者姓名、生平介绍、正文行数和开头文字等。尽管著录比较随意，但卡利马科斯仍然被后人奉为西方图书目录之先驱。

值得注意的是，在当时书名还未成为编目的内容时，著者项常常被利用。可见，西方编目从古希腊起就重视著者概念而忽略书名，取著者为主要款目标目是有其悠久历史的。

西方的古代编目事业在公元前 2 世纪之前处于萌芽阶段，图书馆目录以记录财产注册为主，极少提供给读者使用。这种记录比较随意，著录事项除著者、文献名称外，一般再无其他内容。此间图书馆目录的作用是作为清点财产的工具，其排序通常依年代或登录号，方便管理者清点图书。这一时期是目录从无到有的酝酿时期，在编制目录中许多探索与创新成为今日编目规则的重要内容。这种情况一直延续到公元 14 世纪。在中世纪末期，随着西方古典文化的复苏，寺院藏书大多数转为学院图书馆和私人藏书，读者范围扩大，图书馆目录使用者从少数达官显贵、教士和藏书家发展到学生及社会上的一部分人。由于财产目录著录不规范也不便查检，这一时期的读者对目录的著录与组织提出了一定的要求，在 15 世纪的目录中，除主要款目外，还出现了分析款目和附加款目。发展至 16 世纪，西方的编目理论和实践都得到了一定发展。随着 16 世纪的结束，无计划性的、个人的编目方法也趋向结束，虽然第一步编目规则尚未诞生，但人们正试图寻找一种体系。

第二节　编目思想的确立

经过前代编目学知识的一般积累，在一定社会环境的作用下，人们开始自觉地对这些思想材料进行全面的、系统的、经验性的总结，从而形成了初具现代编目学规模的系统知识。然而，那时的编目思想没有超脱经验范围，是以感性经验为基础，停留在编目实践的表层现象上进行研究，用以解决当时的实际问题。19 世纪是西方编目史上最重要和最具影响力的时期,是编目知识理论化、编目活动规范化的时代。西方图书馆的目录活动随着社会制度的演进和科技文化的发展,经历了潘尼兹的论战,以及杰维特和卡特的进一步深化和发展,到19世纪末和20世纪初已日趋完善,形成体系。现代西方编目思想形成阶段所具有的特点主要体现在:

(1) 图书馆目录由"查检式目录"进化到"图书馆资源的指南";

(2) 图书馆编目规则不断涌现,编目活动由零散、非规范化向条例化、标准化、系统化方向发展;

(3) 编目条例大都是由个人为某一图书馆的编目工作所制定,编目专家的个人作用和影响十分突出;

(4) "著者原则"已初步形成,著者款目作为主要款目已成为主流;

(5) 目录组织已由分立式目录发展为多款目的字典式目录;

(6) 目录形式已由书本式目录走向卡片式目录;

(7) 从理论上提出了"集中编目"的思想,并力求实施。

在中国,同样涌现出了众多优秀的私家藏书目录,但各种大型目录基本上还是官方进行文献整理的产物,它们或记一代藏书之丰,或记一代著述之盛,范围宏大。刘向编写的《别录》、《七略》,体现了我国古代学者对国家藏书进行系统校勘、编纂工作的成果,开创了后世图书整理、校对工作的先例,对中国传统的编目理论及以后图书的编目实践产生了重要影响。但是,以刘向、刘歆父子、班固等为代表的杰出的目录学家仍然缺乏对古典编目思想进行系统的理论梳理,相对缺乏理论上的总结和提升。而宋代之后,郑樵、章学诚等目录学家总结了编目思想,提炼出精湛的目录学理论。

古典的目录编纂随着物质文明的发展和社会的治乱而变化,但是,就其内核而言,中国传统的编目思想承载的鲜明的传统文化的特征却始终未变。

(1) 图书编目以儒学为核心,以政治理论为本位。藏书家和目录学家出身于士大夫阶层，与生俱来就肩负着弘扬传统文化的道德使命，因此图书编目就不是单纯的编制检索工具，而带有了强烈的弘扬儒家伦理道德、阐发传统学术的色彩。

（2）"会通合和"的哲学思想是传统编目思想的基调，并赋予了古典目录学整体把握、综合研究的特征。

（3）重视内容编目，而不是形式编目。姚名达先生总结中国目录学史，认为："我国古代目录学之最大特色，为重分类而轻编目，有解题而无引得"。"重分类"体现了古典目录学对人文社会科学类文献和儒家经典的偏重；"有解题"则体现了目录学者重视学术源流、梳理学术脉络的传统。

（4）书目功能在于存书与明学。中国古典的编目思想更重视目录"辨章学术，考镜源流"的作用。在编目体例上，强调"题解"而不重视索引、排架等方面。

中国古代编目思想和西方编目思想存在着根本性的差异，进而造成了在实践上的不同。就编目的基点而言，中国目录学的目的在于辨章学术，考证源流，而西方目录学的目的在于方便地获取图书。因此，在编目方法上，中国目录学重分类、小序、提要，而西方目录学重编目、索引、排序法、书目控制。

第三节　世界两大编目体系的形成

从1841年到1900年的59年间，不仅英美两国不断地修订、颁布较有影响的编目条例，在编目法上形成了一定的体系，而且其他国家如德、法、意、西班牙等国也都出版了本国的编目条例。可以说，这一时期是编目条例多产的时期。1908年，"英美规则"和"普鲁士规则"同时问世,至此,西方世界两大编目体系确立。

英美编目体系和普鲁士编目体系是 20 世纪世界编目史上的两大体系,英美编目体系的影响范围是英美及亚洲与英联邦国家和地区,普鲁士编目体系的主要影响范围在东欧、中欧等地区。两大编目体系相互对立与并存的状态持续了半个多世纪,直到 1961 年巴黎原则的出现,文献编目工作才走上国际统一的标准化道路。

一、英美编目体系的形成

全世界的图书馆最初都是凭着资深的经验和需要来编制本馆的目录,大多数的图书馆最初都没有成文的编目规则。因此,编出来的目录差别很大。可以说,早期的编目规则始终未能跨出本图书馆的大门。

"英美规则"(Anglo—American Code)是指由美国图书馆协会(American Library Association)和英国图书馆协会(Library Association)合作或分别出版的一系列编目规则。世界上两大著名的图书馆组织——美国图书馆协会与英国图书馆协会于 1878 年和 1883 年分别出版了各自的编目条例。美国图书馆协会的条例为《著者、书名目录简明规则》(*Condensed rules for an author and title catalog*),它几乎是卡特《字典式目录规则》的浓缩与翻版,而英国图书馆协会的条例则深受大英博物院编目条例和牛津大学编目规则的影响。

19 世纪末,英、美图书馆界的人士普遍意识到各自为政的重复编目是一种人力、财力和物力的极大浪费。因此,他们纷纷要求实行集中编目和合作编目。然而,合作编目的首要前提是实行统一化和标准化。这项标准化活动的第一个重要步骤是美国图书馆协会出版董事会与美国国会图书馆达成了一项协议,即由美国国会图书馆从 1901 年 1 月 1 日起向全国发行统一的印刷卡片。无疑,这使得美国国会图书馆成为了当时的编目中心,它所发行的印刷卡片几乎成为当时的特定著录标准。为了统一及编目成果的互用,必须有一部公认的、十分详尽的著录条例,从而导致当时的规则条款数量剧增,编目成为一种以标准化为目的的、精细的技艺。同年,美国图书馆协会新成立了一个"编目条例委员会",负责检查美国国会图书馆的编目工作,并提供有关编目技术的进展情况。该委员会还致力于将美国国会图书馆的编目活动与美国图书馆协会1883年的编目条例协调起来,并于1902年出版了《美国图书馆协会编目规则(试用版)》(ALA rules,advance edition)。

正值此时,颇有洞察力的美国图书馆学家杜威(Melvil Dewey,1851—1931)注意到,此时英、美两大有影响的英语国家的编目条例间存在着较大的差异,因此,他率先倡导一种国际化的编目活动。他认为,美国图书馆协会应该与英国图书馆协会通力合作,以实现全世界英语地区编目活动的统一、书目资源的共享。1904年,英、美两国成立专门委员会,合作制定统一的编目规则。经过几年的讨论和协商,解决分歧,确定了共同的著录规则,在很大程度上达到了两国的统一。最终,于1908年联合编制出版了《目录规则:著者与书名款目》(Catalog: author and title entry)或称《AA Code》、《1908 Code》、《JOINT 2 Code》、《AA 1908》,即通常所称的《英美条例》。

《AA 1908》在相当程度上反映了美国国会图书馆自1901年起发行印刷卡片的影响,这一规则的主要目的是满足"较大的学术性图书馆"的续修,并且在很大程度上为后来的编目规则定下了基调。《AA 1908》共88页,174条规则,它以《著者、书名目录简明规则》为蓝本,基本沿袭传统英、美编目方法。其中有135条是关于主要款目标目以及著录形式的选取,其他条款是关于题名项、著者项、出版项、稽核项、附注项、分析款目、参照、大写、标点符号等规则;另附有定义及3个附录。该条例明确规定:

(一)以著作的著者(个人或团体)作主标目;

(二)将团体划分为政府机构、协会、学术团体和其他团体四种类型，团体出版物根据团体的不同类型采用相应的标目；

（三）匿名著作取书名的第一个词（冠词不记）作标目；

由于英、美两国图书馆协会在个别编目规则上存在分歧，《AA 1908》是以保留各自意见的美国版和英国版两种版本出版的。《AA 1908》是一部学究气十足的、繁琐的编目手册，在组织结构上缺乏科学性和逻辑性，其宗旨是以系统的方法列举编目规则，因而忽略了探求编目活动的科学性、原则性和理论性。尽管存在很多不足，《AA 1908》仍是不同国家合编与公用一个条例的先例，打破了图书馆界在编目规则方面各自为政的局面，是英美编目体系初步确立的具体标志，它扩大了英美编目体系的国际影响，是编目规则走向国际标准化的起点，是上世纪初编目领域的大事件。

从《AA 1908》以后的一段时间里，随着图书馆事业的蓬勃发展，编目理论也得到相应的提高，原有编目规则中的矛盾更加突出，很多图书馆已经在自行修补规则，英美编目体系不断得到发展和完善，并产生了许多新的编目条例，如 1918 年美国图书馆协会补充出版了《期刊编目指南》(Guide to the cataloging of periodicals)，1919 年出版了《学术团体连续出版物编目指南》(Guide to the cataloging of the serial publications of societies and institutions)，1933 年英国图书馆协会出版了《英美编目规则（新版）》(The Anglo-American catalogue rules, new edition)。随着《AA 1908》的出版和使用，当时的编目界基本上不再坚持卡特的"编目是一门艺术"的观点，认为编目不是一门艺术，也非科学，而是一种精细的技术，它唯一的目的就是标准化。对于《AA 1908》的修订正是在这种理念的指导下进行的。1941 年，ALA 出版了《著者、书名款目编目条例》(ALA catalogue rules, author and title entries)，即《ALA 1941》草案。该规则是对《AA 1908》进行修订的结果，共 408 页，324 条款，该规则只限于经验的积累和条款的机械性罗列。很快，草案就因规则过细、内容过于庞杂冲淡了编目原则而遭到强烈反对。因此，ALA 对 1941 年的版本进一步加以修订，于 1949 年出版《著者和题名款目编目规则（第二版）》（ALA *catalogue rules for author and title entries*, 2nd edition），即《ALA 1949》。该规则主要受卡特规则的影响，强调主要款目，认为任何特殊规则都应以读者的使用为最高目标。《ALA 1949》共265页，158个条款，与1941年规则相比，它是一部关于标目的选择及其形式的规则，其内容涉及"主要款目的选择"、"个人著者"、"机关团体著者"、"地理名称标目"、"附加款目与参照"5个部分，书末附有4个附录，删略了"书目著录"的内容。《ALA 1949》是考虑到当时大多数美国图书馆使用的字典式卡片目录的目录类型而制定的，与《ALA 1941》的框架基本一致，但适用范围更广，它不是一部完整的编目条例，而只是关于字典式目录中著者和题名款目的选取即编目形式的规定，其宗旨是将当时美国图书馆中编目实践的最佳经验和最通用的方法以规则的形式加以定型化和规范化，以帮助编目人员进行款目的选取及标目形式的确立，进一步促进编目的标准化。

在著录规则方面，美国国会图书馆研究了编目的基本原则，认为转录完整的题名页的著录方法简便易行。在图书著录时，编目员应重视编目文献，将题名页信息直接转录即可。此后，美国国会图书馆分别于1947年和1949年发表其研究成果，当时称为"LC 1949"，即《*Rules for descriptive cataloging in the Library of Congress*》，它提供了编目的基本原则，使编目员可以据其精神对编目中的细节处理进行自主判断。它力求继承杰维特和卡特的思想——编目是门艺术而非科学，它倡导给编目员以较大的自由度，它不仅是以一种系统的方法列举编目规则，更重要的是探求编目活动的第一性原则。

20世纪40年代是西方编目思想史上迷茫、困惑和反思的时代，在指导思想上，《ALA 1949》和《LC 1949》背道而驰，前者不脱繁琐的学究之气，罗列编目规则；后者则趋于灵活、简化的风格，力求探寻编目之原则。

图书馆界对《ALA 1949》的质疑不绝于耳，指出该条例结构与组织

缺乏逻辑性，几乎没有款目原则，只是列举特殊情况下的规则，导致这些规则间的相互矛盾。尽管《ALA 1949》存在诸多不足，但它仍具有相当重要的历史地位。第二次世界大战后，该规则不仅在美国得到了绝大多数图书馆的采纳，在世界其他国家，特别是英语国家和亚洲国家也得到了广泛接受。

二、普鲁士编目体系的形成

在英美编目体系形成和发展的同时，普鲁士编目体系也在逐步形成。普鲁士编目体系的形成过程与英美编目体系不同，它源于德国内部编目条例的发展和完善，该条例在欧洲大陆产生了广泛的影响，从而最终确立了普鲁士编目方法体系。

19世纪下半叶，德国出现了许多编目条例，如1850年的慕尼黑（Munich）条例、1874年和1886年的布雷斯劳（Breslau）条例、1888年的哈雷（Halle）条例、1890的柏林（Berlin）条例、1893年的卡尔斯鲁厄—卡塞尔（Karlsruhe－Kassel）和沃尔芬比特尔（Wolfenbüttel）条例，这些条例均在不同程度上丰富了德国的编目理论。

齐亚茨科（Karl Franz Otto Dziatzko，1842—1903），德国图书馆学家、古典语文学家，德国学术图书馆事业的开拓者。他1842年出生于上西里西亚的诺伊施塔特，1871年在弗赖堡大学图书馆工作，1872年至1886年出任布雷斯劳大学图书馆馆长，1886年起担任德国哥廷根大学图书馆馆长和图书馆学教授。他积极推进普鲁士十所大学图书馆的协作计划、编制联合目录、统一编目标准、建立馆际互借网和标准管理程序、制定教育计划以及授予图书馆员资格证书等，是1900年成立的德国图书馆员协会的主要创始人，对德国图书馆事业作出了巨大贡献。在普鲁士编目体系形成过程中，齐亚茨科可以说是一位举足轻重的人物。1874年，齐亚茨科汇集德国的各种编目规则，出版了《布雷斯劳皇家图书馆兼大学图书馆字顺卡片目录编目规则》（*Instruktion für die Ordnung der Titel im alphabetischen Zettelkatalog der Konigl，und Universitäts bibliothek zu Breslau*）的第一版，1886 年修订出版第二版。该规则是当时欧洲最有影响的编目条例之一，包括题名的选择、缩写或扩写规则、页数卷数的计算、参照的使用说明及主要款目的选择，充分体现了德国的编目思想，在德国得到了广泛的应用。齐亚茨科规则是《普鲁士规则》的前身，是普鲁士编目体系的渊源。

普鲁士皇家图书馆在确立普鲁士编目体系方面起到了重要作用。1890 年，皇家图书馆修订和补编了齐亚茨科的编目规则，并且正式定名为《字顺目录卡片著录规则》，作为全国通用的著录规则。1892 年，德国政府下令各图书馆采用此规则。德国编目法在 19 世纪末已涉及全国，在国外也有一定影响，当时采用这一规则的《普鲁士联合目录》的出版和发行，进一步扩大了它的传播范围。1896 年，皇家图书馆再次组织编制通用的编目条例，1899 年公布了《普鲁士图书馆字顺目录与普鲁士联合目录编目规则》（*Instruktion für die alphabetischen Kataloge der preussischen bibliotheken und für den pressuischen Gesamtkatalog*），简称《普鲁士规则》。从体例和内容看，该规则是以齐亚茨科规则为基础补充、完善而成。经过讨论和修订，《普鲁士规则》第二版于 1908 年出版，标志着普鲁士编目体系的正式形成。

《普鲁士规则》共 241 项条款，涉及字顺卡片目录中书名款目的处理和书本式字顺目录中书名款目的处理两大部分，全面规定了标目的选取、各类型出版物的著录和相关著录事项以及参照和分析款目的编制和组织。内容共由两大部分组成，第一大部分 29 条，包括对题名的选择、题名的著录形式、标点符号的使用、页数与书型的著录以及对翻译本、无题名著作、合订本、小册子、大学出版物、地图等的著录规定。第二大部分共分 212 项条款，又分 4 个部分：

（一）关于著者和书名著录的一般规则。规定必须以著者姓名作标

目；无著者或著者不详时应以题名做标目；编者、译者不用做标目（必要时可做参照）；与著作出版相关的团体和个人不需作标目。

（二）关于著者著录的具体规定。如同一著者姓名的拼写必须统一，应尽可能用著者的原名，并且用全称形式。如果著者姓名有习见的拼写形式，亦可采用习见形式，但应为未选作标目的拼写形式做参照。

（三）关于题名著录的具体规定。同一著作必须使用相同的题名著录，同一字词必须使用统一的拼写形式；一律采用图书的原题名著录，若采用题名的习见形式时，须为原题名做参照。

（四）关于著者姓名和图书题名在字顺目录中的排列规则。

此外，该规则还有著录实例、音译规则、缩写字表等6个附录。该规则的许多条款与《AA条例》完全相反，例如，它规定依据题名中的实词组织书目款目（冠词除外），其他词作为其他题名信息处理；规则不承认团体著者概念，将团体出版物按佚名著作处理等。这个版本的完成和推出反映了普鲁士编目条例自身完善发展到了一个比较成熟的阶段，标志着普鲁士编目体系的形成。

《普鲁士规则》主要用于编制德国的联合目录，其宗旨是为普鲁士各图书馆的编目实践活动提供一种统一标准。就特点而言，《普鲁士规则》制定的指导思想是确立编目原则而非编目细则，因此是以原则统领细则；另外，本着简化款目的原则，对某些类型的出版物如儿童读物和小册子等采用了简化著录的方法。《普鲁士规则》是一部国际性的编目规则，在世界编目史上占有重要的地位。1935年后，意大利、奥地利、匈牙利、瑞典、荷兰、丹麦、挪威等德语国家以及斯勘的那维亚语国家都先后采用此规则，至此，普鲁士体系影响到了欧洲大部分地区。

三、两大编目体系的主要分歧

英美编目体系和普鲁士编目体系都适用于编制字顺目录的编目条例

体系，都采用著者原则，但两大编目体系间也存在分歧，主要体现在以下几个方面：

（一）著者概念

英美编目体系"个人著者"的范围比较宽泛，著者、译者、编者均列入"个人著者"的范畴；团体概念范围广而且重要，承认团体为著者，因而均可作主要款目标目。普鲁士编目体系只承认著作的原著者是"个人著者"，可作主要款目标目，编者、译者不可作为主要款目标目；普鲁士体系否认团体为著者，无团体著者标目这一概念。

（二）款目形式与详简程度

两大编目体系的款目形式与详简程度不同。英美体系采用单元卡片制，为多种款目形式，且款目比较详细，即一张主要款目，若干张附加款目和必要的参照。普鲁士体系只作一张主要款目，其他全部作参照，且款目较为简单，类似卡特目录体系中的款目。

（三）款目的排列

两大编目体系在款目的排列上有很大不同。英美体系严格按照字顺排列，除首冠词外，其余逐词、逐字母比较排列。普鲁士体系则依据题名中的实词组织书目款目，即以真正反映文献具体内容的题名中的实词排列。可以说普鲁士体系的大部分规则是关于题名的处理，包括款目排列规则，而英美体系则将排列规则单独设立。

（四）侧重点不同

英美编目体系侧重于公共图书馆目录的编制，而普鲁士编目体系则侧重于研究型图书馆目录的编制。

（五）影响范围不同

英美编目体系影响范围是英美及亚洲与英联邦国家和地区，普鲁士编目体系的主要影响范围是东欧、中欧等地区。

两大编目体系的形成，促进了编目理论的研究和编目技术的细化。随着编目工作的发展，两大体系为了维护各自的影响不断修订和完善编目规则。同时，受到影响的国家不是简单地采用这些规则，而是对双方的缺点进行批评，有的国家编目界还取两方之长为己所用。所以，尽管两大编目体系存在着很大分歧，但它们的形成与发展标志着编目事业走向成熟，同时也为20世纪下半叶编目事业的标准化与国际化奠定了基础。从1908年起，世界上出现了两大编目体系并存的局面，直至1961年巴黎国际编目原则会议召开，会议发表了包括12条55款的"巴黎声明"，即"巴黎原则"（Paris Principles）。该声明对英美编目体系和普鲁士体系之间的分歧作了尽可能的协调，使这两个对立的、独自发展的编目体系走上了统一的国际标准化道路，"巴黎原则"成为编目工作走向国际标准化的第一块里程碑。

第四节 编目思想的深刻变革

纵观一百多年来编目规则的变化，大都受客观形势变化的影响。例如出版物类型和载体的增多促成编目规则的增生；印刷卡片的出现引起主要款目概念的改变；合作编目的发展进一步要求著录规则的统一；出版物资源共享和信息交流范围的扩大促使一个个国际标准的出现。所有这些都是推动条例修订的基本因素。20世纪40年代至50年代，西方编目学进入了危机、转折的新时期。编目学家从对"经验主义"的整理和继承转向对编目学理论的理性思辨。1941年,奥斯本(Andrew Delbridge Osborn,1902—1997)率先发动了一场"编目员革命",此后,1953年,柳别斯基在对奥斯本批判和否定的基础上进一步进行"扬弃",以期达到理性上的更高统一。

一、奥斯本与《编目的危机》

20世纪30年代,出版物在数量上和类型上都急剧增加,使图书馆又面临了一次严峻的挑战。1908年出版的《AA条例》虽然统一了编目规则,为文献编目的国际化奠定了基础,但是仍然存在许多未解决的问题。面对新的编目挑战,《AA条例》显示出诸多的不适应。因此,美国和英国又相继出版了一些专门类型出版物的规则,以弥补《AA条例》的不足,编目界对条例修订的呼声越来越高。

在这种背景下,美国国会图书馆于1940年任命了由三人组成的委员会负责研究国会图书馆编目流程的现状并提出可能的重组方案。奥斯本是委员会中的一员,他清楚地意识到,一方面规则太复杂、太专门而使编目员无法掌握,通常为一个著录细节费很多时间;另一方面国会图书馆的待编图书又大量积压,形成规则愈来愈细积压也愈来愈多的严重情况。因此他力排条文主义、完美主义和书目式的编目理论,主张简化著录,讲求实效,发展编目员自己的判断能力。在进行过充分的调研后,奥斯本在哈佛作了一个题为"图书馆的管理者需要了解什么:编目的危机"的讲话,清晰地阐明了自己的编目思想。他的讲话被印成小册子广泛流传,于1941年10月以"编目的危机"(The crisis in cataloging)为题发表于《图书馆季刊》(*Library Quarterly*)中。文中,奥斯本抽象出了当时盛行的四种有代表性的编目理论,并进行了深入、透彻的剖析。他呼吁应当结束那种死守编目规则的教条主义的做法,强调编目的原则性,即编目条例只需列出最基本的、概括性的、指导性的原则。在具体应用中,编目员需要辅以自己的实际经验和判断能力,从而发动了一场"编目员革命"。至此,西方编目思想进入了深沉的反思和理性的批判阶段。

奥斯本透彻地分析了编目员与图书馆管理者之间的关系,并阐述了自己对"编目"的理解。同时,奥斯本对当时存在于图书馆的教条主义、理想主义、书目主义和实用主义四种编目作风进行了分析和比较,在严厉批判前三种编目作风的同时,他主张提倡实用主义的编目理论。他认为:由于图书馆类型、藏书类别和目录种类是多种多样的,编目标准也应视具体情况灵活多变。具体而言:

(一)编目规则要有其特定的使用环境,要有一定的文献保障基础。

(二)不同类型的图书馆应采用不同的著录级别,即标准级(standard)、简化级(simplified)和详尽级(detailed)。

(三)创造了一种"自行编目法"(self-cataloguing method),即一方面对图书馆中的那些非正规藏书,如城市名录(city directories)、大学名录(college catalog)、小册子(pamphlets)等,编目员可根据著录规则的总体精神和指导原则自行编目;另一方面在条例的使用中应结合编目员的推断及经验灵活处理。

《编目的危机》充分体现了奥斯本在图书馆管理方面的重要思想,特别是在编目员与管理者之间的关系、图书馆应提倡何种工作作风、编目流程如何适应新的编目环境等问题上提出了自己崭新的观点,主要包括:

(一)编目员与管理者之间关系的基础在于"合作"。他建议管理者要到编目部门进行必要的实习或到图书馆学校进修编目的课程,只有把管理和编目融合起来,才能通过管理促进编目的良性循环。

(二)对编目的全新认识。奥斯本认为编目是"一门艺术,只有规则保持少而简单,才能让人愉快地去实践的一门艺术"。主张简化编目规则,充分尊重编目员的判断力和处理问题的能力,灵活地运用规则。

(三)严厉批判教条主义、理想主义和书目主义的编目作风,提倡图书馆应遵循实用主义的编目原则。

（四）提出了突出"实用主义"思想的具体措施。奥斯本强调不同类型图书馆的不同需求，提倡标准和规则应针对不同图书馆的类型而制定；编目规则应当相对少而简单，尽量体现通用的规则而不应过多地包含特例和不常见的情况；要充分尊重编目员的判断力，不能处处都受规则的限制而阻碍编目员智慧的发挥。

（五）关于编目部门的组织问题。奥斯本指出编目部门的组织问题同编目的技术问题一样不能忽视。他认为当时最重要的问题就是如何加快图书的流动，提高编目的时效。

（六）提出了编目部门应进行对外服务的观点。奥斯本提出，在一些小型图书馆可以取消编目部门，而使其接受大型图书馆的对外编目服务，使用大型图书馆提供的目录。

奥斯本的《编目的危机》在编目界引起了强烈的反响，要求简化编目、重新修订条例的呼声越来越高，迫使美国编目界对1941年试用版条例进行了修订，其结果就是1949年出版的《ALA 1949》和《LC 1949》，因其封皮分别是红色和绿色的，俗称《红皮书》和《绿皮书》。

二、柳别斯基和《编目规则与原则》

奥斯本具有代表性的猛烈抨击引起了编目界各方的重视。战后，美国图书馆协会和美国国会图书馆又重新继续他们对编目规则的修订工作。美国图书馆协会组织修订并出版了《ALA 1949》和美国国会图书馆组织修订并出版了《LC 1949》，《LC 1949》的出版更是标志着对《AA条例》修订工作的全面完成。可以说，20世纪中叶，编目条例层出不穷，修订不断，而批判声却此起彼伏，人们迫切地去要重新梳理编目思想，审视编目原则问题，找到一致认同的编目原则来指导编目条例的制定，以克服先行条例的种种不足。正是在这样的时代背景下，涌现出了柳别斯基这样对后世都产生深远影响编目思想家。

柳别斯基（Seymour Lubetzky, 1898—2003），美籍波兰人，曾任美国国会图书馆书目和编目政策顾问，一生致力于编目规则的修订。美国国会图书馆对《LC 1949》的修订就是在柳别斯基研究的基础上完成的，柳别斯基最著名的文章《编目规则与原则》正是对《ALA 1949》进行犀利批判的结果。

1951年柳别斯基受美国图书馆协会的委托重新分析《ALA 1949》，他对款目规则的研究投入了巨大的热情，花费了大量的时间钻研编目的历史，以理解这些规则创建的根源，通过仔细分析编目黄金时期潘尼兹、杰维特和卡特等编目大家的思想，加之使用自己多年形成的一套系统的方法论，经过两年的努力，1953年他把对款目规则的观察和思考总结成了结论性报告《编目规则与原则》。作品由四部分组成：

（一）"这些规则是必要的吗"？在该部分柳别斯基以重组的例证、严密的逻辑推理对传统的编目条例特别是对《ALA 1949》中的许多条款逐条剖析，论证了它的缺陷。

（二）"团体著者"。在这部分中，柳别斯基对"团体著者"这一长期遗留下来的难题进行了历史性的分析和回顾，继承并进一步发展了卡特等人的观点，认为《ALA 1949》着重区分"Societies、Institutions"的细微表现差异是毫无意义的。在团体出版物的处理上需要区别的是那些具有特指名称的团体与那些只有通用名称的团体在著录上的各自特点。

（三）"条例之设计"。在该部分，柳别斯基重申了卡特关于目录之检索与集中的功能，进一步阐明了条例的编制目的。柳别斯基十分强调目录的功能，认为它是规定条例之目标、指明条例之方向的依据。

（四）"问题与回答"。这一部分是柳别斯基后来增补的。初稿完成后，柳别斯基曾将该研究报告递交给美国图书馆协会的编目政策与研究委员会，该委员会的成员、顾问及一些编目员进行了传阅和讨论，并提出了一些问题。定稿时柳别斯基将这些问题与回答归纳起来，作为报告的最后一部分。

《编目的规则与原则》的报告对《ALA 1949》的修订进行了分析和批判，解释具体规则的矛盾重复、原则不一、互无联系的状况，提出了具体的修改建议，澄清并解决了上个世纪末卡特一直未能解决的确定"团体名称与团体标目形式"的困难问题，这个问题在《ALA 1949》中演变成为"学会"（Societies）与"机构"（Institutions）的著录矛盾。在规则设计上，明确了目录的两种职能和以著者为主要款目的原则和一些具体原则，解决了有些人虽已看到要从繁杂的规则中引出基本规则的必要性但未能做到的问题。第一次提出编目规则的制定要依据一定的原则。该报告是有史以来最重要的西方编目理论著作之一，对编目条例的制定产生了积极而深远的影响。

柳别斯基的编目思想对后世的影响是广泛而深远的，他不仅提出了编目的诸多问题，更重要的是指明了解决问题的途径。首先，他为后世创造了一套在设计编目规则时应使用的方法论，成为以后编目规则制定的指导思想。其次，他重新定义的"作品"概念在编目领域是一个创举，它直接与目录的"汇集"功能紧密相连，也为认识并解决编目中的许多疑难问题找到了理论根据。1998年IFLA（国际图书馆协会联合会，简称国际图联）在关于书目记录功能需求（FRBR）的报告中还特地将"作品"作为书目记录中最重要的实体从其他实体中分离出来，强调"作品"实体的汇集功能，可以说充分体现了柳别斯基"作品"的思想。第三，他继承并发展了由潘尼兹、卡特创立的目录功能思想，深刻剖析了图书馆目录应作为书目工具的功能，并要求将目录功能作为编目条例制定的基础和原则。第四，他关于确立主要款目相关问题的论述在今天的编目条例中都可以找到影子。他所阐述的主要款目标目的问题涉及广泛，不仅包括主要款目的选取规则，还包括主要款目标目的形式确立规则以及相同名称标目在目录中区分的问题。这些问题恰恰都是后世编目中需要解决的焦点问题。第五，他统一了当时编目界的思想，并最终促成了巴

黎国际编目原则会议的召开，为后世编目规则的制定以及国际化、标准化指明了道路。

上述两篇文章《编目的危机》和《编目规则与原则》都已成为历史名著，它们的作用——尤其是后者是超越时空的，即不仅总结了过去，而且启发了未来；不仅历史地解决了英美编目上的重要问题，而且为国际编目原则作出范例。编目条例随时代的前进而更替，这两篇文章和它们的作用将是永存的。

第五节　编目的主要理论成就

西方的古代编目事业在公元前 2 世纪之前处于萌芽阶段，发展至 16 世纪结束，而中国目录工作的雏形在殷商时期就已经出现。因此，编目事业历史悠久，经历了从古代到近代、现代、当代不同发展时期。在长期的发展过程中，它取得了丰硕的成果。

一、古代编目的主要理论成就

众所周知，中国与西方的文明进程并不是同步发展的，不仅中西古代历史的时间断限不同，而且双方对编目事业的时间与理论贡献也不大相同。正如美国现代著名编目学家柳别斯基指出的那样，在 16 世纪博德利（Sir Thomas Bodley）以前的早期目录基本上都是一份财产清单。所谓财产清单（inventory lists），大多是在粗略的分类下不规范地著录图书，类下款目的排列也没有形成便于检索的序列。其职能是目录的每一条款目均为一部文献的简单记录，以说明该文献的存在，并用作清点财产时的查考，即整个目录代表全部收藏。而中国古代编目事业发端较早、立意高远、博大精深、成果璀璨，在我国古代学术中是当之无愧的"显学"。

我国古代的目录旨在"辨章学术、考镜源流"，通过解释图书的内容而使目录成为读书指南和学术向导，在职能上与西方古代的清单目录、查检目录均有所不同。中国古代目录的主流并不拘泥于某个具体的图书馆。中国古代杰出的目录编制者，如刘向父子、班固、荀勖、王俭、阮孝绪、魏征、尤袤、祁承㸁等等数不胜数。我国古代较大规模的图书整理和编目活动代代相传、绵延不绝，各种大型目录基本上都是国家进行文献整理的产物。但难能可贵的是，古代学者没有止步于文献校勘，也没有拘泥于"财产清单"式的目录的编制，而是高屋建瓴，在文献整理的基础上进行知识梳理，最终实现了目录学的腾飞。章学诚认为："校雠之学，自刘氏父子，渊源流别，最为推见古人大体。"向歆父子以"大博学家"的才学与胆识使目录工作超越了"部次甲乙"的阶段，为古代目录学树立了"辨章学术，考镜源流"的学术宗旨，并成功地开辟了一条从"图书整理"到"知识整理"的道路——带有提要和类序的分类目录体例。

梁启超在《中国历史研究法》中指出："中国各门学问中，惟史学最发达；史学在世界各国中，惟中国最发达。"在古代，目录学紧紧依附于传统史学，从中获得了当时最为先进的学术思想和方法。从理论上对中国古代图书目录的编制进行全面总结和深入研究的，当推郑樵、章学诚等人。

南宋初年，郑樵撰成《通志》。其中《校雠略》是一部从理论上对图书目录的类例、著录、注释进行全面阐述的目录学专著。郑樵主张"详明图书类例，剖析学术源流"；主张"通录图、书之有无"，"详今略古"；强调注释要详简得当，同时提出"泛释无义"。《校雠略》一直被认为是一部杰出的目录学专著，比西方早期的格斯纳的编目学著作《编目方法》要早400多年。

清代历史学家、目录学家章学诚在《校雠通义》中总结了自刘向以来中国目录学的丰富经验，对郑樵的目录学理论有所纠正和发展，创造性地提出了目录的作用在于"辨章学术，考镜源流"的论断。他还提出"互著"、"别裁"的概念，从理论上阐述了附加著录与分析著录的作用与运用方法。章学诚关于中国图书目录功能的总结一直备受推崇。《校雠通义》是一部重要的编目理论著作，给民国初年的编目学家以极大的启示。

我国古代编目事业的发展，逐步形成了一系列理论与方法。其特点主要表现在以下几个方面：

（一）重视分类目录的编制与使用。我国古代藏书目录一般都是用分类的方法来编制，其分类体系建立在当时的学术思想与图书情况相结合的基础上，并运用"小序"等方式，指明类目含义、学术流派、授受源流等。

（二）重视文献内容的揭示。以《七略》开先河，后世书目纷纷效仿，采用提要（解题）的方式，叙作者生平、学术成就、文献旨趣等。提要的编写形成了叙录体、传录体、辑录体与注释体等体例。

（三）重视版本考核。《遂初堂书目》开始著录图书的不同版本，初步确立了版本项；《天禄琳琅书目》使版本项的著录更加齐全，并设有出版项。

（四）确立了基本的著录项目。一般书目都或多或少地包括有书名、著者、版本、稽核、提要、丛书、附注等著录项目，且从《七略》开始，较早确立了先书名后著者的著录项目次序。

二、近现代文献编目的主要理论成就

（一）编目标准化理论

人类有意识地制订标准是从社会出现分工开始的，但具有近现代意义的标准化则起源于西方国家的机器大工业生产以后。标准化是现代管理理论中的重要内容和方法，是实现质量管理、降低成本、提高效率的重要途径，是引进和推广先进技术、加强国际国内交流的手段。

从近代开始，兴起于生产经营领域的管理、质量、成本、效益等观念很快影响到西方的图书馆界。为了提高图书馆编目的质量并控制成本，编目依据的科学化、标准化就成为一项亟待解决的课题。编目条例、分类法和主题法是图书馆编目工作最主要的依据。因此，这三项工具的制订就成为图书馆界要下大力气解决的重大课题。

早在 1920 年，杜威在《分类法的开始》（$Decimal\ Classification\ Beginnings$）一文中回忆，创编《杜威十进分类法》的初衷就是要解决 19 世纪末美国图书馆界经费短缺与重复编目的矛盾。效率原则是杜威的全部学术活动的核心。《杜威十进分类法》的问世为美国的文献编目标准化奠定了重要基础。

西方近现代编目理论的发展过程的主线就是文献编目条例的制订与完善。从编制为一馆所用的编目条例，到编制为一国所用的编目条例，再到编制为国际所用的编目条例，西方图书馆界在半个多世纪内连上三个台阶，AACR2 和 ISBD 是突出的代表。ISO 已经颁布了一系列有关检索期刊条目、文摘页、图书在版编目、文后参考文献等国际标准。文献已经成为重要而标准的工业产品。

20 世纪末，随着现代信息技术在图书馆的广泛应用，IT 业的许多技术标准已经得到图书馆界的应用与认可。可以预见，随着信息管理和知识管理的深入发展，围绕着信息的生产、加工、处理、传播与利用，文献编目已经发展成为信息描述，一方面在更为广阔的空间内运用其他相关领域的技术标准，另一方面也将通过自己的技术标准来影响其他相关行业并造福社会。

（二）集中编目理论

集中编目（Centralized cataloging）是由一个公认的编目中心按照统

一的分编规则编制书目记录，并向多个文献收藏机构提供书目数据（如发行目录卡片和机读目录等）的一种编目协作模式。实行集中编目可以节省人力，降低成本，避免重复工作，提高目录质量，利于文献信息资源的开发和利用。

集中编目思想最早由美国著名图书馆学家朱厄特在1851年向美国科学发展协会呈上的一份计划中提出。1872年英国的史蒂文斯（Henry Stevens）在伦敦提出设立一个中心书目机构，实行集中编目。同年，美国的《出版商周刊》（*Publisher's Weekly*）刊登按图书著录格式印刷的新书广告供图书馆编目部选用。1893年美国图书馆局正式向图书馆供应目录卡片。1897年，美国图书馆协会接办这项业务。1901年美国国会图书馆开办向各个图书馆提供铅印卡片的业务，1966年MARC试验成功，机读目录开始发行，集中编目事业在美国得到迅速发展。不仅拥有全国集中编目中心，还有地区编目中心，专业编目中心、商业编目中心，形成了一个多层次的集中编目体系。

1958年在全国第一中心图书馆委员会领导下，我国集中编目工作开始起步。由中国人民大学图书馆、北京图书馆分别编制中文图书铅印提要卡片、俄文图书铅印卡片、西文图书铅印卡片向全国图书馆发行。随着编目工作的发展，集中编目的内容和形式也发生了相应变化。集中编目成果已不限于目录卡片，书本目录、机读目录等其他形式也相继出现。在建立地区系统或专业的集中编目中心的同时，全国性的集中编目逐步开展，并努力向国际性的集中编目延伸。

（三）联合编目理论

联合编目（Cooperative cataloging）是指若干个图书馆根据协议和统一的工作规范，分担编目工作，共享编目成果的一种编目形式。开展联合编目，有利于分工协作开展编目工作、拓宽文献编目的活动范围、加快编目速度、降低编目成本、提高编目质量，有利于编制联合目录，为开展馆际互借、藏书协调、充分开发文献资源提供有利保障。在实践中，集中编目有时与联合编目密不可分。

美国国会图书馆在开展集中编目并向全国发行目录卡片的第二年，就开始和几个政府图书馆合作，由各馆分担一部分编目工作，参加合作的图书馆达 18 家。1932 年，国会图书馆专门设立了联合编目和分类部（Cooperative Cataloguing and Classification Service），1941 年，该部门的一部分归入描述编目部。美国国会图书馆直到 1956 年才出版了《美国全国联合目录》（*National Union Catalog*），联合编目的参加馆在 20 世纪 80 年代逐步扩大到包括美国、加拿大 1500 多所图书馆。在 20 世纪 90 年代，我国也在一些地区先后成立了联合编目中心。联合编目加快了文献编目的速度，扩大了目录的文献覆盖面，揭示了联合编目馆馆藏。

（四）共享编目理论

共享编目（Shared cataloging）是集中编目和联合编目的融合体。它是以一个权威机构的编目数据为主，其他参加机构的补充编目数据为辅，各参加机构通力协作，完成文献编目工作，共享文献编目成果的编目形式。共享编目最初指美国国会图书馆的"全国采购和编目规划"（National Program for Acquisition and Cataloging，NPAC）。

1966 年美国开始实施 NPAC（National Program for Acquisitions and Cataloging，国家图书馆需求与编目国家计划），又称"共享编目规划"（Shared Cataloguing Program）。NPAC 是在文献数量激增、编目力量相对不足的背景下产生的，宗旨就是美国国会图书馆在与有关各国协商的基础上，充分利用各国和其他地区书目作为对外国文献编目的基础。美国国会图书馆为此在巴塞罗那、巴黎、佛罗伦萨、东京、海牙、维也纳、伦敦、奥斯陆等城市设立了共享编目中心，分别负责有关国家和地区出版物书目数据的收集整理；并通过和这些国家或地区书目机构的合作，将有关书目数据送往国会图书馆，经过集中整理后向图书馆发行目录卡片。共享编目将集中编目与联合编目的形式结合起来,不仅确保了书目数据的编制质量,也提高了书目数据对文献的覆盖率。

合作编目实际上早已出现,只是到1966年才成为国际范围的合作编目活动并受到重视。共享编目实施后,在国际上产生了一定影响。1972年欧洲研究图书馆联盟(League of European Research Libraries,LIBER)在法国斯特拉斯堡召开关于图书馆共享编目的专家会议,旨在合作建立一座欧洲图书馆,协调西欧各国搜集第三世界各国文献的规划。

随着计算机技术和网络的普及,共享编目又出现了新形式——联机共享编目(Online shared cataloguing)。在美国,联机共享编目是由多个文献机构共建一个联机目录数据库,数据库输入内容以国会图书馆权威目录数据为主,参加馆通过网络,按题名、责任者、ISBN和国会图书馆目录记录号等查询数据库。如果检索命中,编目人员就对数据做必要的修改,然后输入本馆代号和收藏量,即可将该记录存入本馆数据库或打印出目录卡片。如果检索不成功,编目人员就要向联机目录数据库输入自编的原始编目数据以供其他参加馆利用。目前美国的OCLC(Online Computer Libraries Center)、RLG/RLIN(Research Libraries Group / Research Libraries Information Network)、WLN(Washington Library Network)以及我国的CALIS(China Academic Library and Information System)都是世界上联机共享编目的典范。

(五)在版编目理论

在版编目(Cataloguing in Publication,CIP)是指一种针对图书的预先编目形式,即依据相关法规,由经过授权的图书馆或其他机构在图书编辑出版过程中根据出版机构所提供的图书校样或填报的图书在版编目数据单进行编目,然后再由出版社将编目结果印刷在图书的特定位置上的一种编目活动。在版编目的实施可以使图书馆、出版机构、发行机构、读者在得到图书的同时得到书目信息,对加快各种书目及图书馆目录的编制速度、提高目录质量有着十分积极的意义。

在版编目思想源远流长。1876年英国博德利图书馆馆长马勒（Max Muller）在《学术》（*The Academy*）杂志上撰文，建议由作者为自己的图书编制目录草片。同年美国的温泽（Justin Winsor）建议出版商在书中插入印有书目记录的规格统一的硬纸片。内尔森（C. A. Nelson）则提议，出版的每一本书应包含一张按馆藏目录卡片格式印刷的书目数据纸片，图书馆可以将其贴在卡片上，直接排入目录。1958年1月，美国国会图书馆发起一项称为"书源编目"（Cataloging in Source）的试验。1963年，澳大利亚吸取美国书源编目失败的教训，进行了一项名为"图书在版编目"的试验，但只坚持了4年。1971年7月，美国国会图书馆正式实施在版编目（Cataloging in Publication）规划，并获得成功。此后，世界上许多国家，如澳大利亚、英国、德国等纷纷效法。1982年8月，国际图联与联合国教科文组织曾联合在加拿大渥太华召开了两次"国际在版编目专家会议"，对CIP规划给予了很高评价，并建议世界上的每个国家都应制订和实施本国的CIP规划。1979年，国外在版编目经验传到我国。1990年7月31日，由全国文献工作标准化技术委员会第六分委会和第七分委会组织起草的国家标准GB12451—90《图书在版编目数据》正式颁布，在版编目正式在中国落地生根。在版编目一般由编目机构与出版机构协作完成，目前一般只针对学术性图书。随着在版编目理论和技术的日臻完善，有必要考虑为非学术性图书、连续出版物乃至其他类型文献规划和实施在版编目问题。

（六）书目控制理论

书目控制（Bibliographic Control，BC）的基本含义是对文献进行有效的组织与管理。此概念最早由美国学者伊根（Margaret E. Egan）和谢拉（Jesse H. Shera）于1949年提出。我国有研究者建议将bibliographic control翻译为"文献控制"。用控制论的原理与方法对书目工作进行系统研究、控制与调解的理论体系称书目控制论。1971年，德国人卡特瓦瑟

(Franz Geory Kaltwasser）提出世界书目控制，为国际图联接受，于1974年起推行世界书目控制规划（Universal Bibliographic Control，UBC），同年成立了UBC国际办事处。该规划的目标是建立书目信息控制和交换的国际系统，该系统的目的和任务是促进各国用世界通用的著录标准，准确及时地向全世界提供本国出版物的国家书目。按照规划的设想，UBC将是一个由各国出版与图书馆界的全国性机构共同构成的网络，其内容是对书目推行统一的著录项目和标识，以建立从事书目数据交换管理的世界信息系统，并实现出版物的国际共享。

UBC国际办公室成立以来，一直把文献工作的自动化和标准化作为其主要的活动内容，在联合国教科文组织、国际文献联合会、国际标准化组织等国际组织的协作下先后主持制订了《个人名称》（*Personal Name*）和《国际标准书目著录》（*IBDs*），采纳了国际标准《国际标准书号》（ISBN）、《国际标准刊号》（ISSN），推荐了《通用机读目录格式》（UNIMARC）和《杜威十进分类法》（DDC）等。

UBC是一个规模宏大的综合控制系统，涉及世界上各个国家和各种类型文献，建立和实施的难度是非常大的。考虑到计算机在图书馆的广泛应用和机读目录格式的研制，国际图联在1987年将UBC规划与其另一个"国际MARC"规划合并成为"国际书目控制与国际机读目录规划"（Universal Bibliographic Control and International MARC，UBCIM）。

第二章 文献信息著录与编目

第一节 著录及其相关概念

一、著录及其意义

(一) 著录的概念

"著录"一词,在我国已有十分悠久的历史,其原意是指在簿籍上的记载,后泛指在任何载体上的记载。在国外,著录的英文为 Description、Descriptive 或 Bibliographical description(书目著录),这是国际编目界通用的术语。

过去,我国一直没有明确作为专业术语的"著录"概念。《文献著录总则》(GB3792.1—83)的颁布给著录下了一个明确的定义:在编制文献目录时,对文献内容和形式特征进行分析、选择和记录的过程。《中国文献编目规则》的定义也大致相同,即:编制文献目录时,按照一定的规则对文献的形式特征和内容特征进行分析、选择和记录的方法和过程。

(二) 著录的意义

从上述定义中可以看出,"著录"主要包括两个方面的含义:

首先,它明确了著录的对象和内容。著录的对象是文献,著录的内容是文献的形式特征与内容特征。文献的形式特征是指文献的实体形式,它包括两个部分:一是外表文字记载,如题名、责任者、版本、出版社、出版年、丛编名、标准书号、价格等;二是物质形式,如装订、尺寸、数量、图表等。文献的内容特征是指文献的知识内容。

其次,它明确了著录的基本方法与工作环节,即分析文献信息的特征、从中选择具有著录价值的内容,以及记录文献必要的目录信息。分析著录对象的特征,把对编目对象的认识与识别作为编目工作的起点,是文献信息著录中的重要任务。只有通过分析,才能正确地选择著录内容,客观而准确地进行记录,使目录能够从揭示文献信息最本质的特征及其相互关系的角度来满足用户的基本需求。

此外,上述定义还明确了"著录"必须遵循一定的规则。著录工作依据的规则较多,一般包括文献信息著录规则、文献信息标引规则、机读目录格式、规范记录著录规则等。

著录是揭示文献信息特征及有关信息的有效方法,也是编制文献目录的基本方法。著录的目的是为了客观地反映文献信息,为管理、检索与利用各类文献信息提供方便。

文献信息编目工作主要可以分为两大步骤:第一步是文献信息著录;第二步是目录组织。两者是互相联系的前后工序,著录为组织提供基础,组织必须以著录为前提。从这个意义上说,著录是编目工作的基础,目录质量的优劣在很大程度上取决于著录。编目工作实现计算机化以后,目录组织的不少工作都可以由计算机自动完成,而著录工作主要仍需人工进行,且变得更加复杂多样。因此可以说,著录比过去任何时期都具有更为重要的意义。

二、著录的相关概念

（一）款目与记录

著录的结果是编制出目录的组成单元——款目或记录。

1. 款目（Entry）

款目是指依据一定的规则和方法，对文献特征与编目业务信息所作的记录。它具体的表现形式是反映文献内容和形式特征的著录项目的组合，包括描述项目、检索点（标目）以及编目业务注记三部分信息。款目是组成传统目录的基本要素，其主要作用是：

（1）揭示文献的检索点（著录标目），以明确每条款目在目录中的排列位置，并提供检索途径；

（2）揭示文献的主要形式与内容特征，以提供认识、选择文献的依据；

（3）揭示编目业务注记，用以提供文献索取与管理以及款目更新与管理的依据。当编目采用计算机技术与设备后，传统的款目也发展成为机读目录中的"记录"。

描述（Description）项目是指著录项目中用于揭示文献信息基本特征的事项，包括题名与责任说明项、版本项、文献特殊细节项、出版发行项、载体形态项、丛编项、附注项、文献标准编号与获得方式项。在款目或记录中，其著录内容也被称为著录正文。描述项目的主要作用是：客观描述文献信息特征，概略反映文献全貌，提供识别与选择文献的主要依据。描述项目是各类型款目或记录都必备的著录信息，是各编目机构所编各类型目录款目或记录的基础。描述项目也是著录内容的主体信息，其质量优劣直接影响到文献信息的识别与选择。

检索点是指用于目录记录（款目）排序与检索标识的数据单元，包括标目与排检项或根查项的著录内容。标目通常位于款目的最上方,排检项或根查项则在款目的最后部位。检索点与标目是著录内容的重要信息,其质量优劣直接影响到目录的检索效果。

编目业务注记也称为图书馆业务注记,是指编目机构为了业务工作的需要而在款目或记录中所作的一些记载。这些记载通常都是特定的符号或略语,它们不描述文献信息的特征,而反映文献信息存储或编目等方面的信息。编目业务注记一般由具体编目部门设计与著录。传统的注记主要包括索取号、财产登记号、贮藏地点记载、根查、注销登记等。机读目录中的此类注记更多,如头标区中的记录状态、编目等级,数据区的国际使用字段、国内使用字段等,其作用主要用于机构内部索取和管理文献,或是作为款目(记录)更新与管理的依据。例如,索取号、贮藏地点记载等指出文献在某一书库某一书架上的位置,用于文献的索取与归架;根查反映文献所编款目的种类与数量,用于款目的修改与提存。由于各编目机构的具体情况不同,其业务注记的品种、数量与表现形式也可能有很大的差别,并且,在划分公务目录与读者目录的情况下,它们中的绝大部分只出现在公务目录中。编目业务注记是文献著录信息的重要组成部分,它既是目录管理与利用的重要依据,也是文献信息管理与利用的必要依据。现在这类信息的类型正不断地增长,功能也越来越强,在当代著录信息中占有十分重要的地位。

2. 记录(Record)

记录是指表述事物的特征,具有完整的含义,从内容和使用的角度能被作为一个整体来识别的一组相关数据项的组合。在编目领域,通常将以机读形式存储于目录数据库中的目录数据称为"记录"。一条记录相当于手工编目中的一条"款目",但它所"著录"的内容更为丰富,也更为复杂,除包括且极大地扩充了"款目"上的信息外,记录还包括了代码信息和计算机识别与处理的符号。

（二）著录信息源

著录信息源（Source of information）是指款目或记录中著录信息的来源。明确著录信息源是著录工作的先决条件，也是著录信息准确性与一致性的保障。由于著录信息的来源不止一处，著录信息源可以进一步区分为主要信息源与参考信息源，此外，还有更为具体的规定信息源。

1. 主要信息源

主要信息源（Chief source of information）是指在著录中优先选作著录信息来源的文献信息组成部分。著录信息的基本来源是文献信息本身，是被著录的整部文献信息。各类型文献信息的著录信息源均来自被著录的文献信息本身。以普通图书为例，其形式特征的著录信息来源于题名页、版权页、封面、书脊、附录等处，内容特征的著录信息来源于正文、书名、目次、序跋文字和内容提要。然而，同一文献信息的不同组成部分所反映的文献特征也有可能不同，例如，封面或书脊上的题名与书名页上的不同。因此，为避免著录中的差异，就要进一步明确著录信息来源于文献的哪些具体部分，以及选用时的优先顺序。主要信息源就是著录规则中明确规定的、在著录中必须依次选用的文献信息组成部分。

各种类型文献信息均有其各自特定的主要信息源。如表2.1所列举的是AACR2中各类文献信息的主要信息源。

表2.1 各类文献信息的主要信息源

文献信息类型	主要信息源
图书、小册子与散页出版物	题名页
测绘制图资料	资料本身 容器或函套、球仪的支架与座子等
手稿	手稿本身、题名页、书尾题署、手稿头等
乐谱	题名页、封面、卷首

文献信息类型	主要信息源
录音资料	资料本身、容器与标签
影片与录像资料	a) 资料本身 b) 容器
图示资料	资料本身、标签、容器、附带文字资料等
电子资源	资源本身、题名屏幕、主选择单、程序说明、首先显示的信息、主页等
立体工艺品与实物	文献本身、标签、附带文字资料和容器
缩微资料	题名帧
连续资源	a) 题名页或封面 b) 物理载体上的标签

2. 参考信息源

参考信息源是指在著录中参考使用的信息来源，如有关工具文献与参考文献等。著录信息源主要来自于文献信息本身，但文献信息本身有时无法提供必要的著录信息，如文献残缺、特征不详或有误。在这种情况下，可以考虑使用文献信息本身之外的信息，用各种工具文献与参考文献来解决著录中的问题。但要注意的是，参考信息源与主要信息源有着本质上的不同，在著录时，为遵守文献信息著录的客观性原则，要对取自于参考信息源的信息加上方括号"〔〕"，或在附注项加以说明，以区别于从主要信息源获得的信息。

3. 规定信息源

规定信息源（Prescribed source of information）是指各个著录项目及其单元著录信息的特定来源。为确保著录信息选取的一致性，著录规则还进一步规定了每个著录项目的著录信息源，通常为文献信息的某一或某几个组成部分。著录各个著录项目及其单元时，必须依据规定信息源规定的内容及其先后顺序来选择使用信息源。各类型文献信息著录中，规定信息源也不尽相同。

Chapter 2
第二章 文献信息著录与编目

(三) 著录项目及其标识符

1. 著录项目

著录项目 (Area) 是指用以揭示文献信息形式特征与内容特征的记录事项，如题名与责任说明项、出版发行项等。著录项目可以包括著录单元。著录单元 (Element) 是指著录项目的组成部分，如出版发行项中的出版地、出版者、出版年等。

著录项目是依据文献信息本身的形式与内容特征、结合读者检索利用的特点与规律确定的，主要包括题名与责任说明项、版本项、文献特殊细节项、出版发行项、载体形态项、丛编项、附注项、文献标准编号与获得方式项。按其重要程度，这些项目又可以分成主要项目与选择项目。主要项目是著录中必不可少的，选择项目则可视具体情况决定是否选用。

著录项目的选择使用也有明确的规定，即规定著录的详简级次。著录的详简级次 (Level of description) 是指根据著录项目或著录单元的详简程度划分的等级区别。例如，在AACR2中，分为简要级次、基本级次与详细级次三个级次。划分著录详简级次的目的是为了更好地适应不同类型文献信息工作部门的实际情况与需要，兼顾各类型文献信息著录的特殊性，使详简不同的著录款目在同一个目录系统中兼容。

著录项目的设置一般具有规定性、兼容性和灵活性的特点。规定性表现在著录项目的名称、数量、各项目的排列顺序等方面，具有相对的稳定性。兼容性表现在著录项目基本上概括了各类型、各种具体文献的共性，反映出不同文献的特征。灵活性表现在著录项目的应用方面，各编目机构可以根据文献信息的特征与本机构的具体要求选择使用项目，编制详略程度不同的款目。

2. 著录用标识符

著录用标识符 (Punctuation for description) 是指著录中用以识别著

录项目及其单元的特定符号。一般包括著录项目标识符号与著录单元标识符号。著录项目标识符统一置于著录项目之前,如". ——第 2 版"中的符号". —"。著录单元标识符则置于著录单元之前或外部,如"/李纪有"、"(精装)"中的符号"/"与"()"。

在文献信息著录中采用标准的著录用标识符,能跨越不同的语言文字障碍,实现国际文献目录信息的交流与共享。因此,国际编目界普遍认为,没有符号的目录是不完善的。

(四)著录格式

著录格式(Entry format)是指著录项目在特定载体(物质形态)上的排列顺序与组合方式,也即目录款目或记录的表现方式。

著录格式的相关因素有多种,因此其划分的方法及其种类也有多种。

1. 按目录的载体分

(1)书本式著录格式。书本式著录格式是指著录项目在书本式目录中的排列顺序与组合方式。传统目录的书本式著录格式与卡片式格式大同小异,只是在段落划分上有所区别,它所划分的段落更少,以便于节省排版篇幅。书本式格式广泛应用于国家书目、新书通报目录中。

(2)卡片式著录格式。卡片式著录格式是指著录项目在目录卡片上的排列顺序与组合方式。这种格式的著录项目不多,结构简单,它曾经广泛应用于图书馆的卡片式目录中,现仍然在一些图书馆目录、在版编目中沿用。

(3)机读目录格式。机读目录格式(MARC format)是指目录信息在目录数据库中的组织形式,也即目录记录的格式。不同的机读目录,其格式也不尽相同,但它们一般都是包括字段、标识符号,以及由头标区、目次区和可变长字段区三部分组成的格式结构。随着计算机编目的发展,机读目录格式在不断地改进与完善,现已成为文献目录著录的主要格式。

近年来出现的 DC 等新型元数据格式，正被越来越广泛地应用于文献信息编目。

2. 按款目上的标目分

传统目录按款目上的不同标目来划分，中西编规则划分的类型有所不同。中编规则分为通用款目格式与排检款目格式；西编规则分为主要款目格式与附加款目格式等。

(1) 通用款目格式与排检款目格式。通用款目格式最重要的特征就是没有标目，也没有编目业务注记事项，但其描述著录项目齐备，并提供完整的排检项。排检款目格式是相对于通用款目格式而言的，它的主要特征就是具有特定的标目，如题名标目、责任者标目、主题标目或分类号标目，也具有完备的编目业务注记事项。

(2) 主要款目格式与附加款目格式。主要款目格式是指具有主要款目标目的格式，它的描述著录项目、根查项目也非常齐备，并且还有完备的编目业务注记事项。主要款目格式又可以分为责任者主要款目格式与题名主要款目格式两种，它们在款式上有所不同。附加款目格式是相对于主要款目格式而言的，其主要特征是具有附加款目标目，在手工编目时期，其著录事项也较为简略。

3. 按款目上著录项目的组织方法分

(1) 段落式格式。段落式格式是指在款目中以分段落的方式来组织全部著录项目的格式。这种格式在中编中适用于各种款目，在西编中仅适用于著者主要款目及以其为基础编制的附加款目。

(2) 悬行式格式。悬行式格式是指西编中以题名做主要款目标目时所采用的一种格式，它也将著录项目分成若干段落，但款式不同。其格式中第一段特别突出，因而要求从该段第二行开始，每次回行都比第一行的首词首字母缩进两格。这种格式在西文文献信息编目中专用于题名主要款目及以其为基础编制的附加款目。

4. 按著录对象的编辑或出版结构特点分

（1）单独著录格式。单独著录格式是指用于著录单行出版著作的格式。由于单行出版物最为普遍，这种格式也应用得最广。

（2）综合著录格式。综合著录格式是指用于著录包含若干出版单位的多级文献的著录格式。综合著录格式比单独著录格式多出了一个部分，即对各个组成部分情况的著录。

（3）分析著录格式。分析著录格式是指用于著录文献信息中能够独立使用的组成部分的著录格式。分析著录格式与上面两种格式的款式有所不同，其款式较为简单。

从上述可知，著录格式有多种不同的类型。在实际应用中，各种著录格式也是互相包容交错的，如普通图书著录款目的卡片式格式，同时也可以是段落式的主要款目格式。

第二节　著录的方法

由于划分的角度不同，著录方法也有多种类型。

（一）按编目技术手段分

1. 手工著录

手工著录是指直接由人工来完成各项著录工作。如采用手写、刻印等方式，将目录信息著录在卡片上或纸张上，编制出款目。手工著录方式效率低、目录质量难以提高，已逐渐被计算机编目所取代。

2. 机编著录

机编著录是指用计算机编目时的著录方法。它以计算机为工具，通过人工与计算机辅助的方法输入目录信息，编制出记录。机编著录方式是计算机时代的产物，编目效率高、质量好，现已广泛地应用于国内外的编目工作。

在实际工作中，编制新记录时，著录常常采用自编法与复制法。自编法也称原始编目（Original cataloging），是指直接对受编文献信息进行著录、主题标引，编制新记录的方法。复制法也称利用数据源编目（Derived cataloging）、套录编目（Copy cataloging）等，是指利用书目数据库中已有的记录编制新记录的方法。复制法发挥了计算机编目的优势，不仅节省了录入的时间与精力，也在一定程度上保证了著录的质量，因此，编目机构在著录工作中，通常都会首先使用复制法，只有在无法利用恰当的记录时，才采用原编法。

（二）按著录对象的类型分

按著录的对象——文献信息类型来划分，有普通图书著录、连续出版物著录、标准文献著录、科技报告著录、地图资料著录、缩微资料著录、录音资料著录、影像资料著录、电子资源著录等。

由于文献信息的类型不同，其特征也不尽相同，也相应地要求有不同的著录方法。AACR2 与《中国文献编目规则》部分专章列出各类型文献著录规则，以便更好地揭示各类型文献。著录的结果可分别称为图书目录款目（记录）、期刊目录款目（记录）等。按各编目机构的需要，可以将这些款目（记录）分别组织成单一类型的目录，即普通图书目录、连续出版物目录、缩微资料目录、电子资源目录等；也可以将不同款目混合组织成各类型文献信息目录。

（三）按传统的著录程序分

1. 基本著录

基本著录是指对一种文献所做的最基本的著录，也是对一种文献最详细的记录，反映文献的各种特征与编目业务信息。在传统的编目工作中，基本著录是每种文献编目的起点，著录文献首先就要进行基本著录。基本著录的结果是编出基本款目。基本款目是指以文献的重要特征为标目、记录信息最为完整、在目录中起主要作用的款目，如我国中文文献编目中的主要题名款目与西方文献编目中的主要责任者款目，它们是每种文献编目必不可少的款目，也是编制其他款目的单元款目，英美等国的编目界称这种款目为主要款目（Main entry）。

2. 辅助著录

辅助著录是相对基本著录而言的，它是在基本著录的基础上，利用文献的其他特征为标目，重复或深入地揭示同一种文献的著录，其结果是编制出各种辅助款目。辅助款目是相对基本（主要）款目而言的，它是指以主要标目以外的文献特征为标目、著录信息可以简略、在目录中起辅助作用的款目。辅助著录包括了附加著录、分析著录、综合著录与参照著录，编出的款目分别为附加款目、分析款目、综合款目与参照。

基本著录与辅助著录这一对概念是传统编目中的提法，是过去手工编目方式的产物。在手工编目的条件下，由于人力、物力、时间的限制，不可能对每一种文献都编多种款目，更不可能使多种款目的著录内容详略都一样，这就需要有一种基本（主要）款目。基本（主要）款目是每一种文献编目时起码要具备的。对我国中文文献编目来说，以正书名为标目的基本款目是非做不可的，而其他的各种辅助款目，则可视具体情况而做或不做。在编制一书的各种款目时，也需要一个著录内容最详细的款目为基础，而其他款目则可有所简略。这些都导致了基本著录和辅助著录概念的形成。

在新的编目技术条件下，有人提出了废止这一对概念的看法，进而引起了长达数十年的"主要款目存废之争"，主张保留主要款目概念的一方认为：

（1）主要款目是识别文献、查核复本的一种有效形式，在公务目录中作为根查的记录也不可缺少；

（2）在单款目目录、引文目录中，每一种文献只有一条款目，有必要从各种检索点中选择出一个最重要的编制主要款目；

（3）目录集中文献的职能必须通过主要款目来实现。美国著名编目学家柳别斯基提出："如果废除了主要款目的概念，主要款目执行的有效职能就会成为一句空话。"

主张废除主要款目概念的一方则认为：

（1）编制主要款目时，选择主要标目既费时又费力，且从检索角度来看并无特别的意义，废止主要款目可简化编目工作；

（2）采用"单元卡"制编制多种款目后，各条款目信息详简一致，它们在揭示文献与提供检索途径方面的作用也一样，主次款目的区分已无实际意义；

（3）计算机编目输入一条详细的记录后，可提供各种检索途径或者输出不同标目的款目，目录的集中职能与核查复本的职能同样能履行，主次款目的区分完全没有必要。

AACR2的编制者之一戈尔曼（Michael Gorman）认为："废除主要款目的概念并非意味着主要款目执行的有效职能将被废除"，"主要款目是一个被技术超越了的概念，因而将不可避免的被废除"。

传统的主要款目概念终将被计算机编目技术所淘汰，但出于对编目史、编目理论以及一些机构仍在沿用传统目录体系现状的某种考虑，主要款目的概念仍需过渡性的继续使用。AACR2与我国的《西文文献著录条例》仍保留着主要款目、附加款目等概念，而我国和日本等国的文献著录标准中已取消了基本款目、辅助款目的概念，取而代之的是通用款目与排检款目。

(四) 按现行的著录程序分

1. 描述著录

描述著录是指依据描述著录规则，客观著录文献信息基本特征的方式。它是文献著录中最先采用的方式，仅仅著录描述项目，而不著录任何检索点。描述著录的结果是编制出款目或记录中的"著录正文"部分。描述著录是目录著录工作的第一步，它为进一步编制完整的目录记录与各种排检款目奠定了基础。描述著录的标准化是书目信息交流与资源共享的前提和必要条件。ISBD 的系列标准就是描述著录规则。

2. 检索点著录

检索点著录是指依据特定的文献信息标引与著录规则，选择著录各种目录组织与检索标识的方式。它在描述著录的基础上，按特定部门、特定目录的要求，加著具有检索意义的文献信息特征，如名称、词或短语、代码或编号等，编制出通用款目或完整的机读目录记录以及各种排检款目。通用款目是指一种著录内容完整且不设置标目的单元款目。它包括详尽的著录正文与各种检索点，是编制各种排检款目的基础款目，如我国现行在版编目（CIP）数据就是通用款目。排检款目是指包括标目、著录正文与编目业务注记，用于组织特定目录的款目。

在著录工作程序上，检索点著录是目录著录工作的第二步，也是最终完成著录任务、使款目（记录）具有排检使用价值所必不可少的步骤。检索点目前主要有题名、责任者、主题、分类等，因而排检款目也可进一步按其标目性质划分为：题名款目、责任者款目，主题款目和分类款目。对这些款目分别加以组织就形成相应的目录，即题名目录、责任者目录、主题目录与分类目录。在机读目录中，检索点用于建立各种倒排档，以提供多种途径的检索，或是输出各种不同标目的目录。

（五）按著录对象的编辑或出版结构特点分

1. 单独著录

单独著录也称个别著录，是指以单行出版的著作为著录单位进行著录的方式，它包括对单行本图书、单幅地图、单项标准等的著录，也包括对多部分文献中能够独立使用的单卷（册）文献的著录。单独著录是文献信息著录中应用最普遍的一种著录方法，著录结果为单独款目（记录）。将多卷或丛编文献的各分册进行单独著录，也称为分散著录，所编款目称为分散款目，这是相对于综合款目而言的。

2. 综合著录

综合著录也称整套著录，是指以多部分组成的文献信息整套（体）为著录单位进行著录的方式，例如，将整套多卷书、系列影像资料的各个组成部分集中起来，作为一个著录单位进行整体著录。综合著录可以全面系统地揭示由多部分组成的文献的整体及其各个部分的情况，提高文献信息检全率，其著录的结果是编制出综合款目（记录）。

3. 分析著录

分析著录（Analysis）是指以整体文献信息中能够独立使用的组成部分为著录单位进行著录的方式。分析著录可以从更深的层次揭示文献信息，提高文献信息的检准率，其著录的结果是编制出分析款目（记录）。分析著录的适用面很广，各种文献信息中的独立篇章或重要组成部分都可以应用。

这三种著录方法分别从单件、整套与组成部分的侧面来揭示文献信息，基本上满足了目前各种编辑或出版结构文献著录的要求。

以上各种著录方法是互相包容交错的，如综合著录法，就有通用款目的综合著录法和排检款目的综合著录法。

第三节 文献信息著录规则

文献信息著录规则是指根据文献信息本身的客观情况,结合读者检索要求而制定的一整套系统记录文献信息特征的原则和方法。著录规则是编目工作发展到一定时期的产物,是人们从长期实践中总结出来的基本原则和规律,也是编目工作制度化、规范化的结果。它的作用主要是用于指导著录工作,处理著录中的一般性问题,使文献信息的著录达到一致性,使各具特色的文献信息在目录中有统一的表现形式。

制订科学实用的著录规则是编目工作的前提。规则制定后,还要随文献信息的发展、读者检索要求的变化而不断更新,并向标准化方向发展。

著录规则是编目工作者的操作规程,无论是手工编目还是计算机编目,都必须遵守著录规则。只有严格遵循规则,才能确保目录的质量。因此,在着手编目之前,就要明确所使用的著录规则。

文献信息著录规则经历了数百年的发展历程,不断改进、不断完善。从现有的规则来看,其类型与编制体例并不复杂。大体可以从三个角度来划分其类型:从涉及的编目内容范围分,可分为描述著录规则与标目著录规则,包括描述与标目著录以及目录组织的规则;从选择著录对象的范围分,可分为单一著录对象的著录规则和多种著录对象的著录规则;从其表述形式来分,可分为将总则与各分则分别编制的规则和将总则与各分则共融于一体的规则。从现行的著录规则来看,其结构与内容一般包括引言、描述著录、标目法、附录、名词术语等部分。

国内外主要著录规则简介如下。

第二章 文献信息著录与编目

一、《国际标准书目著录》

《国际标准书目著录》（*International Standard Bibliographic Description*，简称 ISBD），由 ISBD 修订委员会推荐，IFLA 编目专业组常设委员会通过。ISBD 是国际图联主持制定的一套关于文献著录的国际标准，也是我国编制编目规则的主要依据。自 1971 年以来，先后出版了 ISBD（G）与一系列著录各种不同类型文献的 ISBD 分则，并从 1978 年开始，其版本不断修订更新。

（一）ISBD 的发展

1969 年，国际编目专家会议建议成立"ISBD 工作组"。1971 年底，由 IFLA 设立的 ISBD 工作组编制出了《国际标准书目著录（专著）》(ISBD（M））初稿。该稿一经发布，就得到了英国、原联邦德国、法国、加拿大、澳大利亚等国的赞同与应用。1974 年，该条例的修订本——"第一标准版"在伦敦正式出版。

在 ISBD（M）成功的基础上，IFLA 又相继成立了几个分则工作组，编制 ISBD（S）、ISBD（NBM）、ISBD（CM）等分则，这些分则在编制的过程中出现了与 ISBD（M）的内容不尽一致的问题。为协调各个分则，IFLA 于 1975 年 10 月在巴黎召开会议，讨论制定一个总的框架，作为各分则编制的指南。1976 年，ISBD（G）初稿完成，并交 IFLA 编目专业组常设委员会组织讨论。1977 年，ISBD（G）第一标准版出版。

ISBD（G）出版后，新编制的分则必须以它作为编制依据，已出版的分则也根据它进行了修订。一系列以 ISBD（G）为总原则、针对不同类型的文献设计的分则陆续出版，形成了一整套国际标准的著录规则。

从 1978 年起，ISBD 已有的分则就开始广泛征求意见，不断进行修改。修订后的分则与时俱进，在内容上更加符合编目工作的具体要求，

在形式与结构上也更加规范统一。

(二) 编制体例

与以往的编目规则相比，ISBD 在编制体例上有所创新，它将总则与各个分则分别制定、陆续出版，成为一整套既有紧密联系，又可以互相独立、自成体系的规则。

在 ISBD 系列规则中，ISBD（G）是制定各种 ISBD 分则的框架，对各分则具有控制的作用，而不用作任何具体类型文献信息著录的规则。每一种分则都是总则编制原则具体化的产物，但它们又各自独立，能系统地解决具体类型的文献信息著录问题。整套规则中总则与各分则、各个分则之间都互相联系、互相参见，构成一个有机的整体。

目前，IFLA 颁布的 ISBD 系列规则包括有：

《国际标准书目著录（总则）》(General International Standard Bibliographic Description，简称 ISBD（G）)，1977 年出版。《国际标准书目著录（专著）》(International Standard Bibliographic Description for Monographic Publications，简称 ISBD（M）)，1974 年第 1 版，1988 年第 2 版。

《国际标准书目著录（连续出版物）》(International Standard Bibliographic Description for Serials，简称 ISBD（S）)，1977 年第 1 版，1988 年第 2 版。

《国际标准书目著录（非书资料）》(International Standard Bibliographic Description for Non－Book Materials，简称 ISBD（NBM）)，1977 年第 1 版，1987 年第 2 版。

《国际标准书目著录（测绘制图资料）》(International Standard Bibliographic Description for Cartographic Materials，简称 ISBD（CM）)，1977 年第 1 版，1987 年第 2 版。

《国际标准书目著录（乐谱）》(International Standard Bibliograph-

ic Description for Printed Music,简称 ISBD（PM）），1980 年出版。

《国际标准书目著录（古籍）》（*International Standard Bibliographic Description for Antiquarian Materials*，简称 ISBD（A）），1977 年出版。

《国际标准书目著录（分析著录）》（*International Standard Bibliographic Description for Component Parts*，简称 ISBD（CP）），1982 年出版。

《国际标准书目著录（计算机文档）》（*International Standard Bibliographic Description for Computer Files*，简称 ISBD（CF）），1990 年出版。

《国际标准书目著录（电子资源）》（*International Standard Bibliographic Description for Electronic Resources*，简称 ISBD（ER）），1997 年出版。

《国际标准书目著录（连续出版物与其他连续资源）》（*International Standard Bibliographic Description for Serials and Other Continuing Resources*，简称 ISBD（CR）），2002 年出版。

（三）编制结构与内容

ISBD 总则与各个分则的编制结构、内容基本相同，都包括以下三个部分：

1. 概述（Preliminary notes）

该部分阐明本条例的编制范围、目的与应用、有关定义、信息源、著录与言语文字等。

2. 著录单元说明（Specification of elements）

这一部分所占篇幅最多，详细说明每个著录项目及其著录单元的著录规则。

3. 附录（Appendices）

该部分包括多层次著录、双向行文记录、具体的著录样例等。

从内容上看，ISBD 主要是对文献信息的描述规则所做的规定，解决文献信息描述的标准化问题，并不涉及标目的选取与著录等规则。

（四）主要特点

作为一套文献信息著录的国际标准，ISBD 的特点表现为：

1. 编制目的明确

ISBD 编制的总目的是为了促进国际书目信息交流，实现文献信息资源共享。具体目的有三个，即使各国的书目著录具有互换性，使各国的书目记录易于识别，以及使传统的手工目录易于转换为机读目录。

2. 采取的措施得力

为达到上述目的，ISBD 采取了具体而有效的措施，即规定了著录项目、著录项目的顺序以及著录标识符。ISBD（G）的著录项目及其标识符见表 2.2。从表 2.2 中可以看出，ISBD（G）所规定的著录项目有 8 项，其中的 6 项又分有若干个著录单元。这里并没有标明著录项目与著录单元的重复或选择使用问题，而留给具体的 ISBD 分则去说明。

表 2.2 ISBD（G）设置的著录项目及其标识符

Area（著录项目）	Prescribed Preceding (or enclosing) punctuation for element（标识符）	Element（著录单元）
1. Title and statement of responsibility area	[ ] = : / ;	1.1 Title proper 1.2 General material designation 1.3 Parallel title 1.4 Other title information 1.5 Statements of responsibility 　First statement 　Subsequent statement

2. Edition area	= / ; , / ;	2.1 Edition statement 2.2 Parallel edition statement 2.3 Statements of responsibility relating to the edition 　　　First statement 　　　Subsequent statement 2.4 Addition edition statement 2.5 Statements of responsibility following an addition edition statement 　　　First statement 　　　Subsequent statement
3. Material (or type of publication specific area)		
4. Publication, distribution, Etc., area	; : [ ] , (: ,)	4.1 Place of publication, distribution, etc. 　　　First place 　　　Subsequent place 4.2 Name of publisher, distributor, etc. 4.3 Statement of function of distributor 4.4 Data of publication, distribution, etc. 4.5 Place of manufacture 4.6 Name of manufacture 4.7 Data of manufacture
5. Physical description area	: ; +	5.1 Specific material designation and 　　　extent of item 5.2 Other physical details 5.3 Dimensions of item 5.4 Accompanying material statement
6. Series area	= : / , ;	6.1 Title proper of series or sub－series 6.2 Parallel title of series or sub－series 6.3 Other title information of series or sub－series 6.4 Statements of responsibility relating to the series or sub－series 　　　First statement 6.5 International Standard Serial Number of series or sub－series 6.6 Numbering within series or sub－series
7 Note area		
8 Standard Number (or alternative) and terms of availability	= : ( )	8.1 Standard Number (or alternative) 8.2 Key title 8.3 Terms of availability and/or price 8.4 Qualification (in varying positions)

Note：Each area, other than the first, is preceded by a point, space, dash, space (. —)

3. 适用范围广

ISBD作为国际标准，对不同地区、不同语言、不同规模、不同类型的文献机构都具有通用性。例如，它不仅适用于图书情报机构的编目工作，也适用于国家书目、书商目录等的编制工作。

ISBD的制定和出版发行意义重大，影响深远，为统一各国文献信息著录条例、实现目录著录国际标准化作出了卓越的贡献。目前，亚、非、欧美的一些国家书目都采用了这个条例，同时，不少国家也以它为制定或修改本国各类编目条例的重要参考文献。

（五）原则

1. ISBD的主要目的是在全世界范围内对相互兼容的描述性编目进行规定，促进国家书目机构之间和整个国际图书馆和情报服务行业（例如还包括生产者和出版者）的国际书目记录交换。

2. 要容纳不同的著录级别，包括国家书目机构、国家书目、大学和其他研究性馆藏所需要的著录级别。

3. 应该明确标识和选择一种资源所需要的著录单元。

4. 重点要考虑著录单元的集合，而不是考虑特定的自动化系统中所使用或者显示的著录单元。

5. 在制定规则时应考虑实践中的成本效应。

ISBD是一种标准，它确定数据单元以特定的顺序记录或转录，作为所编目资源之描述的基础。此外，它还使用规定标识符作为识别和显示这些数据单元的手段，并使得人们不必了解著录的语言就可以理解它们。

二、《英美编目条例》(第2版)

《英美编目条例》(第2版)(Anglo-American Cataloging Rules 2nded.—AACR2)由美国图书馆协会、英国图书馆协会、加拿大图书馆编目委员会、英国图书馆、美国国会图书馆联合提出,由戈尔曼(Michael Gorman)与温克勒(Winkler,Paul W.)负责编辑,于1978年在芝加哥、伦敦与渥太华同时出版。1988年,出版了修订版AACR2R,1988。1998年出版新的修订版AACR2,1998 Revision。2002年又推出新的修订版AACR2-2002。

(一) AACR2 的发展

ISBD的问世与推广成功地解决了目录描述著录规则标准化的问题,而编制与它相匹配的、完整的著录规则的需求也就更加迫切。同时,由于计算机编目的实现,非书资料大量涌现,加快了原有的《英美编目条例》(AACR)老化的速度,因此,更新条例的任务被及时提了出来。

从1974年开始,美、英、加三国合作进行修订AACR的工作。经过数年努力,AACR2于1978年出版。AACR2将主要用于卡片式目录的传统条例,发展为适应于机读目录编制与多样化检索的条例,顺应了编目事业的发展趋势。因此,它被译成多种文字,为许多国家的图书馆所采用。

随着社会经济与科技的发展,网络技术的普遍应用,文献信息资源从数量、种类、形式、发行方式,到其利用的手段与方法等方面,都有着日新月异的变化;同时,人们对信息控制的要求与依赖程度也越来越迫切。面对现实的窘境与自身发展完善的内在要求,AACR2必须不断修订再版,才能满足编目事业发展的需要。

1983年,修订AACR2联合指导委员会(Joint Steering Committee

for Revision of AACR，简称 JSC）进一步明确提出了 AACR2 的修订方针与步骤。1986 年，在原有编制成员的基础上，增补了澳大利亚编目委员会为新的成员。1988 年，AACR2R 出版。AACR2R 吸收了过去十年的修订成果，调整了一些内容，增强了"计算机文档"的著录规则。1993 年、1998 年，AACR2 也分别进行了一些重要的修订，出版了修订版。

2002 年，为解决编目工作所面临的新问题，AACR2 被再次修订出版。AACR2—2002 继承了前期各版本的精华，融合了 1999 年、2001 年修订本的内容，并增加了 2002 年批准确定的新条款。它的修订重点突出，在第 1、3、9、12 章和第 21 章中变动较大，主要修订了总则、测绘资料、电子资源、连续出版物和组合资源（Integrating resources）、选择检索点的著录规则。它在编目理论上也有新的开拓，如重新界定与划分了书目资源类型，更新了一些编目基本概念等，使条例与书目资源种类的发展相互适应。因此种种，AACR2—2002 不仅对当前的编目工作具有较强的适应性，对未来的编目理论和实践也具有开创意义。

从 AACR2 问世之日起，国际编目界就一直关注其发展。美国、英国、加拿大、澳大利亚等地众多编目专家都对 AACR2 提出了建设性的修订方案，美国图书馆协会（ALA）及其下属机构、国际图联（IFLA）、OCLC 等机构都定期组织会议，讨论 AACR2 现存的问题与未来的发展。其中，JSC 起着核心作用。它作为一个维护 AACR2 的专门机构，切实履行着其职责：支持有效的书目编目实践，维护与发展 AACR 已经确立的书目原则，及时修订编目规则以反映用户需求和信息环境的变化。因而，AACR2 得以保持与时俱进。

（二）编制结构与内容

AACR2 是一部适用于多种类型、多种文字、多种载体的文献信息著录条例，2002 年修订版的结构如下：

Part I Description（第一部分描述著录）

Chapter 2
第二章 文献信息著录与编目

1 General Rules for Description（著录总则）

2 Books，Pamphlets，and Printed Sheets（图书、小册子、散页出版物）

3 Cartographic Materials（测绘制图资料）

4 Manuscripts (Including Manuscript Collections)（手稿）

5 Music（乐谱）

6 Sound Recordings（录音资料）

7 Motion Pictures and Video recordings（影片与录像资料）

8 Graphic Materials（图示资料）

9 Electronic Resources（电子资源）

10 Three—Dimensional Artefacts and Realia（立体工艺品与实物）

11 Microforms（缩微品）

12 Continuing Resources（连续资源）

13 Analysis（分析）

Part II Headings, Uniform Titles，and References（第二部分标目、统一题名与参照）

21 Choice of Access Point（检索点的选择）

22 Headings for Persons（个人著者标目）

23 Geographic Names（地理名称）

24 Headings for Corporate Bodies（团体名称标目）

25 Uniform Titles（统一题名）

26 References（参照）

    Appendices（附录）

    A Capitalization（大写）

    B Abbreviations（缩写）

    C Numerals（数字）

    D Glossary（词汇）

E Initial Articles（首冠词）

Index（索引）

从以上结构可以看出，AACR2 全书分为著录、标目和附录三大部分，其中，正文分为两大部分，共有 19 章，这两个部分不分主次、互为补充，形成一部完整的著录条例。此外，还有书末所附的附录部分。

1. 描述著录部分

第一部分共有 13 章。第一章为著录总则，它阐明了著录的通用规则，是随后所有各章著录规则的基础；第 2—12 章是根据总则的基本原则，针对特定类型文献信息制定的著录规则；第 13 章是部分文献信息通用的分析著录规则。著录具体类型的文献时，应选择使用相应的分则，如果文献信息类型复杂，则可以考虑使用多种相关的分则。例如，著录连续出版的影片时，既要用到第 12 章，也要用到第 7 章的内容。

这一部分的所有规则均以 ISBD 为依据。AACR2 完全采用了 ISBD 的 8 个著录项目及其顺序、著录标识符，并规定了著录用文字、著录信息源以及各项目著录细则等。此外，还首创了明确款目详简内容的条款，列出了三个推荐的著录级次。

2. 标目、统一题名与参照部分

第二部分共有 6 章，其篇幅与著录部分非常接近。在这一部分中，第 21 章规定了主要款目与附加款目检索点的选择条件；第 22—25 章规定了个人、地理、团体名称标目的形式与统一题名；第 26 章是编制个人与机构名称、地理名称和统一题名等参照的规则。每一章中，一般规则列在专门规则之前，当一个特定的问题没有特定的规则时，则可采用一般规则。这一部分适用于著录各种文献信息的检索点，包括卡片式目录的主要款目标目与根查项的内容。

3. 附录部分

这一部分包括 5 种附录与一个综合索引。附录也是 AACR2 的重要组成部分,它们规定了著录使用文字的规范条款,也是著录中不可缺少的内容。

(三) 主要特点

1. 贯彻了编目标准化的原则

AACR2 关注编目标准的国际化与书目共享的发展趋势,充分考虑了与其他相关书目控制标准的协调性,特别是与国际标准书目著录(ISBD)、国际标准刊号(ISSN),以及国际标准化组织(ISO)的标准保持一致。例如,在"描述著录"部分,AACR2 尽量与 ISBD 的发展保持一致,不仅保证了款目内容的统一著录,而且实现了不同类型文献信息的统一著录;在"标目"部分,AACR2 积极采用有关国际协议,全面吸收了 1961 年巴黎会议的标目原则,为其他国家标目法的制定提供了范例与样板。同时,AACR2 的发展也促进了其他国际标准的更新。

2. 改革了条例的组织结构与方法

在组织结构上,AACR2 将"描述著录"列为第一部分内容,而将"标目、统一题名与参照"列为第二部分内容,这与 AACR 等条例的组织结构正好相反。这种反传统结构的做法,反映了编目程序的改变,过去的编目工作是从标目法开始的,由标目决定整个款目编制的方法;而新的编目过程则是首先进行描述著录,然后再选择检索点。

在组织方法上,AACR2 对规则中条款的安排具有伸缩性。例如,对章节的设置留有扩展的余地,其第一部分共有 13 章,第二部分从第 21 章开始,其中的第 14 章到第 20 章是空位,所留空位给条例内容的扩充留有充分的余地。再者,对"著录"部分的条款所配编号系统也有规律可循。如:

1.4C 表示:第 1 章(总则)第 4 项(出版发行项)C 单元(出版地)
2.4C 表示:第 2 章(图书)第 4 项(出版发行项)C 单元(出版地)
5.4C 表示:第 5 章(乐谱)第 4 项(出版发行项)C 单元(出版地)
……

凡内容性质相同的条款，都具有类似的编码。这种编号法使各章节条款与第1章的相对应，便于记忆与查阅使用。

3. 更新了"主要款目标目"

AACR2承袭了西方传统编目条例的"主要款目"与"著者原则"，即沿用了主要款目标目、附加款目标目的传统概念，主要以著者为主要款目标目，但它在主要款目标目方面也有不少新的改进。

首先，对"著者"的概念有了新的界定，强调只有对著作的知识或艺术内容负主要责任的个人与团体，才能称作"著者"或责任者。这与过去的条例相比，缩小了著者概念的范围，其结果是对编辑、编纂的著作一律改用题名作标目，增加了题名作主要款目标目的机会，相对削弱了著者主要款目的地位。

其次，对责任者统一标目的规定更具通俗性，强调选取个人或团体最为人们所熟知的名称及其常见形式作统一标目。这改变了传统条例中对个人名称取原名、真名、全名，团体名称取官方正式名称的做法，增强了标目的实用性。

再次，扩大了统一题名的范围，强调以不同形式、不同题名出版的同一著作都可使用统一题名来集中。这改变了传统条例中仅对宗教经典、古代佚名著作和音乐资料使用统一题名的做法，更加突出了统一题名的作用。

4. 增强了条例使用的灵活性

考虑到不同类型的编目机构对编目的不同要求，AACR2也非常注重其应用的灵活性。例如，提供多种文献类型的著录规则，便于不同编目机构选择使用；规定三个著录级次，满足不同编目机构的要求；安排一定的机动性规则，如交替性规则（Alternative rules）、选择性规则（Optional addition 或 Optionally）等，并注明"if appropriate"（如果合适）、"necessary"（如果必要）等选择性短语，供编目员灵活掌握使用。

AACR2 在提供完备规则的同时，也留给编目员不少分析判断的自主权，这一特点在连续资源的著录中最为突出。例如，按规则"12.1 题名项"著录规定，当题名有多种不同的形式时，编目员可从中选出"正题名"和"其他题名"分别进行著录；编目员可以将其认为重要的其他题名信息著录在题名与责任说明项、附注项，也可以不著录。再如，AACR2—2002 规定按更改的性质与程度来决定编制记录的对策，而"主要更改"和"次要更改"是一对相对而言的概念，对于文献更改情况的判断，常常要靠编目员自己来灵活掌握。

（四）存在的问题

AACR2 存在的主要问题是：

1. 标目依旧分为主要款目标目与附加款目标目，选取主要款目标目的规则复杂而繁琐，不便理解与应用。

2. 篇幅庞大，重复较多，总则与分则之间的"参见"频繁，有些条款的措辞含义不清，难以熟练地掌握运用。

3. 对地名与人名的拼写规则采用英美的传统方法，影响其国际通用性。

AACR2 一直被视为西方编目圣经，是编目理论和实践的集大成之作，也是国际合作修订编目规则的成果。它承上启下，继往开来，既兼顾了传统编目的特点，又不断努力适应编目工作标准化、自动化、网络化的发展趋势。它不仅为英语世界的文献信息编目工作提供了标准化的工具，也为各国编目规则的制定树立了典范，对世界编目事业的发展起到了重要的推动作用。

AACR2 在 RDA（资源描述与检索的英文缩写，在 AACR2 基础上做了较大幅度的修改，后面的章节将详细介绍）问世之前作为国际上通行的编目条例，在丹麦、芬兰、意大利、挪威、葡萄牙、西班牙、瑞典、土耳其等多国被广泛使用，更包含日文、中文、阿拉伯文等多种文字的版本，被许多国家接受、使用或借鉴。

三、中国文献著录国家标准

《文献著录总则》（GB3792.1—83）由全国文献工作标准化技术委员会提出，全国文献工作标准化技术委员会第六分委员会起草，国家标准局1983年7月2日发布，1984年4月1日起实施。随后，我国颁布了与该《文献著录总则》配套的一系列文献著录的国家标准，即：《普通图书著录规则》（GB3792.2—85）、《连续出版物著录规则》（GB3792.3—85）、《非书资料著录规则》（GB3792.4—85）、《档案著录规则》（GB3792.5—85）、《地图资料著录规则》（GB3792.6—86）、《古籍著录规则》（GB3792.7—87），共7项国家标准。从1990年开始，进行了多次修订工作。

（一）指导思想

根据国内外文献著录的发展历史和现状以及今后的发展趋势，我国确立了文献著录标准化的指导思想，即在著录项目的设置、著录项目的排列顺序与著录用标识符号三个方面实行"四个统一"。"四个统一"是指中外文目录的统一、图书馆与文献情报部门目录的统一、各类型文献目录的统一与不同载体目录的统一。

国家标准的文献著录规则的编制体现了我国制定文献工作标准的方针政策：既靠拢国际标准，又结合我国的实际。

要实现中外文目录的统一，我国的著录规则就必须向国际文献著录标准靠拢。事实上，我国国家标准的文献著录规则系列就是依据ISBD制定的，它吸纳了ISBD所确定的原则、目的、著录项目及标识符号等，使我国编制的目录能为国际上识别和利用。

为满足我国编目工作的需要，著录标准的编制也充分考虑了我国的具体情况。根据我国的文献特点与读者检索习惯以及文献工作部门的特定要求，保留了我国文献编目中的一些传统做法，并借鉴了其他国家和地区汉语言文字目录著录中一些有益的规定。

（二）编制体例

在编制体例上，文献著录国家标准采用了从总则到分则的方法，即将整套规则划分为总则和分则，并将它们分别作为单项标准制定。

采用这种编制体例，一是符合我国编目事业发展的实际状况。由于当时各种类型文献编目的基础条件、工作经验参差不齐，应用从总则到分则的编制体例有利于逐步编制、陆续颁布各个分则，及时解决规则编制与实际使用的问题。二是顺应国际编目标准化的大趋势，与 ISBD 的编制体例保持一致。但在具体编制步骤上，我国吸收了 ISBD 编制中的教训，先从编制总则着手，然后再编制各类型文献的具体著录分则。

分期制定的总则与分则，形成了一套较完整的文献著录标准体系。

（三）编制结构与内容

1. 基本结构

《文献著录总则》（GB3792.1—83）与各个分则的编制结构与内容基本一致，它们的正文部分一般分为 10 个方面，此外，各著录分则还有一些附录，如标目、实例、载体名称和代码等。详见表 2.3。

表 2.3 《文献著录总则》的基本结构

《文献著录总则》 （GB3792.1—83）	《文献著录总则》 （GB3792.I—报批稿）
引言	1. 范围
2. 名词术语	2. 引用标准
3. 著录项目	3. 定义
4. 著录项目标识符和著录内容识别符	4. 著录项目
5. 著录格式	5. 著录用标识符
6. 著录详简级次	6. 著录用文字
7. 著录用文字	7. 著录信息源
8. 文献类型标识符	8. 著录项目细则
9. 著录根据	附录 A 多层次著录
10. 著录项目细则	附录 B 著录格式

2. 主要内容

《文献著录总则》与各个分则的主要内容包括：著录项目及其排列顺序、著录用标识符、著录用文字、著录信息源、各个著录项目细则、著录格式等。

(1) 著录项目及其标识符

表2.4列出的是《文献著录总则》（GB3792.1—报批稿）的著录项目及其排列顺序、著录标识符。

表2.4 著录项目与著录标识符一览表

项目	标识符	单元
1 题名与责任说明项		1.1 正题名 1.2 一般文献类型标识 1.3 并列题名 1.4 其他题名信息 1.5 责任说明 第一责任说明 其他责任说明
2 版本项		2.1 版本说明 2.2 并列版本说明 2.3 与本版有关的责任说明 第一责任说明 其他责任说明 2.4 附加版本说明 2.5 附加版本说明的责任说明 第一责任说明 其他责任说明
3 文献特殊细节项		
4 出版、发行项		4.1 出版、发行等地 第一出版、发行地 其他出版、发行地 4.2 出版、发行者等名称 4.3 发行者职能说明 4.4 出版、发行年 4.5 印制地、印制者、印制年
5 载体形态项		5.1 文献数量及特定文献类型标识 5.2 其他形态细节 5.3 尺寸 5.4 附件

第二章 文献信息著录与编目

项目	标识符	单元
6 丛编项		6.1 丛编正题名 6.2 丛编并列题名 6.3 丛编其他题名信息 6.4 丛编责任说明 　第一责任说明 　其他责任说明 6.5 国际标准连续出版物号（ISSN） 6.6 丛编编号
7 附注项		
8 标准编号与获得方式项		8.1 标准编号 8.2 识别题名 8.3 获得方式和（或）价格 8.4 附加说明

《文献著录总则》（CB3792.1—83）除上述项目外，还有一个提要项，其各个著录分则另外再加上一个排检项。

文献著录国家标准采用了 ISBD 规定使用的标识符号。已颁布的规则将符号划分为著录项目标识符与著录内容识别符，但对使用符号时的空格要求与 ISBD 有差别，修订本在这些方面都做了改进，与 ISBD 保持一致。

（2）著录格式

《文献著录总则》（GB3792.1—报批稿）在附录部分设有下列三种格式。书本式格式（见图 2.1）：

```
正题名［一般文献类型标识］＝并列题名：其他题名
信息/第一责任说明；其他责任说明. —版本说明/与
本版有关的责任说明. —文献特殊细节. —出版地：出
版者，出版年（印制地：印制者，印制年）. —文献数量
及特定文献类型标识：其他形态细节；尺寸＋附件. —（丛
编题名/责任说明，国际标准连续出版物号；丛编编号. 附
属丛编）. —附注. —标准编号（附加说明）：获得方式
和（或）价格
```

注：该格式有 9 大项，连续著录为一段。各大小项目前冠有著录标示符号。回行时突出一个汉字。

图 2.1　书本式格式

卡片式格式（见图2.2）

```
正题名［一般文献类型标识］=并列题名：其他题名
信息/第一责任说明；其他责任说明. —版本说明/与
本版有关的责任说明. —文献特殊细节. —出版地：出
版者，出版年（印制地：印制者，印制年）
    文献数量及特定文献类型标识：其他形态细节；尺寸＋
附件. —（丛编题名/责任说明，国际标准连续出版物号；
丛编编号. 附属丛编）
    附注
    标准编号（附加说明）：获得方式和（或）价格
```

注：该格式有9大项，分4段著录。各大小项目前冠有著录标示符号。每段回行时突出一个汉字。

图2.2　卡片式格式

多层次著录格式（见图2.3）：

```
整套文献正题名［一般文献类型标识］=并列题名：其他题
名信息/第一责任说明；其他责任说明. —版本说明/与本版
有关的责任说明. —出版地：出版者，出版年（印制地：印制者，
印制年）
    文献数量及特定文献类型标识：其他形态细节；尺寸＋附件.
    附注
    标准编号（附加说明）：获得方式和（或）价格
    子目：
    卷（册）次：题名/第一责任说明；其他责任说明. —出版
年. —文献数量及特定文献类型标识. —标准编号：价格
    卷（册）次：题名/第一责任说明；其他责任说明. —出版
年. —文献数量及特定文献类型标识. —标准编号：价格
……
```

注：该格式分为整套著录与子目著录两个部分。在整套著录部分描述整套著录的信息，子目部分描述一个或多个分卷（册）文献的信息。

图2.3　多层次著录格式

（四）主要特点

与以往的著录规则相比，国家标准的一系列著录规则具有许多新特点：

1. 包括了多种类型的文献著录规则

过去我国正式出版的文献著录规则只有《中文普通图书统一著录条例》一种。随着文献类型日益多样化，各种类型的文献编目方法亟待系统化与规范化。文献著录国家标准一推出，陆续发布了总则与6种文献著录规则，不仅及时提供了非书资料等新的文献著录规则，满足了编目机构处理新型文献的需要，也及时地为已有的与正在发展中的各类型文献编目，奠定了标准化的基础。

2. 采用了新颖的编制体例

文献著录国家标准专门设计了一个统驭全局的总则，并将它与各类型文献著录分则分别独立编制，采用了从总则到分则的编制体例。这既是向国际编目规则靠拢的结果，也是我国著录规则发展的必然趋势。在编制上与过去条例的不同点还在于文献著录国家标准是一种单纯的描述著录规则。它仅仅只对款目上的著录正文做出规定，而不涉及标目与编目业务注记的著录规则。这使我国目录信息能够顺利地实现"四个统一"的目标，并为进一步实现文献编目标准化打下良好的基础。

3. 推出了国际书目通行的著录标识符

对著录项目及其著录单元的组织，我国传统的著录规则一直采用空格的方法，在大项之间空两格、小项之间空一格。这种方法虽然简单易行，却只便于目录在本国内共享与交流。文献著录国家标准则采用了ISBD的著录标识符，对每一个著录项目及其著录单元都用一个特定的符号来标识，这意味着我国目录有了国际书目通行的信息，不懂中文的人也能读懂目录信息。著录采用标识符，使我国目录迈开了走向世界、实现国际书目信息资源共享的重要一步。

4. 扩充调整了著录项目

文献著录国家标准增加了文献特殊细节项、文献标准编号及有关记载项，排检项，还增加了文献类型标识、国际标准书号、ISSN等著录单

元。这不仅使文献信息得到更充分的揭示，目录信息更为丰富，也使其更加靠拢国际书目信息，便于我国所编目录为国外编目机构所使用。在扩充著录项目的同时，文献著录国家标准对著录项目也作了调整。例如，将书名与责任者合并为一项，将版本项从出版项中抽出独立，将价格从稽核项中分出，归于标准编号与获得方式项等，这使著录项目职责的划分更为明确。

5. 更新了著录格式

传统的著录条例设置段落空格式的基本款目格式，采用固定的书名标目，其中的标目与著录正文不可分割。文献著录国家标准设置的是段落符号式通用款目格式，采用多种类型的文献特征作交替标目，其中的标目与描述项目可以分离，各自独立使用。这种新型的格式能够更好地实现著录的目标，使不同的款目内容可以更加充分地发挥各自的功能。

6. 明确了专业术语

传统的编目条例仅仅规定了文献各种特征的概念，而缺乏对编目工作中专业术语的研究。文献著录国家标准明确提出了文献、著录、款目、目录等概念，并改革了一些传统概念，如将原来的著者改称为责任者，原有的稽核项改称为载体形态项等。专业术语的更新丰富了编目理论与实践的研究，也为文献编目标准化奠定了理论基础。

中国文献著录国家标准主要适用于我国汉语文献著录，也可兼容其他语种的文献信息编目。作为国家推荐性标准，我国所有编目机构都必须遵循其原则与规定。

这一系列著录规则的制定、颁布和实施，统一了描述著录规则，推动了我国文献编目理论与实践工作的发展，开创了我国编目史上的新纪元；对于我国实现编目的标准化、广泛开展馆际之间的协作活动，进而实现国际之间文献目录信息的交流、实现图书馆的现代化，都具有十分重要的意义。

目前，中国文献著录国家标准系列规则与 ISBD 系列相比，尚有差别。例如，配套的有关规则，如乐谱、电子资源、分析著录等规则一直没有编制齐全；修订再版的速度太慢等。

四、《中国文献编目规则》

《中国文献编目规则》由中国文献编目规则编撰小组编辑、广东人民出版社 1996 年出版，并由全国情报文献工作标准化技术委员会、中国图书馆学会推荐使用。2005 年，又由国家图书馆《中国文献编目规则》修订组编辑、北京图书馆出版社出版了《中国文献编目规则》（第 2 版）。

（一）编制目的、依据与修订原则

1. 编制、修订目的

《中国文献编目规则》具有明确的编撰目的，即在修订、完善各类型文献著录标准的基础上，将各类型文献著录规则融为一体；通过标目法实现对文献题名与责任者名称的规范控制，以形成一部既具有我国汉语言文字特点的目录传统，又与世界书目控制原则相吻合的完整、系统的文献编目规则。

在出版近十年后，《中国文献编目规则》进行了修订与再版，目的是为了适应网络环境下编目理论与技术方法的发展，满足对新产生的信息资源进行计算机编目的需要。因此，修订版注重面向信息化、面向世界、面向社会需求，力图为实现中文书目数据在国际上顺利交流与共享奠定基础。

2. 编制依据

《中国文献编目规则》的编制，主要依据 ISBD、中国文献著录规则国家标准的原则和框架，并参考了 AACR2 及台湾省"中国图书馆学会"

编辑的《中国编目规则（修订版）》。

3. 修订原则

《中国文献编目规则》（第 2 版）总的修订原则是：既遵循 ISBD 的原则、参照 AACR2 的体例，又体现中国文献编目特色；既坚持整个编目规则体系的一致性，又考虑各种文献类型的特殊性；既坚持标准规则的统一性，又保持适当的灵活性。因此，修订版依据了 ISBD 最新版、GB3792.1 最新版、AACR2—2002 等，坚持与国际接轨；考虑了网络环境下电子资源的特点，适应计算机编目的需要；保持了原版的结构体例，增加了新的内容，修改了不适应的条款。

4. 编制体例

《中国文献编目规则》的编制体例是将总则与各分则融于一个文献编目规则之中，一次编制完成。它以章节的形式分列了各类型文献著录规则的条文，在总则与各分则之间用参照的办法，互相参阅。它的编制体例与 AACR2 基本一样。

（二）编制结构与内容

《中国文献编目规则》各章互相衔接、有机联系，但又自成系统。其第 2 版的内容结构如下：

前言

第一部分　著录法

　第一章　总则

　第二章　普通图书

　第三章　学位论文、科技报告、标准文献

　第四章　古籍

　第五章　拓片

　第六章　测绘制图资料

第七章　乐谱

第八章　录音资料

第九章　影像资料

第十章　静画资料

第十一章　连续性资源

第十二章　缩微文献

第十三章　电子资源

第十四章　手稿

第十五章　综合著录与分析著录

第二部分　标目法

第二十一章　总则

第二十二章　个人名称标目

第二十三章　团体/会议名称标目

第二十四章　题名标目

第二十五章　参照

附录1　著录样例

附录2　中国历史朝代规范简称

附录3　中国各少数民族规范名称表

附录4　世界主要国家和地区名称表

附录5　主要名词术语

从上列结构可以看出,《中国文献编目规则》正文分为两大部分,共有20章。此外,还有书末所附的附录部分,共有55万字。

1. 著录法

第一部分为著录法,分为15章。首先列出作为各类型文献著录原则的总则,再分别列出普通图书等13种文献的著录规则,最后一章为综合著录与分析著录规则。这一部分较全面系统地涵盖了各类型文献的著录规则,并在总体结构上为新型文献预留了篇章设置的位置。

该部分每一章的内容结构也基本相同，都以通则与8个著录项目为主要内容。在通则部分，阐明适用范围、著录项目、著录用标识符号、著录详简级次、著录信息源、著录用文字等。在8个著录项目部分，详细说明各项目的具体著录规则。最后，有些章还列出一些针对特殊情况的细则。

《中国文献编目规则》的著录项目、著录标识符号与著录细则，基本上都与文献著录国家标准保持一致。与之不同的是，《中国文献编目规则》的修订版仍然保留了著录详简级次的内容。

2. 标目法

第二部分为标目法，共有5章。在文献描述著录的基础上，该部分为书目记录确定检索点，提供责任者名称标目与题名标目著录规则以及标目参照编制方法，以便于编制完整的书目款目，并实现书目规范控制。

第21章包括主要内容、检索点选取的基本原则、确定标目形式的基本原则、适用范围、信息来源、规则依据、表述特点几个部分，是从总体上对标目法基本原则与方法的说明。第22—24章包括个人名称，团体会议名称、题名检索点的选取与标目形式的确定等部分，是特定标目著录的原则与方法。第25章包括通则、个人名称参照，团体/会议名称参照与题名参照4个部分，是有关单纯参照、相关参照与说明参照的编制方法，不涉及规范标目的编制。

3. 附录

《中国文献编目规则》最后附有著录样例等5种附录，从概念到实例都有明确说明，便于编目人员提高编目的质量。

（三）主要特点

1. 遵循标准化原则

为便于国内外书目信息的交流，《中国文献编目规则》注重与国内外有关标准、规则的协调一致。在著录法部分,全面贯彻 ISBD 与我国文献著录国家标准;对一些专业术语也改变了以往传统的概念,采用国际通行的用法。同时,对于文献著录国家标准中与国际著录条例相违背的条款则加以修正。例如,在著录项目设置方面,不采用"提要项"及"中国文献标准编号"著录单元;在著录细则方面,规定同一责任方式的责任者可同时著录三个而不是两个。

2. 注重我国编目特色

由于强调了立足当代、继承传统、立足本国、借鉴国外的编制原则,《中国文献编目规则》在处理我国特有的问题时,保留了我国编目的优良传统,并不强求与国际、国外条例一致,这在标目法部分尤为突出。其责任者名称标目、题名标目的选取与确定等都具有中国特色。例如,该规则对各类型款目"一视同仁",不使用 AACR2 的"主要款目"、"附加款目"概念,而采取不分主次的交替标目形式解决规范名称问题;在标目著录上,对于中文文献与我国读者检索的特点来说具有很强的针对性,既便于中文文献目录实行规范控制,也便于读者应用。

3. 扩充了规则内容

《中国文献编目规则》在文献著录国家标准系列的基础上,增加了许多新内容。例如,它将国家标准《非书资料著录规则》中的"非书资料",细分为录音资料、影像资料、静画资料、缩微文献、电子资源,并各自独立为一章;另外,还新增了学位论文、科技报告、标准文献、拓片、乐谱、手稿、综合著录与分析著录规则,以及各类型文献标目的选取与著录法等。因此,它的内容较国家标准更加全面、更加细化,是一部完整的大型文献编目规则。

文献著录国家标准主要用于统一描述著录,因此不能解决具体的编目操作细则问题,而《中国文献编目规则》可用于制作包括有描述著录与排检点的完整目录款目(记录),是图书馆及文献情报机构编制各类型目录时的必备参考工具。

4. 增强了实用性

为便于编目人员的操作使用，《中国文献编目规则》还采取了一些相应的措施。例如，吸取 AACR2 的优点，采用便于记忆的编制结构与条款编号方法；设置选择项目、弹性标目范围、交替规则等，在不违反总原则的前提下，为各类型图书馆或其他机构的编目提供较多的选择和变通的余地；增加了著录实例，并配以通俗的文字说明；设置了若干附录，提供了著录样例与规范表。

《中国文献编目规则》由我国长期从事文献工作标准化的资深编目专家编撰与修订，是我国编目理论与实践的集大成之作。它作为中文文献信息编目工作的指南，包含了各类型中文文献及各种编目方法，主要适用于汉语言文献编目，也可供中国其他语种编目使用。目前，它已成功地在我国得到了广泛的应用，对于推动我国文献编目工作标准化、提高文献机构编目工作水平、促进国内外中文书目信息交流发挥着重要作用，堪称我国文献编目发展历程中的一个里程碑。

五、《西文文献著录条例》

《西文文献著录条例》由中国图书馆学会《西文文献著录条例》编辑组编辑，1985 年 8 月由中国图书馆学会出版。该书的修订版《西文文献著录条例》（修订扩大版）由中国图书馆学会《西文文献著录条例》修订组编，科学技术出版社 2003 年出版。

（一）编制依据与编制体例

1. 编制依据

《西文文献著录条例》是本着积极采用 ISBD，"基本采用、个别修改"AACR2 的原则,结合我国西文文献编目的实际需要编制的,旨在为国内图书馆开展西文文献编目工作提供规范统一的依据和参考。

2. 编制体例

该条例包括了描述著录与标目著录两大部分,将著录总则与各分则融于一个文献编目规则之中,一次编制完成。它的编制体例与 AACR2 基本一样,适用于多种类型文献信息著录。

(二)编制结构与内容

《西文文献著录条例》1983 年版(简称初版)与《西文文献著录条例》(修订扩大版)(简称修订版)的编制结构与内容有所不同。

初版参照了《简明英美编目条例》(第 2 版)(*The Concise AACR2*)的编制结构,主要条款的设置与基本原则均与 AACR2 一致,但因其大量地压缩了篇幅而比 AACR2 简明得多。

修订版的结构分为三大部分:第一部分为"著录",共有 8 章,包括总则、普通图书、连续性资源、测绘制图资料、电子资源、非书资料、乐谱、分析的著录规则。第二部分为"标目、统一题名和参照",共有 4 章,包括检索点的选取、标目的确立、统一题名与参照的规则。第三部分为"附录",包括了 10 种附录。最后还有参考文献。

(三)修订版的特点

修订版继续坚持对 AACR2"基本采用、个别改动"的原则,反映了 ISBD 修订版与 AACR2—2002 的最新进展,纠正了初版中结构过时、内容疏漏、概念陈旧等方面的问题,突出了本土化特色。

具体地说,修订版与初版和 AACR2 相比有如下特点:

1. 更新了编制结构

修订版的编制基本上依据 AACR2,结构更加合理,这一点充分体现在著录部分。修订版的著录部分由初版的两章扩展为 8 章,分别设置了总则、6 种类型文献的著录分则以及分析著录的章节,这对初版有相当程度的改进。初版把所有文献类型的著录项目都囊括在第 2 章中,且主要反映的是图书著录规则,因而难以满足对印刷型文献以外的文献信息编目的需要。

2. 增加了新的内容

与初版相比,修订版的内容有了很大的扩充与调整,它包含了 AACR2—2002 的修订内容,设置的条款更为详细。

在著录部分,修订版扩充了电子资源、连续性资源等著录规则,增加了分析著录规则,这一方面体现出与 AACR2 接轨的原则,另一方面则是为了适应当时西文文献类型多样化的发展趋势。

在标目部分,虽然还是分为四章,但也扩充与更新了其内容。对个人和团体的标目规则作了更加详细的阐述,并补充了附加款目的内容。通用规则方面,修订版更强调主要款目标目的选取应遵循责任原则,而不是根据文献的形式;专用规则方面,会议名称作主要款目标目的依据不再限于主要信息源,而是扩大到文献本身。

3. 突出了本土化特色

修订版还特别注重本土化的问题,具体体现在以下三个方面:

(1) 内容的扩充详略得当。修订版并非全盘照搬 AACR2,而是根据中国国情对某些文献类型做了适当取舍。如第 6 章的"非书资料"是将 AACR2 的手稿、录音资料,影像资料、立体工艺品与实物、缩微资料、图示资料共 6 章的内容合并压缩而成的。这既考虑到了国内非书资料的收藏现状,又为著录提供了有效保障。

(2) 特殊文献做特别处理。修订版为解决我国编目实践中的困难,加强了一些分则的内容。例如,针对国内大量出现的授权影印版图书,修订版对其著录文字做了"优先采用正文语言(或主要语言)"的具体规定；针对多卷出版物增加了"多组成部分出版物"的参照性条文；针对会议录标目难的问题，专门对其标目的选取和形式规范做了详细的规定，这都将有效地改进这些特殊文献著录的现状。

（3）专用名称体现中国特色。这主要表现在标目部分，该部分对我国人名、团体名和地名形式，结合中国国情做出了适合本国语言政策和读者习惯的专门规定。如提倡在中国人名标目后附加汉字，强调中国团体名称用其对外的英语名称而不采用汉语拼音形式，改变对笔名直录而不加逗点的做法等。这使条例更加符合我国的目录特点和读者习惯，也可供西方国家的编目实践参考与借鉴，为中国专用名称的国际标准化奠定了基础。

4. 增强了可操作性

为便于编目员准确地应用规则，修订版在操作应用方面也做了较大的改进。如在信息源问题上，对主要信息源和规定信息源均作了明确解释和界定，纠正了过去在信息源认识上的混乱和偏差，减少了著录的随意性。同时，还采取了一系列措施，如对编目中的难点问题进行更加全面地阐述、补充大量的实例，对原条例的疏漏和易于引起误导之处进行补充和完善、增补新的附录等，使条例有了更强的实用性。

《西文文献著录条例》与国际上先进的编目规则保持一致，缩小了我国与世界编目理论与实践的差距，是我国西文文献编目的规范化文件。它充分考虑了我国西文文献编目中的具体情况，具有较强的针对性，也是我国西编工作使用的主要规则之一。它的应用为我国实现西文文献编目的标准化，进而实现国际书目信息资源共享奠定了基础，也为计算机编目及建立联机编目网络系统创造了条件。

六、《中国编目规则》

台湾的《中国编目规则》由"国立中央图书馆"于1983年11月出

版。随后,台湾"中国图书馆学会"相继修订并出版了该规则的1995年修订版、修订2版(2000年)和第3版(2005年)。

(一) 编制、修订原则

1. 编制原则

《中国编目规则》的编制原则有两点:

(1) 适用的范围应能普及各类型资料,包括图书及非书资料。记载的内容应具广泛性,能配合图书馆、资料中心和其他单位的需要,如书本式目录、卡片式目录和电脑目录等都能适用。

(2) 目录记录应以ISBD为基础。

为实现这两个原则,该规则在编制中保留了台湾"国立中央图书馆"《中文图书编目规则》(1935年草创,1936年商务印书馆出版,1959年出版修订版,1965年刊行三版)依然可行的部分条文,吸取了AACR2和《日本目录规则》的优点,如AACR2的结构和条文编号的助记性,还参考了《国际机读编目格式》(UNI-MARC),这都是为了使其能符合中国的国情,符合图书馆自动化的要求,并与国际、国外编目规则接轨。

2. 修订原则

《中国编目规则》各个修订版都以保存传统、迎合世界潮流、适应实务使用为修订目标,继承了原来制定《中国编目规则》的基本精神。其修订原则主要有三项:

(1) 保存《中国编目规则》第1版或已有修订版的原有特色。

(2) 参考ISBD与AACR2的最新修订版。

(3) 配合国内编目实务的需要以及媒体与咨询变化的特点。

(二) 体例结构与内容

《中国编目规则》分为甲、乙两编。

甲编为基本著录,共 14 章,由总则和各类型文献著录规则组成,适用于各类型资料。第 1—14 章依次为:总则、图书、连续性出版品、善本图书、地图资料、乐谱、录音资料、电影片及录影资料、静画资料、立体资料、拓片、缩微资料、电脑档、分析。各章为统一著录,无论是图书还是非书资料,著录基础都一致,符合 ISBD 的精神。

乙编为标目法,包括标目的选择与著录规则,共 6 章,第 21—26 章依次为:检索款目之择定、人名标目、地名、团体标目、划一题名、参照。

第 15—20 章暂时保留空白,以备日后新产生资料的增补。

(三) 修订版修订要点

1. 《中国编目规则》1995 年修订版的修订要点

1995 年修订版的修订内容主要有以下几点:(1) 确定著录项目为八大项;(2) 确立著录来源的观念;(3) 增加选择性条款的运用;(4) 增订未正式出版资料的著录条款;(5) 增加"分析"条款的内容;(6) 确定"团体标目"中本国与外国政府机构的标目格式;(7) 增订"划一题名"(统一题名)的条款;(8) 扩展"人名标目"的选择范围;(9) 增列"集丛名称"之参照条款;(10) 普遍增加实例说明。

2. 《中国编目规则》第 3 版 (2005 年) 的修订要点

第 3 版增补修订的主要内容如下:(1) 出版者以全称或简称著录;(2) 出版年及经销年要著录月份;(3) 著录非公元纪年时要注明其相应的公元纪年;(4) "连续性出版品"改称"连续性资源";(5) "资料特殊细节项"不适用于电子资源的著录;(6) "划一题名"适用范围增列音乐作品;(7) 增列"划一题名"的参照条款。

《中国编目规则》适用于各类型图书馆或相关单位著录各类型资料,适用于卡片式目录与机读目录的编目工作,它是我国台湾图书馆开展中文文献信息编目工作普遍使用的规则。

第四节 文献信息编目

一、文献信息编目法

(一) 文献信息编目法概述

长期以来,图书情报领域的"编目"被称为"文献编目"。"文献"一词的含义,古今中外不尽相同。在当代编目领域中,国内外对其概念的解释也不尽相同。在编目领域,文献信息包括被作为编目对象的、或者说是可以作为单独书目描述依据的各种文献信息。

长期以来,编目方法用于组织图书、期刊等传统的印刷型文献。随着信息时代的到来、编目事业的发展,编目方法除继续用于处理传统的文献外,也被用来处理各类非传统类型的文献,包括网络信息资源等。用文献信息的概念取代文献,能更好地适应编目理论与实践的发展,促进编目观念的改革、编目对象的扩展、编目理论研究的深化,并推进编目事业的腾飞,使编目这一传统方法在当今的信息组织中有着更加广阔的用武之地。

编目法,是指为揭示、报道与检索的目的,依据特定的规则与方法,对文献信息的形式与内容特征进行描述、标引并使其有序化的方法。

(二) 文献信息编目法的工作内容

文献信息编目方法包括一系列工作内容,如:拟定总体规划;设置编目机构与人员;制定编目规则与细则;编制规范文档;编制书目款目或记录,排列组织与调整目录;建立目录体系或目录系统;进行目录维护与更新等。

针对具体文献信息的编目,可以概括为两个方面,即文献信息著录与目录组织。

1. 文献信息著录

文献信息著录包括描述著录与检索点著录。

(1) 描述著录

描述著录依据描述著录规则,客观著录文献信息的基本特征。

(2) 检索点著录

检索点著录的内容主要包括题名、责任者、主题词与分类号等。各种检索点都要实行规范控制。其中,题名与责任者依据文献编目规则、名称规范数据款目著录规则等来著录。主题词与分类号的著录通常称为"标引",标引工作则要依据分类法、主题词表、标引规则以及主题规范数据款目著录规则等。标引工作的基本步骤为:①分析文献信息内容的学科属性或论题;②判断其学科性质或概括主题概念;③归类或转换主题概念;④审核。

文献信息著录的结果是编制出目录的组成单元——款目或记录。

2. 目录组织

目录组织是指按照一定的规则与方法,将各种款目或记录组织排列成报道与检索文献信息的有序化系统。

目录组织是编目工作的一项重要内容,目录组织的含义以及目录组织的方式、手段等随着社会的发展而不断变化与发展。

(1) 传统目录组织法

按款目标目的不同,目录组织法分为分类目录组织法和字顺目录组织法两种类型。

分类目录组织法是指按款目标目的类目(号)来排序的一种目录组

织法。分类目录组织要依据特定文献信息分类法的体系和号码排列，如依据《中国图书馆图书分类法》等。分类目录组织的基本步骤为：①一般排列，即将所有款目按分类标目的号码顺序排列；②特定排列，即将具有特定专类类号的款目按具体分类法规定的专门排列法排列；③同类款目排列，即将类号完全相同的款目按其书次号的顺序进一步排列；④分类参照片排列，即将各类参照片按规定分别排进目录中；⑤导卡排列。

字顺目录组织法是指按款目标目的字顺来排序的一种目录组织法。它可用于组织将题名、责任者、主题款目分别排列的目录——分立式目录，也可用于组织将题名、责任者、主题款目混合排列的目录——字典式目录。字顺目录组织要依据特定文字的检字法，如汉字可依据汉语拼音音序法排列、罗马文字可依据拉丁字母表排列。字顺目录组织的基本步骤为：①一般排列，即将所有的款目按标目的字顺排列；②标目相同的不同款目排列，即将具有不同性质标目的款目或是同一文献不同卷册的款目按规定方法排列；③字顺参照排列；④导卡排列。

无论采用哪一种组织方法，都要使用具体的目录组织规则，如《美国国会图书馆字典式目录排列条例》（*Filing Rules for the Dictionary Catalogs of the Library Congress*）、《美国图书馆协会目录组织条例》（ALA *Rules for Filing Catalog Cords*）以及我国北京图书馆、中科院图书馆等机构编制的目录组织规则等。编目员必须熟练掌握这些规则，以便快速准确地完成手工排列卡片款目、组织目录的任务。

（2）机读目录组织法

在计算机编目系统中，机读目录数据库通常由一个顺排文档（件）与多个倒排文档（件）组成。

顺排文档是指由编目员直接录入书目记录的数据库，它将存储的记录按录入的先后顺序排列。若要快速检索或是利用书目数据，还必须建立倒排文档。

倒排文档是指由顺排文档派生出来的一种文件，它是由具有某种属性的字段值与具有该字段值的记录存取号构成的文档。建立倒排文档，先要从顺排文档中抽出文献的检索特征标识、并指明含有特定标识的记录号，然后将各种标识按一定规则排序、合并。通常，需要多少个检索途径，就要建立多少个倒排文档。计算机编目系统可以自动建立分类、字顺、号码、年代等多种倒排文档，提供检索的多种途径或满足输出多种类型目录的需要。

在传统的目录组织中用到的各种目录组织规则，在机读目录组织中仍然要使用。但这些规则含于编目软件中，目录组织的工作也是由计算机自动完成。

二、文献信息编目原则

文献信息编目的原则是研究与解决编目诸问题的准绳。它源于古今中外编目理论与实践，是对其概括与升华的结晶。它反映了文献信息编目的基本原理与方法以及基本规律，是适用于编制各类型文献信息目录的基本原则。

文献信息编目必须遵循一定的原则，其主要原则可以概括为四项，即：思想性原则、客观性原则、实用性原则与一致性原则。

1. 思想性原则

思想性原则是指文献信息编目必须具有一定的政治倾向性。编目的政治倾向性是客观存在的，这主要是因为：

（1）编目的对象——文献信息本身具有一定的政治倾向性；

（2）目录的使用者——读者具有一定的政治倾向性；

（3）目录的编制机构——文献信息服务机构具有一定的政治倾向性。

要正确反映和客观评价文献信息、满足不同读者对文献内容思想性方面的要求，编目就必然具有一定的政治倾向性；要使所编目录体现出编目机构的性质，并成为其完成任务的有效工具，编目也必然要有相应的政治倾向性。

　　坚持思想性原则，就要以马列主义、毛泽东思想为指导，用辩证唯物主义和历史唯物主义的观点与方法来处理编目中的各种具体问题。编目机构应根据本机构的性质、方针和任务，针对不同的读者，开展相应的书目信息服务。利用目录推荐具有先进思想、先进科技、先进经验的文献，满足读者对文献信息思想性的某些具体要求，引导人们充分使用优秀的文献。同时，对思想性原则也应持客观的态度，既不能主观地排斥，把著录看做是照录书名页的工作，也不能滥用，要注意思想性在不同性质、不同类型的目录中有不同程度的反映。例如，推荐性目录、社科文献目录就比报道性、自然科学文献目录的思想性特色鲜明。

　　2. 客观性原则

　　客观性原则是指编目必须符合文献信息本身的状况，符合读者检索文献信息的特点与规律。目录是报道与检索文献信息的工具，人们利用目录时，只能通过著录信息了解文献。如果编目凭主观臆断或缺漏过甚，都会使读者难识文献信息的真面目，编目也失去了原有的意义。若要使目录符合要求，实现自身的价值，编目就必须遵循客观性原则。

　　遵循客观性原则，编目就应根据读者检索文献信息的特点与规律，客观、准确、全面地记录文献的各种特征，使目录成为原文献信息的缩影和代表。只有这样，才能保证文献信息目录的质量，使人们在不见原文献的情况下，就能了解、鉴别、选择符合自己需要的文献信息。只有遵循客观性原则，才能充分发挥编目的作用，使人们能从文献信息的任一特征，快速准确的检索文献信息，进而充分利用文献信息。因此，古今中外目录的编制，无不以客观性为其最基本的原则。

　　3. 实用性原则

　　实用性原则是指文献信息编目必须符合编目机构与读者的要求，并尽可能便于人们利用。目录主要是供人们了解与检索文献信息时使用的，要使目录便于使用,在遵循上述原则的同时,编目还必须考虑实用性问题。从某种意义上来看,实用性具有更重要的意义。美国近代编目大师卡特(C. A. Cutter)认为:编目员的方便必须服从读者的方便。当规则严格的一致性及其应用时的统一性与公众观察事物的习惯方法不协调时,编目员就必须牺牲规则的系统性来迁就公众普遍而根深蒂固的习惯。金敏甫也称:"夫目录之用,即在供人检查,故其编制之法,要以阅者之便利为依据,毋以个人之主见,以为著录之则。"他们都提出编目主要是方便读者阅读,强调了编目的实用性。我国早期编目活动对编目实用性没有予以应有的重视。随着目录作为文献信息检索工具的职能日益强化,编目的实用性也越来越为编目界所重视。在当代编目工作中,实用性原则已成为最重要的编目原则之一。

遵循实用性原则,就要在编目活动中,根据编目部门的性质与任务、文献信息的类型与特点、读者对象等具体情况,灵活地运用编目规则。

4. 一致性原则

一致性原则是指由不同个人或机构所编的目录必须在编目原则与规则等方面基本一致。编目的一致性是实现编目标准化、自动化、网络化的前提条件,是开展集中编目、合作编目与在版编目的重要基础,是实现广泛的书目信息交流与共享的根本保障。编目的一致性原则是随着时代的发展而不断发展成熟起来的。早期的编目活动并不强调这项原则,随着文献类型和数量的不断增加,人们对文献信息传递的效率及其交流的范围有了越来越高的要求。过去那种以个人或单独部门为主、各自为政的编目方法,已无法适应信息社会的要求了。文献信息编目要追逐时代潮流,就必须不断引进最先进的技术与手段,扩大书目信息的交流范围,这些都要以编目一致性为必要前提。因此,一致性原则也逐渐发展为当代编目工作的一项重要原则。

遵循编目一致性原则,体现在各种不同的范围内。例如:①同一编目机构编目的一致性。②不同编目机构编目的一致性。这种一致性发展到高级阶段，就表现为文献信息编目的标准化。

编目标准化，是指以标准文件的形式（如国际标准、国家标准、行业标准）对文献信息编目（原则、内容、格式等）做出有关方面共同遵守的规定，并在一定的范围内加以贯彻实施。标准化的目的是使不同的目录信息具有规范性、一致性与通用性，以实现书目信息在行业内或一个国家内乃至国际间的交流与共享。

以上四项原则联系密切、相辅相成，在当代编目工作中缺一不可。全面遵循这四项原则，才能使文献信息编目达到高质量、高标准与高水平。

第三章 机读目录及其在网络环境下的发展

机读目录（Machine readable catalogue，MARC）是一种以代码形式和特定结构记录在存储载体上，可由某种特定机器及计算机阅读、控制、处理和编辑输出的目录格式。

第一节 机读目录的发展简史

一、美国

20世纪50—60年代，计算机技术开始发展，并迅速得到日益广泛的应用。美国国会图书馆（Library of Congress，LC）在世界图书馆界率先抓住这一时机，及时展开了计算机在图书馆编目技术上的应用研究。1960年初，国会图书馆开始进行馆内作业，开始了应用计算机技术及将卡片目录转为机读格式的研究。1964年国会图书馆提出了著名的"马尔克计划"，即以机器可读形式记录图书馆的书目记录，从而开创了文献资源信息描述的新阶段。

运用集中编目的思想，国会图书馆从一开始就把机读目录的研制方向确定为向全国发行机读目录磁带，将国会图书馆的机器编目成果以磁带为载体"拷贝"给其他图书馆，以便于书目信息资源的共享。

1965年底，国会图书馆讨论了机读目录的推荐格式，1966年2月开始实施MARC试验计划，同年11月完成MARCI机读目录格式并生产出试验性磁带，称为"MARCI"磁带，同时向当时参加试验的16个图书馆发行。

1967年，美国国会图书馆对MARCI进行了改进，开始转入MARCⅡ的设计和研究工作，并且邀请了英国国家书目部的专家参加。经过一年多的试验使用，1968年6月MARCⅡ机读目录格式研制成功，它是目前使用的各种机读目录格式的母本，该格式分为单本图书、连续出版物、地图、缩微胶卷、视听资料、机读资料、手稿本、乐谱等MARC格式。1969年，美国国会图书馆成立机读目录发行服务部（MARC Distribution Service），开始向图书馆界发行MACRⅡ磁带，并称之为LCMARC，这一机读目录很快受到各成员馆的肯定，并被广泛应用和推广，此后，国会图书馆的机读目录不断增加，而资料类型由原来的图书扩展到其他类型，语种也由英文扩展到其他语种。

1969年，MACRⅡ作为美国国家标准局推荐格式与英国国家标准局推荐格式一起，呈交国际标准化组织（International Organization for Standardization，ISO）。1971年，美国国家标准局将LCMARC格式定为国家标准，即《美国磁带目录信息交换用国家标准》（ANSIZ39.2—1971）。1973年美国图书馆学会成立MARC咨询委员会（Machine－Readable Bibliographic Information，MARBI），与美国国会图书馆及其他国家图书馆学会的代表共同负责机读格式的修订与维护工作。此后，美国国会图书馆还专门成立了国会图书馆网络开发与MARC标准办公室（Library of Congress Network Development and MARC Standards Office），负责综合信息、MARC文档、MARC咨询委员会、MARCSGML、软件与应用等工作。1982 年，LCMARC 改称为 USMARC。1998 年 6 月至 2000 年 7 月经修改后，正式更名为 MARC21。

为了便于美国境内书目、权威、馆藏及分类资料等机读格式的交换，MARC21 基本上发展成为五大部分，即：

（一）书目数据 MARC21 格式（MARC21 Format for Bibliographic Data）；

（二）规范数据 MARC21 格式（MARC21 Format for Authority Data）；

（三）分类数据 MARC21 格式（MARC21 Format for Classification Data）；

（四）馆藏数据 MARC21 格式（MARC21 Format for Holdings Data）；

（五）团体信息 MARC21 格式（MARC21 Format for Community Information）。

1983 年 9 月，美国国会图书馆首次使用 CJK 终端向总部设在斯坦福大学的研究图书馆信息网（RLIN）输入中、日、朝文记录，并于 1987 年 3 月正式向各馆发行。1988 年，美国国会图书馆网络开发和 MARC 标准办公室颁布了 USMARC 一体化的书目格式，并于 1993 年底开始执行。

20 世纪 90 年代，随着网络技术在各行业的进一步应用，美国国会图书馆自 1995 年起，从不同类的机构汇集了许多 MARC 与 SGML 的相关资料，目的是为了建立起 MARC 与 SGML 之间的桥梁，从而开发了 MARCDTDs。为了解决 MARC 与 SGML 之间不同结构的转换，LC 建立了一个内部混合 MARCDTD 不同途径的工作小组，该组于 1995 年在华盛顿提出了 MARCDTD 草案，同年该草案被列入官方 MARCDTD 的 alpha 版本中。1996 年 5 月正式对外公开发行，该过程被称作 MARCDTD 计划。MARCDTD 计划还包括转换软件的设计与开发，即 ISO2709 与 ISO8879 之间的相互转换系统，但由于赞助经费问题，该转换系统于

1997年7月才着手开发。

二、英国

为了生产印刷型的《英国国家书目》(*British National Bibliography*, BNB),从1966年起,英国国家书目委员会(the Council of the British National Bibliography)提出了BNBMARC计划并以此为蓝本与美国合作进行了MARCⅡ计划,于1968年9月在MARCⅡ的基础上建立了英国国家书目的文献库,简称UKMARC。1969年英国出版的《英国国家书目(周刊)》全面介绍了UKMARC磁带的功能并使用该技术出版了印刷版的《英国国家书目》。其后,图书馆、图书销售商都相继开发自己的自动化处理系统,并利用这些系统发行各自的图书机读目录。当然,此时的UKMARC反映的是BNB的需求,随着人们对"信息"的认识的不断深化,逐渐拓宽了UKMARC使用范围,UKMARC成了一个全国图书书目通讯格式,它的使用为BNB在目录的生产方面规定了一种特殊格式。

从20世纪70年代初期起,英国产生了二十多种不同的新系统。但是由于不同的资料内容及软件的使用,系统的兼容性及协调性存在很大差异,MARC格式的国际化日显重要,而正是这种需求支持了国际MARC格式(UNIMARC)的产生。

这一时期UKMARC和AACR2作为书目信息国际标准化进展的一部分,推动了IFLA的国际标准书目描述(ISBDs)计划的发展进程,并最终促成1977年《国际书目标准著录》(普通图书)(ISBD(C))的问世。据此,英国国家图书馆于1980年重新修订UKMARC指南,1988年正式出版。UKMARC于1994年通过第三次校订并出版,后来在此基础上正式出版了BNBMARC记录。

20世纪80年代,英国在对《MARC使用手册》修订的同时,对AACR2也做了大量修改。这些工作更新、促进了AACR2新版的不断推出。2000年秋天,英国国家图书馆关于UKMARC格式的未来发展和维护的调查研究结果表明,大多数图书馆和信息机构倾向于UKMARC应该向MARC21格式并拢。于是英国国家图书馆决定,将MARC21作为未来处理书目记录的标准。2002年7月8日由美国会图书馆、加拿大和英国国家图书馆及全国图书馆的代表共同签署了"MARC21格式的发展和出版物协议"。2003年9月,英国国家图书馆决定了信息描述的发展方案,解决了如何实施向MARC21的转换问题。英国图书馆决定于2004年夏天在新的图书馆联合体系实施以后将实现向MARC21的转换。

三、其他国家和地区

20世纪70年代自ISO2709颁布以来,各国都相继开始研究机读目录。其中,除美国和英国外,还有如澳大利亚(ANBIMARC)、加拿大(CANMARC)、法国(MONOCLE)、意大利(ANNAMARC)、联邦德国(MABI)、西班牙(IBERMARC)、印尼(INDOMARC)、泰国(THAIMARC)、印度(NISSAT)、日本(Japan MARC)、新加坡(SINGMARC)、南非(SAMARC)、克罗埃西亚(YU—MARC)、中国(CNMARC、CWMARC)、瑞典(SWEMARC)、荷兰(SIGLEMARC)、俄罗斯(RUS—MARC、UNUMARC)等国家,及经互会国家(MEKOF—2)、澳洲(AUS—MARC)、法语国家(INTERMARC)、拉丁美洲(MARCAL)、欧洲理事会(EUDISED)等地区。此外,机读目录通讯格式还可按照所记录的出版物类型分成图书、连续出版物、地图、档案和手稿、乐谱、音像文献等几种版本。

四、国际标准化组织

1969年,MACRII作为美国国家标准局推荐格式与英国国家标准局推荐格式一起,呈交国际标准化组织(ISO)。1973年,ISO将其格式结构作为国际标准颁布,即《文献目录信息交换用磁带记录格式》(ISO2709)。由于ISO2709规定了机读目录的基本结构适用于各种文献类型和语言,同时具有很大的灵活性,因此它的颁布很快在世界图书情报界得到普遍应用,成为制定各种机读目录格式的基础。随着各文献机构自动化建设的发展,许多国家和地区以及国际组织都采用ISO2709所规定的地区及组织的标准机读目录通讯格式。随着整个形势的发展,ISO2709也于1981年出了第二版,ISO2709的颁布为世界机读目录格式结构大体上的统一铺平了道路。

五、国际图联

由于各国皆依据不同的模式规划本国的机读编目格式,使得书目记录交换变得非常繁琐,成为各国书目资源共享的障碍。国际图联(The International Federation of Library Associations and Institutions,IFLA)于1972年成立内容标识符研究小组,为了实现国际间交换机读目录的目标,从各国图书馆目录数据的实际出发,对机读目录的字段、子字段及其标识作了规范,并于1977年正式出版了《通用MARC格式》(Universal Machine Readable Catalogue,UNIMARC)。指出"UNIMARC的基本目的是为了方便国家书目机构之间不同机读格式的数据的国际性转换",由UNIMARC常务委员会秘书处负责其维护和修改。

1981年,UNIMARC出了第2版。1983年初,IFLA成立了由十位主要国家图书馆专家参加的"UNIMARC规范格式指导小组"。该小组以规范与参照款目指南(Guidelines for Authority and Reference Entries,即"GARE")为基础,很快制订出"UNIMARC:Authority"(即"UNIMARC规范格式")。同年,《UNIMARC手册》问世,但它只是集中解决对专著和连续出版物的机编问题。

1984年国际图联正式出版了《规范和参照款目准则》(Guidelines

for Authority and reference Entries，GARE)，并完成了制定工作。此草案后经 1985、1987、1988 年三年的三次修订，1990 年推出最新版本即《UNIMARC 规范格式：通用规范格式》(UNIMARC/*Authorities*：*Universal Format for Authorities*)。

  1987 年，UNIMARC 出了新版。新版的 UNIMARC 扩展了包含除专著和连续出版物以外的其他各类文献，并将原先单独出版的格式和手册合辑，但仍取名《UNIMARC 手册》。需要指出的是，UNIMARC 的第二版推出后，有些国家的格式转换成 UNIMARC 格式（如美国国会图书馆早在 1986 年就已开始并行发行 USMARC 和 UNIMARC 磁带），但也有的国家根据本国格式的需要直接采用了 UNIMARC 格式，因此，新版 UNIMARC 称"UNIMARC 也可作为发展新机读书目格式的模型。"另外需要指出的是，1991 年 IFLA 还正式出版了与之配套的《UNIMARC 规范格式》。

  UNIMARC 是 IFLA 推广使用的格式，已被多个国家和地区采用，如：中国、日本、欧洲许多国家。

  其实，UNIMARC 提供的只是国家图书馆和书目机构交换书目数据的格式。在此之前，世界上许多文摘、索引机构则遵循另一种格式编制记录，这就是世界科技信息系统（UNISIST）的《机读书目著录参考手册》(*Reference Mannul for Machine Readable Bibliographic Description*)。尽管格式同样也是依据 ISO2709 制定的，但其所包含的数据内容及标识符都与 UNIMARC 有所不同。形成两者之间差别的主要原因是由各自不同的应用目的所决定的，如后者主要应用于文摘和索引机构（即二次文献机构），以满足二次文献的揭示与报道；而前者则主要应用于那些收藏和保存文献的国家图书馆或其他各种类型的图书馆。

六、联合国教科文组织

1972年,联合国教科文组织(United Nations Educational, Scientific, and Cultural Organization, UNESCO)讨论通过了建立世界科学技术情报系统(United Nations Information System in Science and Technology, UNISIST)的计划,目的是促进科学技术情报在世界范围内的广泛传播,最终发展成全世界科技情报系统,为此,许多成员国都成立了UNISIST国家委员会。1974年,联合国科教文组织在一次政府间会议上明确提出了如下建议:各国国家书目机构负责研究本国的个人或团体责任者名称的规范形式,并建立本国个人和团体责任者的名称规范档,组织制订国际情报界书目信息交换格式《UNISIST机读书目著录参考手册》。1978年,联合国科教文组织综合信息规划处在意大利西西里主办了一次国际讨论会。会议最后提议开发一种图书馆、书目机构和文摘、索引机构的通用格式,并就此成立了一个特别小组从事这项工作。经过6年的调研和编制,终于在1983年组织制订了书目文献信息公共交换格式规范(Common Communication Format, CCF),并于1984年出版以便国际图书情报界各系统之间交换书目数据。

七、MARC21

1994年12月起,美国国会图书馆、加拿大国家图书馆(National Library of Canada)与不列颠图书馆(British Library)开始推动美国机读目录编目格式(USMARC)、加拿大机读目录编目格式(CANMARC)、英国机读目录编目格式(UKMARC)三者的机读编目格式整合(MARC Harmonization)计划,希望能以此处理英语世界的机读编目格式,使之能够扩展为全球统一使用的、一致性的机读格式。但是,最后的成果（MARC21）却是 CANMARC 和 USMARC 之间的合作与发展。

1994 年到 1997 年间，USMARC 与 CANMARC 格式的用户就通力合作，逐渐减少两种格式之间的差别，事实上，两者之间已经没有多大区别。1997 年和 1998 年早期，由两国成员所组成的 MARC 委员会对两种格式进一步更新，并于 1999 年上半年出版了 MARC21。

MARC21 由 MARC Advisory Committee（MARC 顾问委员会）负责维护，并于每年的 ALA（American Library Association）会议讨论的 MARC 新发展。MARC21 的名称表现了从时间上来看我们已经进入 21 世纪了，且它是一套响应网络时代而产生的一种通用的开放性的资料格式。

MARC21 形成不久，英国图书馆也于 2001 年 8 月宣布采用 MARC21，参照 MARC21 还出版了五种不同的机读目录格式：书目记录格式、权威记录格式、馆藏数据格式、分类记录格式、团体信息格式。加拿大国家图书馆还将 MARC21 翻译成法文出版。随着计算机技术、光盘技术和网络技术的发展，MARC21 在原有的基础上增加了 538 字段（系统需求和存取注释）、516 字段（计算机文件类型或数据注释）、256 字段（计算机文件特征）以及 856 字段（电子地址和存取）等字段。

八、中国机读目录的研制过程

1975 年刘国钧先生发表的《马尔克计划简介——兼论图书馆引进电子计算机问题》，揭开了我国计算机编目和机读目录研制工作的序幕。

1979 年，由北京图书馆、北京大学图书馆、清华大学图书馆、中国科学院图书馆以及图书进出口公司等单位组成了"北京地区机读目录研制协作组"，开始研究 LCMARC 磁带。同年 12 月，国家标准总局成立了全国文献工作标准化技术委员会，为中国机读目录标准的制订提供了积

极的条件。1980年，我国正式颁布了国家标准《信息处理交换用的七位编码字符集》（GB1988—80）、《信息处理交换用七位编码字符集的扩充方法》（GB2311—80）以及《信息处理交换用的汉字编码字符集（基本集）》（GB2312—80），这些标准与后来颁布的相关标准一同构成我国文献书目信息交换用的编码字符集。

1982年，国家标准总局通过了由全国文献工作标准化技术委员会自动化分委员会起草的《文献目录信息交换用磁带格式》（GB2901—82）。GB2901—82主要参考了国际标准ISO2709—81，其附录A"图书目录系统用008字段结构说明"和附录B"图书目录系统用的数据区内容"则基本采用了LCMARC的结构体系。它确定了我国文献目录信息交换用磁带格式的形式，规定了格式的逻辑组织原则与实施方法，为中文MARC格式的标准化奠定了良好的基础。

1986年，UNIMARC第2版中译本问世以后，北京图书馆等单位分别据此编写了《中国机读目录通讯格式（讨论稿）》。1988年，在广泛征求意见并修改的基础上又根据新版UNIMARC对之作了补充修订。1989年，在中国图书馆学会自动化研究分委员会召开的第二届学术讨论会上，认定了北京图书馆所提出的讨论稿，产生了《中国机读目录通讯格式》（CNMARC）。

1988年，全国文献工作技术标准化委员会在修订GB2901—82时，决定以UNESCO推荐的CCF为依据编写《中国公共交换格式》（简称CCFC），并作为GB2901—82修订稿。为此，国家科委情报司、中国科技情报研究所、全国文献工作技术标准化委员会在UNESCO的领导下联合组建了CCFC工作小组，对CCF进行了研究。

1989年，在文化部的支持下，北京图书馆着手规范数据标准化方面的研究，先后制订出两项规范标准草案，即《规范数据款目著录规则（草案）》和《中国机读规范格式（试用本）》。

1990年，CCFC工作小组编制出了《情报文献工作标准化文献汇编

1）,该汇编除有"CCFC 用户手册"、"CCFC 工作单位及使用说明"外,还包括 GB2901—89《书目信息交换用磁带格式（报批稿）》（含其推荐执行格式《中国公共交换格式（CCFC)》)。

1995 年,北京图书馆对《中国机读规范格式（试用本）》进行了修订,出版了《中国机读目录格式使用手册》,并明确指出该格式供中国国家书目机构以计算机可读形式同其他国家书目机构之间进行规范数据交换使用,在我国规范数据交换格式尚未颁布之前,也用该格式向国内各馆提供机读规范数据。

2000 年 7 月,根据 IFLA 自 1995 年以后对 UNIMARC 所作的补充和修改,以及广大 CNMARC 用户所提出的要求和建议,由潘太明等人对《中国机读目录格式使用手册》作了进一步的修订,于 2001 年 3 月由科学技术文献出版社出版了《中国机读目录格式使用手册（修订版）》。

为适应新形式的文献信息资源的出现,全国图书馆联合编目中心与国家图书馆图书采选编目部联合开始了对电子资源机读目录格式及电子资源著录规则的研究。

20 世纪末,随着数字化及网络技术的发展,以都柏林核心元素集（Dublin Core, DC）为代表的元数据更有利于网络化及数字图书馆的应用。为了兼容 MARC 数据的应用,在全球范围内掀起了从 MARC 到元数据的研究热潮。

第二节　机读目录格式简介

要使计算机能识别、处理目录信息,机读目录就必须有其特定的数据结构——机读目录格式。

机读目录格式（Machine readable catalog Format,简称 MARC 格

式）是指文献目录信息在目录数据库中的组织形式，也即目录记录的格式。它根据文献信息的特点与编目机构之间信息交换的需要而建立，是编制目录数据时必须遵循的机读形式的规范。

机读目录格式于 20 世纪 60 年代中期产生于美国国会图书馆，经历了从一种到多种格式的发展历程，以及从一国到多国的逐步推广与标准化阶段。

目前，随着科技的发展，各种机读目录格式仍在不断地修改与完善之中。国内外较为重要的机读目录格式有下列几种。

一、机读目录框架格式

机读目录框架格式是执行格式编制的基础。

（一）《文献工作——文献目录信息交换用磁带格式》（ISO2709）

《文献工作——文献目录信息交换用磁带格式》（*Documentation—Format for Bibliographic Information Interchange on Magnetic Tape*，ISO2709）由国际标准化组织审核批准，1973 年发布，于 1981 年、1996 年分别出了修订版，1996 年改名为《信息交换格式》。

早在 MARCII 格式的研制过程中，美国国会图书馆和参与了该项工作的英国国家书目公司就认识到了交换格式的重要意义，即：机读目录格式不仅应该有助于实现英美之间的目录数据交换，还应有助于实现更广范围内的目录数据交换。因此，两个机构共同为实现交换格式的标准化作出了努力。他们除都将 MARC II 格式申请为各自国家的标准外，还将该格式提交给国际标准化组织（ISO），建议将其定为国际标准。1971 年，美国国家标准学会批准 MARC II 格式为美国国家标准，即《文献目录信息交换用磁带格式》（*Format for Bibliographic Information Interchange on Magnetic Tape*，ANSI 39.2—1971）。1973 年，ISO 在审核

MARCⅡ格式后，也将其定为国际标准，即 ISO2709。

ISO2709 是一种机读目录框架格式（Framework format），主要确立了机读目录记录的逻辑组织原则与实施方法，构成书目记录信息的基本结构与框架。其格式结构由头标区、目次区与可变长数据区三部分组成。该标准对头标区的结构和各固定字符位置的含义、目次区的构成方法及标识符与分隔符的使用等都做了明确的规定。在数据区，1996 年版列出了四种不同的数据字段以供选用。ISO2709 也是一种通用的交换格式，它提出的格式标准有很大的包容性，主要用于数据处理系统之间各类文献目录的信息交换。

该标准问世后影响很广，成为制定各种机读目录执行格式的基础，其后出现的许多机读目录系统，如澳大利亚、加拿大、丹麦、法国、德国、荷兰、意大利、挪威、瑞典、日本、中国等国的系统以及一些国际组织的情报系统都采用了这一标准格式结构。

（二）《文献目录信息交换用磁带格式》（GB2901）

该格式由全国文标会自动化分会第四工作组负责起草、国家标准总局于 1982 年颁布。它于 1988 年重新修订，1992 年又颁布了其修订版《书目信息交换用磁带格式》（GB/T2901—92）（中国标准出版社，1992）。

该格式的编制主要参考了 ISO2709，它是我国 CNMARC 采用的格式结构，为我国机读目录格式结构标准化奠定了良好的基础。

二、机读目录执行格式

机读目录执行格式是编目机构在实际编目工作中具体采用的格式，也是机读目录信息的交换格式。

(一) 美国机读目录格式 (MARCⅡ—LCMARC—USMARC)

美国机读目录格式 (USMARC Format) 是由美国国会图书馆编制的机读目录格式。早在1965年，美国国会图书馆就提出了《标准化机读目录记录的推荐格式》(*A Proposed Format for a Standardized Machine—Readable Catalog Record*)。1966年，通过实验产生了 MARC 格式，后被称为 MARCI 格式，这是世界上第一个机读目录格式。在修改 MARCI 的基础上，美国国会图书馆于1968年成功地推出了 MARCⅡ格式（也称 LCMARC 格式），美国图书馆协会将其正式定为美国的机读目录格式。1969年，美国国会图书馆向图书馆界发行 MARCⅡ格式的磁带，其格式也称为 LCMARC 格式。1983年，LCMARC 格式改称为 USMARC 格式。

USMARC 格式的框架结构与 ISO2709 一致。它划分为子字段、字段与记录三个层次，设置了多种字段与更多的子字段，并规定了字段、子字段的标识符、指示符、子字段代码以及字段与记录的终止符号。其著录信息块的输入信息遵循 AACR2 的有关规则。

USMARC 格式具有明显的灵活性和通用性，它在完整保留传统目录著录内容的基础上，增加了不少新内容，更加全面、深入地揭示了文献的各种特征；在照顾传统编目格式特点的前提下，发挥了计算机的特长，大大提高了目录的质量及其检索功能，也便于手检目录与机检目录并存；在遵循已有的文献编目规则的基础上，填补了计算机编目规则方面的空白，推动了文献编目向自动化、标准化方向的发展；在满足一馆和数馆编目要求的基础上，充分考虑了拥有不同计算机硬件、软件的图书馆编目的需要，竭尽所能地扩展机读目录的应用范围，为最终实现网络化编目、目录资源全球共享奠定了良好的基础。

USMARC 格式在编目实践中不断改进、不断发展。虽然在传统编目法的局限下仍有许多不足，但无论从哪个角度来说，它的设计都是一个

Chapter 3
第三章　机读目录及其在网络环境下的发展

划时代的创举。到 20 世纪 80 年代中期，国会图书馆已陆续研制出了适用于图书、连续出版物、乐谱、档案与手稿、计算机文档、测绘制图资料和视觉资料的 USMARC 格式。这些格式属于同一格式体系，又因所针对的文献类型不同而又各具特色，被迅速、广泛地应用到图书情报机构。到 20 世纪 90 年代中期，全球 60 多个国家的图书馆采用的机读目录格式中，有近 1/2 是基于 USMARC 格式。

(二)《国际机读目录格式》(UNIMARC：Universal MARC Format)

《国际机读目录格式》(简称 UNIMARC) 由 IFLA 于 1977 年正式出版。1980 年，在依据新的修订版《国际标准书目著录》(ISBD) 修改后，UNIMARC 格式又出版了第 2 版。1983 年，《UNIMARC 手册》(*UNIMARC Handbook*) 出版。1987 年，包括了格式的《UNIMARC 手册》(*UNIMARC Manual*) 出版。1994 年，又出版了新版手册 (*UNIMARC Manual：Bibliographic Format*)，该手册于 1996 年、1998 年、2000 年与 2002 年分别出了修订版。UNIMARC 由 IFLA 的国际机读目录格式常务委员会 (Permanent UNIMARC Committee) 负责维护。

由于都以 ISO2709 为基础，各国编目系统在机读目录格式结构上基本一致，而在记录数据元素、内容标识符等方面仍有较大差异。例如，英、法和加拿大等国的机读目录所使用的内容标识符都多于 USMARC 格式。这些差异是因为照顾了各国编目系统的具体需要，但同时也给系统之间的目录数据交流带来了麻烦，影响了书目数据资源的共建与共享。为解决这些问题，1972 年 8 月，IFLA 编目委员会和机械化委员会共同组建了一个"内容标识符工作组"(Working Group on Content Designators)。该小组在充分分析各类型文献特征的基础上，制定了一整套书目记录内容标识符。1977 年 3 月，IFLA 正式出版了 UNIMARC 第 1 版，并要求各国图书馆以此作为机读目录的国际交换格式。为配合 UNIMARC 书目数据格式的应用，国际图联还于 1991 年出版了《UNIMARC/规范格式》(*UNI-*

MARC/Authorities：*Universal MARC Format for Authorities*），2000年出版了《简明 UNIMARC 分类格式》（*Concise UNIMARC Classification Format*）。

UNIMARC格式的框架结构采用ISO2709，它的特点表现为：规定了机读书目记录的字段、子字段及其标识符、指示符和子字段代码；将机读书目记录的所有数据字段归并为十个功能块，并要求著录信息块的输入方法遵循ISBDs的有关规则；首创用连接款目块连接相关记录，以代替传统的参见著录方法；为便于交换，其详略程度略低于各国的MARC格式。UNIMARC的编制计划是成为一体化的格式，可处理专著、连续出版物、地图和天体图资料、电影、乐谱、科技报告、标准文献、学术论文与学位论文、专利文献等各种类型的文献。

UNIMARC格式的主要用途是为各国书目机构进行机读目录数据交换提供一种国际通用格式，以便国际间书目数据的交流。它在目录记录内容标识符标准化方面所做的努力推进了机读目录格式标准化的发展，为实现世界书目控制的目标作出了重大的贡献。20世纪80年代中期以来，澳大利亚、加拿大、匈牙利、英国等国的国家图书馆都应用UNIMARC格式编制用于国际交换的书目记录。1985年，美国国会图书馆完成了将USMARC转换为UNIMARC的准备工作，1986年，进一步完成了将UNIMARC转换成USMARC的转换程序，以方便各国国际书目记录的转换工作。1987年，UNIMARC已被公认为国际交换的机读目录格式，由英国国家图书馆发起，得到西班牙、法国、挪威、荷兰等国家书目中心和大学图书馆的响应，已将UNIMARC作为书目网络的标准。同时，一些国家还以它为基础创建本国的机读目录格式，如捷克、日本和中国的机读目录格式都是直接以UNIMARC格式为基础而制定的。根据UBCIM1998年所做的调查，至少有53个国家图书馆已经使用UNIMARC作为交换格式，其中有34个单位采用UNIMARC作为自用格式，同时还有一些机构正在考虑使用它。

（三）世界科技信息系统（UNISIST）的格式

UNISIST 格式出自世界科技信息系统（UNISIST）与国际科学联盟理事会文摘委员会（ICSUAB）编制的《机读书目著录参考手册》（*Reference Mammal for Machine Readable Bibliographic Description*）于 1974 年首次问世。1981 年，联合国教科文组织（UNESCO）出版了该手册的第 2 版，该版包括了连续出版物、专著等文献的书目记录著录内容。

UNISIST 格式的编制与 MARC 格式一样，采用了 ISO2709 的格式结构，也使用了字段标识符、指示符和子字段代码等。除此之外，它还包括了编目必备的全部著录单元，涉及了书目著录规则。编制该格式的主要目的是为机读书目信息的交换提供标准化的通信格式。UNISIST 设想在将它用于编制文摘、索引的同时，还能将它用于更广阔的信息处理和交换领域。然而，由于所包含的数据内容及其标识符与 UNIMARC 格式有较大差异，UNISIST 格式的使用并未达到预期的效果。

（四）《公共交换格式》（*Common Communication Format*）

《公共交换格式》（简称 CCF）由联合国教科文组织（UNESCO）与国际图联（IFLA）共同推出，于 1984 年出版，1988 年发行了内容更加充实与完善的第 2 版。

早在 1978 年 4 月，UNESCO 综合信息规划处就提出开发一种能在图书馆、书目机构、文摘索引机构等信息服务机构通用的机读目录交换格式。这项工作交由 UNESCO 综合信息规划处召集的一个专门小组——CCF 特设工作组负责。经过 6 年的调研与编制工作，CCF 于 1984 年正式发表。UNESCO 与 IFLA 将它推荐给各国，以求实现图书馆、情报机构等部门之间交换机读书目记录的目标。CCF 格式的记录结构分为三层，即：记录、区段和字段，其记录结构见图 3.1。

在这个格式中，首先引入了"区段"这个概念，这就使 CCF 可以在

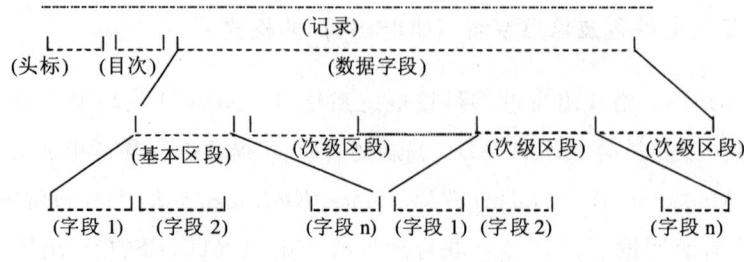

图 3.1 CCF 记录结构图

一个逻辑记录中描述多个文献信息，便于将编目对象从对文献单元的描述提升到对文献信息的表现方式或著作描述的层次。区段连接是 CCF 区别于 USMARC、UNIMARC 等格式的特有功能。其他格式是在一个记录中描述一个文献，而 CCF 则可以把目标文献记录到基本区段，把相关文献记录到次级区段，采用区段连接功能进行连接。CCF 的结构设计充分考虑了计算机的最新发展技术水平，特别是与软件的最新技术相适应，在字段的编排上更加合理，进一步增强了格式的灵活性，扩充了记录的连接功能。同时，CCF 也严格遵守 ISO2709、ISBDs 等标准。

编制 CCF 的目的是为了实现图书馆和情报机构之间的书目信息交流，便于任何书目机构可能用一种计算机程序处理由不同文献服务部门获得的书目记录，以及为各书目机构在设计本单位的书目数据库时提供参考。因此，除充分考虑了各种不同服务目标和数据处理的要求外，CCF 还基于人们不会轻易舍弃那些已经得到广泛应用的格式的事实，充分考虑了与 UNIMARC 等格式互换的问题。因此，CCF 不仅是一种更为先进的目录记录格式，也是一种更加适用的中介格式。CCF 的推出为不同类型的文献机构之间互换与共享目录数据提供了极大的方便。

（五）《MARC21 格式》（*MARC21 Format*）

《MARC21 格式》（简称 MARC21）由美国图书馆协会与加拿大图书馆协会共同推出，于 1999 年 2 月至 2000 年出版印刷版，有英文版与法文版。现有网络版,每年都在更新。

随着机读目录的发展,USMARC 各具特色的格式越来越难以适应需要,诸如各格式数据字段的设置重叠或不一致、新出现的多媒体文献难以划归于某一传统文献类型等问题给 MARC 格式的使用和维护带来许多不便。因此,从 1988 年起,美国国会图书馆开始了 USMARC 格式一体化(Format integration)的工作,即全面修订原来针对不同类型文献信息设计的七种机读目录格式,将它们统一为一种格式,由国会图书馆网络开发与 MARC 标准办公室颁布的一体化 USMARC 书目格式在 1993 年底付诸实践。

从 1994 年开始,美国国会图书馆与加拿大国家图书馆通力合作,逐渐减少了 USMARC 与 CANMARC 格式之间的差别,在对两种格式进一步更新的基础上,于 1999 年 2 月开始推出 MARC21 格式。MARC21 是美国与加拿大两国的机读目录格式改进与统一的结果。其后,它又与英国的机读目录格式统一协调,英国图书馆 2001 年 8 月宣布采用 MARC21 格式。美国、加拿大和英国国家图书馆已承诺共同支持 MARC21 的发展与维护,旨在建立一种全球统一的 MARC 格式。

MARC21 的编制是为了达到在各种不同的环境实现书目系统之间格式交换的目的。它是一套适应网络时代而产生的通用的开放性的书目信息格式,其中的"21"代表 21 世纪。

2000 年,美国国会图书馆还推出了该系列的《MARC 简明格式》(*MARC21 Concise Formats*)。《书目数据 MARC21 格式》仍然适用于各种传统类型的文献编目,并且它注重与时俱进,也适用于近年来发展的新型文献信息,如连续资源、电子资源、混合型资料等的编目。MARC21 的设计与推广应用是编目发展史上的一座里程碑,它将文献信息编目的理论与方法提高到了一个新的发展阶段。

（六）《中国机读目录通讯格式》（China MARC Format）

《中国机读目录通讯格式》（简称 CNMARC）由北京图书馆自动化发展部编、书目文献出版社 1991 年 2 月出版。1996 年，修改后的 CNMARC 被颁布为行业标准，即《中华人民共和国文化部行业标准——中国机读目录格式》（WH/T0530—96）。与 CNMARC 配套的《中国机读目录格式使用手册》（China MARC Format Manual）由北京图书馆编辑、华艺出版社 1995 年 12 月出版；由潘太明等编的修订版，科学技术文献出版社 2001 年 3 月出版；由国家图书馆编辑的《新版中国机读目录格式使用手册》，北京图书馆出版社 2004 年 3 月出版。

1986 年，北京图书馆自动化发展部基于 GB2901、依据 UNIMARC，编制出了《中国机读目录通讯格式》的讨论稿。1987 年至 1988 年，又根据新出版的《UNIMARC 手册》对讨论稿作了修改。1989 年 9 月，由中国图书馆学会主持，在北京召开"中国机读目录格式学术研讨会"，与会代表充分肯定了这个格式。经过征求意见和修改后，《中国机读目录通讯格式》（China MARC Format）于 1991 年正式出版。后经重新修订，该格式增加了地图、乐谱、非书资料、计算机文档及拓片等内容，1996 年被颁布为文化部行业标准。与此同时，国家技术监督局通过文化部下达了研制机读目录格式国家标准的任务。经过八年时间，国家标准《中国机读目录格式》已经通过了文化部组织的专家鉴定。

CNMARC 格式是以 UNIMARC 为基本依据，根据我国出版物的具体情况制定的。其编制原则为：对于 UNIMARC 的有关规定，凡是适用于中国文献信息特征的均予以遵循，不适用的予以删除；对于 UNIMARC 中未作出规定、而中国出版物特有的内容，本格式加以补充规定。

CNMARC 具有以下特点：

1. 将不同文种、不同载体文献的机读目录实行格式一体化，目前已适用于专著、连续出版物、三维制品与实物、测绘制图资料、印刷乐谱、音像制品、缩微制品、电子资源、古籍、拓片等类型的文献信息；

2. 规定了机读形式书目记录的字段标识符、字段指示符和子字段标识符以及书目记录的内容标识在磁带、软盘、光盘等载体上的逻辑结构与物理格式；

3. 补充了中国文献所特有的以及汉字信息处理所要求的内容。如《新版中国机读目录格式使用手册》在 UNIMARC 的基础上，增加了适合中国使用的 9－－、－9－、－－－9 字段和子字段 $9。

CNMARC 格式编制的目的，是用于中国国家书目机构与国内图书情报部门、其他文献管理部门以及国外书目机构之间，以标准的机读形式进行书目信息交换，同时，也为我国图书情报部门建立书目数据库与处理书目数据提供数据规范方面的参照或依据。它由国家图书馆负责管理和维护，是我国机读目录格式中最重要的格式之一，也是目前我国国家书目机构与绝大多数图书馆使用的机读目录格式。

(七)《中国公共交换格式》(*Common Communication Format Of China*)

《中国公共交换格式》(简称 CCFC) 是由全国文献工作技术标准化委员会于 1990 年编制出版的。

1988 年，全国文献工作技术标准化委员会在修订 GB2901—82 时，决定以 UNESCO 与 IFLA 推荐的 CCF 为依据编写《中国公共交换格式》(CCFC)。为此，国家科委情报司、中国科技情报研究所、全国文献工作技术委员会组建了 CCFC 工作小组。参照 CCF，该小组编写了 CCFC，并作为 GB2901 的附件推荐给国内广大的文献情报工作者。1990 年 8 月，CCFC 用户技术文件通过了国家科委情报司的验收和评审。1992 年，经国家技术监督局批准，CCFC 格式作为国家标准 GB2901 的参考文件公布实施。

编制 CCFC 的主要目的是在我国各种类型图书情报机构中推广使用这种新型的机读目录格式。为配合 CCFC 的使用，CCFC 工作小组还编制了"CCFC用户手册"、"CCFC工作单及使用说明"以及《UNIMARC与CCFC对照表》,从而形成了一套完整的建库技术文件。

除了上述由有关国际组织推荐的重要格式之外,为适用特定的系统或特定的领域与范围,各国的各种图书情报自动化系统也制定了不少机读目录格式。

第三节 机读目录的编制方式

MARC问世至今已有40多年,它首创元数据标识系统,采用纯文本文件,开发过程中吸收他馆经验并进行编目工作流程成本分析,提供了实用的产品,称得上长盛不衰。MARC研发之初的计算机环境与今天完全不同,在信息技术产品日新月异的近50年间,MARC顺应形势、不断修订与发展,依然保持着活力。按照MARC格式描述信息资源、编制书目记录仍是目前国内外图书馆普遍采用的信息描述方式。但是,受书目信息资源共享方式和信息资源搜集渠道等因素的影响,机读目录的编制方式会有所不同。

一、联机编制方式

所谓机读目录的联机编制方式,就是通过互联网直接利用国家或地区信息组织中心提供的MARC记录数据对图书馆自己所搜集的信息资源进行信息描述并建立书目数据库的方法。具体说,先将图书馆自己的信息描述系统(局域网),通过互联网或其他信息网络与国家或地区的信息组织中心连接,通过一定协议建立法定的书目信息交换关系。在对图书馆自己所收集的信息资源进行描述时,登录国家或地区信息组织中心的机读目录数据库,查重并下载有关的 MARC 记录信息,再根据本馆信息描述原则和制度,修改有关数据,取舍有关字段信息,最后将描述结果加入到本馆书目数据库中。

这种方法体现了"集中编目"的思想,可以节省信息描述的时间资源和人力资源,而且可以得到非常准确的书目数据信息,提高信息描述工作的质量,方便读者的使用。但这种方法容易受到网络传输速度的影响,而且,有时会因为国家或地区信息组织中心提供的书目数据信息有限而不得不采用原始编制 MARC 记录的方式。

二、原始编制方式

所谓机读目录的原始编制方式,是指图书馆在进行文献资源的信息描述时,直接依靠本馆计算机管理系统所提供的信息描述软件,对在编文献的形式特征和内容特征进行分析,按照 MARC 格式要求,逐字段予以描述,最终形成 MARC 记录的过程。这种描述方式有些类似卡片目录时代图书馆单独编目的方式。在没有联机条件或由于经费问题无法享用国家或地区信息组织中心提供的书目记录数据时,也不失为一种可以解决图书馆信息描述要求的方法。但是,由于受管理系统功能和信息描述人员业务技能水平的限制,所形成的 MARC 记录质量往往不是很高,工作速度也慢许多,信息描述的工作效率低。

三、联机联合编制方式

前面介绍的机读目录的联机编制方式,一般是指个体图书馆利用国家或地区信息组织中心提供的 MARC 记录数据来编制本馆书目数据库的单向行为,而机读目录的联机联合编制方式,则是一种双向的行为,可以说是前面介绍过的两种方法的结合并发展。具体来说,图书馆在进行信息描述时，先利用国家或地区信息组织中心提供的 MARC 记录数据进行查重，如果获取所需书目信息，就下载、修改数据并加入到本馆书目数据库中；如果没有获取所需书目信息，就采用原始编制机读目录的方式对信息资源予以描述，编制 MARC 记录。但在随后将 MARC 记录加入到本馆书目数据库中的同时，根据与国家或地区信息组织中心签订的书目信息资源共享协议，将该 MARC 记录数据"上传"给国家或地区信息组织中心，以供共享。这种方法源自美国的 OCLC，现已得到充分的重视和应用。

第四节　机读目录在网络环境下的发展

为将 MARC 引入国际互联网，早在 20 世纪 90 年代中期，美国国会图书馆的网络发展和 MARC 标准办公室就开始开发 SGML DTD。尽管目前国际上有一些机构人员（包括我国）也在研究 MARC 在网络环境下的新形式，但致力于标准化研究的主要是美国国会图书馆。鉴于它在 MARC 方面的权威性，所以本节主要介绍它们的成果。

一、MARC XML 体系结构

美国国会图书馆的网络发展和 MARC 标准办公室正在开发一个在 XML 环境下对 MARC 数据起作用的框架。他们的想法是：这个框架应该是灵活并可以扩充的，允许用户以适合他们需要的特定方式与 MARC 数据一起工作，这个框架基本如下图 3.2 所示，包含许多部件，诸如模式、样式单和由国会图书馆开发和维护的软件工具。

MARC XML 框架的核心是一个包含 MARC 数据的简单 XML 模式。

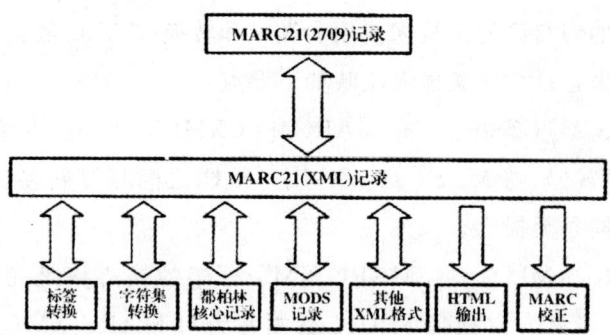

图 3.2　MARC21 XML 的框架体系

这个基本模式输出可能被用于需要完整的 MARC 记录或者充作一个"总线"功能，以使 MARC 数据记录能作进一步的变换，譬如转换到 Dublin 核心，或作进一步处理，如校验确认。不需要编辑 MARC XML 模式来反映对 MARC21 的较小改变，这个模式保持 MARC 的语义。作为从 MARC（2709）无损转换一个结果，在一个 MARC XML 记录中的信息可以重建一个完全一样的 MARC（2709）记录，从 MARC XML 记录建立一个 MARC（2709）记录也可以无损 MARC XML 记录的信息。

一旦 MARC 数据被转换到 XML，就可能通过选择要被显示的 MARC 单元，采用适当的标记，写一个 XML 样式单来展示数据。

一些单一或成批的数据更新，如对一个 MARC 记录增加、更新或删除一个字段，可以用简单的 XML 变换来完成。大部分数据转换可以被写作 XML 变换，对于数据的更复杂的变换，可以编写读 MARC XML 的软件工具。经由一个软件工具来完成这个模式的校验确认，这一个校验确认软件，不属于这个模式，将提供三个可能层次的确认：

• 依照 MARC XML 模式的基本确认
• MARC21 标签（字段和子字段）的确认
• MARC 记录内容的确认，如码值、日期和时间使用 XML 当作 MARC 记录的结构，在 XML 框架下的 MARC 用户能更容易写他们自己的工具来使用、操纵和转换 MARC 数据。

归结起来，这个框架体系反映如下要点：

1. MARC21（2709）与 MARC21（XML）相互转换：开发在 MARC21（2709）与 MARC21（XML）结构之间相互转换 MARC 数据的工具，转换是无损的。

2. MARC XML 总线：MARC XML 框架的核心块是简单和灵活的 MARCXML 模式，它携带 MARC 数据并为写 MARC XML 的用户提供一种通用格式。

3. MARC XML 用户：MARC XML 记录可以被用于"固有的" MARC XML 形式。在其他方面，MARC XML 记录的用户分为三种类型：

（1）变换，即在 MARC XML 和其他的元数据格式之间的转换；

（2）展示，即 MARC 数据显示或标记成某种可读方式；

（3）分析，即 MARC 数据的处理，以产生解析性结果，如校验确认。

该体系结构的优点是：这个模式支持所有的 MARC 编码的数据而无论其格式如何；MARC XML 框架是一个面向部件的、可扩展的体系结构，允许用户即插即用不同软件块来构建自定义的解决方案。

其局限性在于 MARC 校验确认不是被模式强制的而是由外部软件进行的。

二、MARC XML Schema 和 DTD

（一）MARC XML Schema

美国国会图书馆开发的 MARC21 XML Schema，其文件名为 MARC21

slim. xsd，该模式的地址是：http://www.loc.gov/standards/marcxml/schema/MARC21 slim. xsd。

目标名域：http://www.loc.gov/MARC21/slim。

它把 collection 元素作为 record 元素的容器，record 元素作为组成这个记录的所有字段的容器，并定义了相应的复杂类型与简单类型。所以元素 collection 是文档的根元素，它可以包含 0 个至多个 record 元素，每个 record 元素对应一个 MARC 记录。所有控制字段，包括头标区，被当作一个数据串。字段被当作带有作为一个属性的标签的元素，指示符处理作属性。子字段被当作子元素，带有这个子字段码（subfield code）作为一个属性。

在一个 MARC 记录中的所有实质性数据都被转换及表达成 XML 形式。MARC 结构单元，如字段长度和在一个地址目录区中的字段数据的起始位置，在 XML 记录中不需要。在 XML 环境中不需要的头标区数据位置被保留为存放地点或作为空白。

正如前面所说，这个 MARC21 XML Schema 支持所有的 MARC 编码的数据，现在美国国会图书馆的网络发展和 MARC 标准办公室意图用它作为 MARC 的上网方案。

（二）MARC DTD

1995 年，美国国会图书馆的网络发展和 MARC 标准办公室就开始开发 MARC21 的 SGML DTD 版本，以支持无损地将编目数据从 MARC 数据结构转换为 SGML 格式。到了 2001 年，随着技术的发展和变化，SGML DTD 已经完全被转换到 XML DTD，并建立新的转换机制。因此，这些 SGML DTD 被替代，后来也不再被更新。

随着国际互联网技术的进一步发展，W3C 推出使用 XML Schema 作为新的数据定义语言标准，于是美国国会图书馆转向了 MARC21 XML Schema，并把它作为 MARC XML 的基础。因为使用 XML Schema，通过指定每一个 MARC 数据元素为一个 XML 元素，比起 MARC 的 XML DTD 来，MARC 的 XML Schema 显得简洁得多，不同于的 MARC XML 模式，MARC 的 XML DTD 文件很大，2003 年 5 月 7 日修改过的版本仍然有 200 页左右。

三、MODS 和基于 RDF 的 MARC

（一）MODS

国会图书馆网络发展和 MARC 标准办公室开发了一个被称之为 MODS 的标准，即元数据对象描述模式（Metadata Object Description Schema），可用于多种目的，并尤其适合图书馆应用的书目元素集模式，如希望它作为 Z39.50 下一代指定的格式，并作为一个元数据编码和传输标准（Metadata Encoding and Transmission Standard，METS）的扩展模式。这是一个用 XML 模式规范写成的，能够携带从现行的 MARC21 记录中挑选的数据，并能够创建新的资源描述记录。它包括 MARC 字段的一个子集，而且使用语言标签，并非使用像 MARC 那样的数字标签，在某些情况下对 MARC21 书目格式的元素进行重组。因此，一个原 MARC21 记录被转换成 MODS 后，不能保证再从 MODS 无损地还原到 MARC21 记录。

MODS 补充了其他元数据格式。对于某些应用，特别对那些使用 MARC 记录的应用，将会有超过其他元数据模式的优点，主要表现在：

· 这个元素集比都柏林核心更丰富

· 对于图书馆数据而言，这个元素集比 ONIX（Online Information eXchange）更兼容

· 与完整的 MARC XML 模式相比，这个模式更面向终端用户

· 这个元素集比整个 MARC 格式更简单

第三章 机读目录及其在网络环境下的发展

该标准由国会图书馆网络发展和 MARC 标准办公室维护，其网址是 http://www.loc.gov/standards/mods/。

（二）基于 RDF 的 MARC 研究

资源描述框架（Resource Description Framework，RDF）概念思想来自知识表示、人工智能和数据管理，包括概念图、基于逻辑的知识表示、框架和关系数据库。RDF 是一个使用 XML 语法来表示的数据模型，用来描述国际互联网资源的特性及资源与资源之间的关系，是一种表示国际互联网资源信息的语言，是处理元数据的基础。RDF 的第一个标准文本由 W3C 在 1999 年 2 月 22 日所颁布，现在 RDF 仍在不断地发展之中。

总的说来，基于 RDF 的 MARC 元数据描述，报道的还不多。国内南京大学计算机科学与技术系的黄伟红和张福炎定义了一种基于 RDF 的 MARC 模式，使用 Dublin Core 元数据模式作整体说明。其基本思路是利用 RDF 容器来描述 MARC 元数据，下面的图 3.3 直接摘自他们的论文：

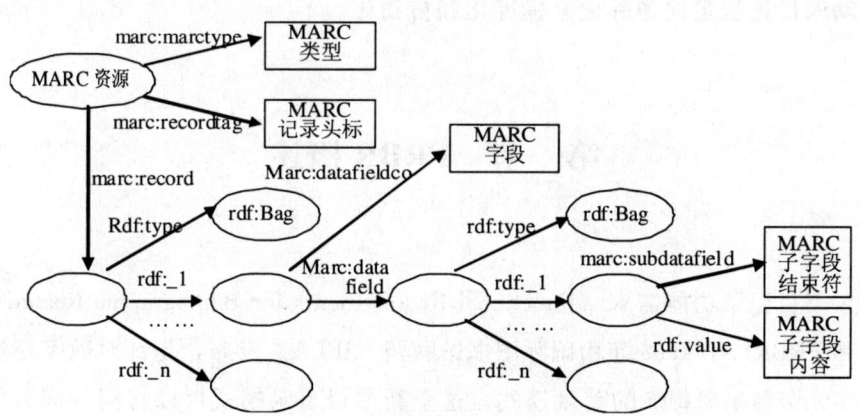

图 3.3 MARC 元数据的有向标记图 RDF 描述

可见，在此，一条 MARC 记录的字段被当作包（Bag）来处理。

第四章 书目记录功能需求（FRBR）及其研究进展

19世纪以后，西方科学文化的发展出现了飞跃，西方各国图书馆逐渐向社会开放。公众对图书馆使用需求的增长极大地促进了编目工作的蓬勃发展，从潘尼兹的《九十一条》到FRBR的产生和应用的160多年间，西方编目学界巨擘纷出，推出了众多的编目条例，并在对前人条例不断地批判和继承中逐渐确立了统一的编目原则，完善了编目条例，使文献编目逐步走向国际化、标准化和自动化。

第一节 FRBR概述

书目记录功能需求（Functional Requirements for Bibliographic Records，简称FRBR）于1998年由国际图书馆联盟（IFLA）发布，是针对数字环境下多元资源来研拟新的著录模式，这个新书目著录模式可以将同一部著作（work）的不同表达（expression）、不同载体（manifestation）以及不同文献对象（item）在一个目录体系中完全呈现出来。

目录功能思想始终是各种编目条例制定的基础，是"指南针"，可以

Chapter 4
第四章 书目记录功能需求（FRBR）及其研究进展

说，编目规则的制订都是围绕着目录功能的编目原则而展开的。目录功能思想由潘尼兹、卡特和柳别斯基等人连续提出，由此引申出的编目原则在1961年巴黎国际编目原则会议上获得通过。在巴黎《原则声明》精神的指引下，一系列国际化、标准化的编目条例不断出台。1998年由国际图联组织编写的《书目记录的功能需求》（FRBR）从一个新的视角通过对实体、属性、关系的研究对书目记录进行了重新的分析，总结了用户的4个基本任务，并映射用户任务对书目记录的实体和属性进行了价值评估。FRBR加强了目录的基本目标与帮助用户利用目录完成工本工作任务需求，使用户能够查找、识别、选择、获取他们需要的信息。FRBR也提供了满足用户需求的结构，包括在作品和内容表达级别上组织记录并展示记录间的关系。

FRBR的主要研究目的有两个：一是对那些记录在书目数据中并且被用户所需要的有关数据记录进行一个清晰的定义，提供一个框架结构；另一个目的是为国家书目记录的建立推荐一个基本实用的标准。它的提出对沿袭了一个多世纪的编目理论提出了挑战，在编目界引起了强烈反响。在可以想象的未来，其对于编目学的影响将不亚于《巴黎原则》。

一、FRBR的产生背景

20世纪60年代，国际图书馆界发生了两件令世界瞩目的大事。其一，1961年10月9日至18日在巴黎召开了国际编目原则会议（International Conference on Cataloging Principles），53个国家和12个国际组织的代表参加了会议。这是国际编目史上第一次具有里程碑意义的国际会议，它对全世界编目条例的制订、编目理论的研究和文献编目实践都产生了极其深远的影响。会议的最终成果是对一系列编目原则达成的共识，这就是著名的"巴黎《原则声明》"。其二，1969年在哥本哈根召开了国际编目专家会议，这次会议就书目记录形式和内容创建所遵循的国际标

准做出了决议,在此影响下,两年后,第一个国际标准即《国际标准书目著录(专著)》(ISBD(M))正式出版。此后,巴黎原则和ISBD成为各种新的和重新修订的国际与国家编目条例的基础。

与此同时,编目原则和标准实施的环境也发生了深刻的变化。首先,机读目录的出现彻底改变了纸质目录的结构和形态,卡片目录的款目被记录所取代,卡片目录本身也变成了文档或者数据库;其次,编目对象也发生了质的改变,信息资源的海量增长和文献类型的推陈出新给传统的编目工作带来了很大压力,电子资源、网络资源等非书资料蜂拥而至。如何用机读目录反映和检索现代信息资源,这类问题迫使人们重新反省巴黎原则所确定的目录功能;第三,由文献出版量的激增所造成的经济压力也要求编目机构简化编目程序,通过更多采用"最简级"的编目方法来跟上出版物不断增长的速度,而此时国际或国家间的共享编目项目也逐步成为减少重复编目、降低编目成本的一个重要途径,图书馆必须考虑简化编目过程和开展合作编目来最大程度地实现书目控制;第四,在新的编目环境下,用户对图书馆服务的需求和期望越来越高,要求图书馆尽可能提供详尽和高效的服务。他们不能仅满足于检索到一条所需要的记录,而是期望能够获取更多的书目信息,并能查找到该记录与其他书目记录之间的关系。

面对不断发生的这些变化,图书馆界开始重新探讨书目记录的功能。1990年,由IFLA国际书目控制和国际MARC项目以及IFLA书目控制组主办的书目记录会议在斯德哥尔摩召开。会议重点讨论了书目记录的质量和功能,提出应对书目记录中各个数据元素的关系及其用户需求等进行研究,认为应该建立"基本级"或"核心级"的书目记录来实现国内或国际范围的编目资源共享。与会者达成了如下共识:在现代编目环境下,充分满足书目记录的用户需求,更有效地表达不同资料类型,不同背景的书目记录之间的关联是至关重要的,而重新探究记录中单个数据元素与用户需求之间的关系更是十分迫切的;为了降低编目成本,提

Chapter 4
第四章 书目记录功能需求（FRBR）及其研究进展

高编目效率，各书目机构应大力推进共享编目项目的发展，而其中最重要的一点是为国际或国家的共享编目项目建立的"基本"或"核心"级记录确定一个统一的标准。

1992年9月，在新德里召开的IFLA年会批准成立FRBR项目研究组。研究组于1995年秋天完成了对FRBR报告草案的长期审议，研究组的咨询专家负责撰写各类中期工作文件，随后完成了可提交的最终报告。从1996年5月开始，FRBR的报告草案经历了长达6个月的全球性的评议，期间共收到了来自16个国家的40份反馈意见，大部分意见涉及报告草案的组织、术语定义、方法和有关特定类型文献需求结论。1997年2月，研究组集中讨论了这些反馈意见并明确了报告的修改方案。而后，专家们将最后的修改部分融入报告。同年，在哥本哈根举行的第63届国际图书馆协会和机构联合大会期间向国际图联编目组常务委员会提交了FRBR的最终报告，常务委员会在随后召开会议批准了该报告。斯德哥尔摩会议的成果是最终达成了九项决议，其中之一就是研究书目记录的功能需求与多样化的用户需求、多样化的资料类型的关系。为此，IFLA专门成立了一个国际研究小组来对这一专题进行研究和探讨，研究小组于1998年发表了它的最终研究报告，即FRBR（*Functional requirements for bibliographic records*）。

二、FRBR的研究目标和范围

FRBR研究的目标主要有两个：第一，建立一种能囊括书目记录中实体、属性、实体间关系、实体及其属性与用户任务之间映射关系的概念模型；第二，推荐基于FRBR模型的国家书目记录的基本级功能，其目的是建立一个概念模型，将作为把特定属性与（在记录中作为离散数据单元所反映的）关系同用户查询书目记录时所履行的各项任务链接起来的基础。

FRBR研究范围具有广泛性，可概括为如下几个方面：

首先，书目记录本身被定义为与图书馆目录和国家书目中描述的各种实体相关的广泛的数据集合，如ISBD中定义的各种元素；包含用于标引的数据元素，即作为排档工具或检索点的数据单元，如个人、团体、题名和主题标目等；包含其他用于组织记录文档的数据单元，如分类号；包含注释，比如文摘或摘要；包含用于描述图书馆馆藏信息的数据，比如登录号和索取号等。

其次，书目记录的对象也具有广泛性，涵盖了所涉及到的各类资料，就资料类型而言涉及文字、音乐、测绘资料、音像、图片和三维资料等多种资料类型；就物理载体范围而言包括纸张、胶卷、磁盘、光存储载体等多种形式；就文献形式而言有图书、报纸、唱片、磁带等多种类型；就记录信息的模式而言可以采用模拟、声音、电子、数字、光记录等各种方式。

第三，书目记录所包含的数据拥有广泛的用户群，包括读者、学生、研究人员、图书馆馆员、出版商、发行商、零售商、信息经纪人、知识产权管理者等。

第四，书目记录的应用范围具有广泛性，既适用于图书馆内，也适用于图书馆外。具体地说，书目记录的数据可应用于馆藏的开发、采访、编目、查找、帮助和书目的生产、财产管理、保存、流通、馆际互借、参考和信息检索等诸多领域。

第五，书目记录的用途具有广泛性，如可帮助用户确定某个信息中心拥有何种信息资源，以及该信息资源的获取途径；确定信息资源加工处理的状态；确定添加到馆藏的一个单件的记录是否已经存在，或者，是否需要创建一条记录；提供满足用户信息需求的一个文献或一组文献；通过书目记录用户甚至还可获知利用文献所需的物质条件，如播放设备、计算机的兼容性等。

FRBR研究的最终目的是使书目记录更好地满足用户的需求，因此准确定义书目记录的用户需求成为研究的前提。FRBR对用户需求进行了高度概括，提炼出了 4 个最基本的用户任务：查找实体、识别实体、选择实体和获取实体。

FRBR 的研究范围虽然具有广泛性，但并不包括通常在规范记录中反映的属性和关系。也就是说，目前的研究以书目记录为核心，并未扩展到通常仅在规范记录中被记载的与个人、团体、题名和主题相关联的规范记录。

三、FRBR 的研究方法

对 FRBR 的研究采用了分离实体和提炼共性的分析方法。所谓实体，就是书目数据用户感兴趣的关键对象。FRBR 的研究首先将实体分离，然后识别与每个实体相联系的特征或属性以及实体间的关系，这些实体对于用户建立书目查询、解释查询结果是十分重要的。FRBR 实体分析的特点是进行共性抽取研究，即不把个别的数据作为分析的对象，而是将从众多的数据中提炼出的共同点作为研究的客体。也就是说，每一个实体都代表着一个数据群，在确立了实体的基础上，再进一步抽取每一个实体的重要特征或属性，进而分析一个实体与另一个实体之间的关系。

简而言之，FRBR 应用"实体——关系"模型（E—R 模型）来构建概念框架，见图 4.1：

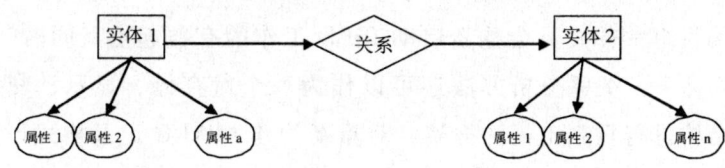

图 4.1　FRBR 应用"实体——关系"模型

为实现 FRBR 的第二个研究目标，在实体——关系模型的基础上，研究还采用了映射的方法，将每个实体的属性及相互关系与 4 个基本用户任务相互映射，进而评估实体的属性及相互关系对于实现用户任务的价值，并在此基础上对国家级书目记录的基本功能需求进行了推荐。

FRBR 的出现是革命性的，它改变了图书馆界描述文献的基本方法，其价值可以和阮冈纳赞的分面分类法相比较。FRBR 是一个层次模型，从使用的角度上说，FRBR 还是基于巴黎原则和 ISBDs 等传统的文献描述模型上的。所以，FRBR 是原有编目规则的重新描述，将原有的线性描述方法改为分层描述。FRBR 的优点在于这种新的描述模型能够非常好地兼容我们传统的文献描述。比如，FRBR 完全可以用 MARC 描述出来，特别是 MARC21 的问世，MARC21 更加易于描述 FRBR 结构。

四、FRBR 模型的拓展研究

FRBR 模型试图建立一个有助于理解与进一步发展书目著录规范的逻辑框架，尝试提供一个共同理解与进一步对话的基础。FRBR 模型可以进一步拓展，使之覆盖通常记录于规范记录的其他数据，作为主题规范档、序词表、分类表重点的实体以及这些实体间的关系。

FRBR 将单个属性与关系映射为利用书目数据的特定方式，这在国际上可以作为重新评价数据记录规范与标准的有用框架，以便使花费于书目数据"标准化"的努力更加合理，而且有助于组织调查工作，挖掘更为经济的数据获取方式。同样，推荐基本级国家级书目记录可以作为国际图联编目组常务委员会重新启动 ISBD 工作的有益起点。同时，FRBR 体现的实体——关系分析方法还可以作为一个对存储、显示、交流书目数据的结构进行重新审视的框架，对重新构建 MARC 记录格式以便更直接地反映本模型所勾勒的等级与相互关系的实际影响等方面问题还可以进行进一步研究。FRBR 还可以向纵深拓展，创建一个完整开发的数据模型，这个模型可以作为设计评价按本模型构建的数据库结构的效率与有效性的试验数据库的基础。

Chapter 4
第四章 书目记录功能需求（FRBR）及其研究进展

第二节 FRBR的实体及属性

一、实体

实体是书目数据用户所关心的核心元素和关键对象。

FRBR将实体分为3组：第1组实体包含智力或艺术创作的产品，在书目记录中定义为作品（work）、内容表达（expression）、载体表现（manifestation）和单件（item）；第2组实体包含对智力或艺术产品的创造、物理生产与传播或保管负责的个人（person）和团体（corporate body）；第3组实体包含揭示智力或艺术产品内容的主题集合，即概念（concept）、物体（object）、事件（event）和地点（place）。

第1组实体是FRBR模型中的核心内容，与传统编目中的书目描述相关，代表知识或艺术创作产品中用户关心的不同方面。在编目实践中，"作品"、"载体表现"和"单件"分别与规范记录、书目记录和馆藏记录相对应，只有内容表达的信息在目前的目录体系中还没有相应的记录来反映；第2组、第3组实体则涉及传统编目中的检索点，即责任者和主题，这属于规范控制研究的范畴。

（一）第1组实体（w＝作品 e＝内容表达 m＝载体表现 i＝单件）

1. 作品

"作品"是一个抽象的实体，是指独特的智力或艺术创作，不能把某一个单独的具体物质与作品对应，虽然作品需要通过某个个体或某个内容表达来实现，但是作品本身只存在于不同内容表达的共性之中。例如，

当我们说《伊利亚特》是一部作品时，我们的切入点不是作品的特定表述或文字本身，而是隐含在作品所有不同内容表达之后的智力创作。

FRBR模型第一组实体中的4个层次是一个由抽象到具体的层次结构。"作品"位于结构中的最高层，也就是说"作品"的概念是最抽象的，很难定义该实体的准确界限，重要的是能够通过理解"作品"的概念来准确判定不同"作品"之间的关系以及"作品"与其他实体、特别是与位于第二层次的"内容表达"之间的关系。例如，当一部作品被修改产生了衍生作品，如何判定衍生作品是原作品一个新的"内容表达"，还是产生了一部新作品？FRBR赋予"作品"的定义是判定是否为"新作品"的标准，若衍生作品对原作品的内容进行了显著程度的修改，而使该作品包含了独立的智力或艺术成果时，如对原作品进行意译、改写、儿童改编本、仿写、将作品从一种文学或艺术形式改编成另一种形式，如将小说改编成剧本或拍摄成电影，以及文摘、提要等，则把它视为一部新的作品；若衍生作品对原作品的修改程度很小，改动后的作品中并不包含明显新增的智力或艺术成果，如对原作品内容的修订、翻译、增删、为乐谱伴奏、为电影配音或增加字幕等，则该作品只能被视为是原作品的一个新的内容表达。

例1：

 w1 Henry Grayl's Anatomy of the Human Body

  e1 第1版的正文和插图

  e2 第2版的正文和插图

  e3 第3版的正文和插图

例2：

 w1 J. S. Bach's The Art of the Fugue

  e1 风琴乐谱

  e2 安东尼·路易斯的室内管弦乐改编曲

Chapter 4
第四章 书目记录功能需求（FRBR）及其研究进展

例3：

　　w1 Jules et Jim（motionpicture）
　　　e1 法语原文版
　　　e2 配英文字幕的原版

例4：

　　w1 John Bunyan's The Pilgrim's Grogress
　　　w2 无名氏为青年读者所改写的《天路历程》

例5：

　　w1 William Shakespeare's Romeo and Juliet
　　　w2 弗兰克·泽菲雷利拍摄的电影《罗密欧与朱丽叶》
　　　w3 巴兹·鲁尔曼拍摄的电影《莎士比亚的罗密欧与朱丽叶》

FRBR模型将"作品"定义为一个实体，可以给抽象的知识或艺术创作命名并描绘关系，有利于更清晰地理解和揭示作品与作品之间的关系，有助于更好地实现目录的汇集功能。

2. 内容表达

第1组实体中位于第二层的实体是"内容表达"，即以字母、数字、音乐或舞蹈标记、声音、图像、实物、运动等形式，或者这些形式的任何组合所表达的一部作品的知识或艺术的实现。内容表达是用于实现"作品"特定的知识或艺术形式，如文字资料作品的内容表达可以是特定的文字、句子或段落等。音乐资料作品的内容表达可以是特定的音符、音节等。"内容表达"实体虽然不像"作品"实体那么抽象，但是在第一组实体中仍然处于相对抽象的层次，没有物化到具体的物理形式，如版面或页码设计等。

实现方式是"内容表达"的本质特征，因此，任何智力或艺术创作实现方式的改变，如从字母、数字符号变为口头文字，或从一种语言翻译成另一种语言等都会构成新的内容表达。

例1：

　　wl Ellwanger's Tennis—bis zum Tumierspieler
　　　e1 德文原版
　　　e2 温迪·基尔翻译的英文版

例2：

　　wl Franz Schubert's Trout Quintet
　　　e1 作曲家的乐谱
　　　e2 阿玛迪斯弦乐四重奏团和海弗齐芭·梅纽因表演的钢琴演奏
　　　e3 克里夫兰弦乐四重奏团和马友友表演的大提琴演奏

FRBR模型将"内容表达"定义为一个实体，能够反映同一作品不同实现方式之间存在的知识或艺术内容的区别，主要目的是能够区分同一作品不同智力或艺术创作的实现方式，以便更准确地识别文献，同时有助于揭示"作品"与其特定内容表达之间的关系，如"作品"与其翻译本的关系，音乐作品与其特定乐谱的关系等。

此外，"内容表达"作为第二层次的实体起着承上启下的作用，即不仅与作品有着密不可分的关系，还可以汇集不同的"载体表现"，从而在这些"载体表现"之间建立一种横向联系。

3. 载体表现

第1组实体中的第三个实体是"载体表现"，即一部作品内容表达的具体物理体现，包括手稿、图书、期刊、地图、海报、录音、电影、录像、CD—ROM、多媒体配套资料等。作为一种实体，载体表现包括在智力创作和物理形式上具有相同特征的所有物理对象，目前，书目著录就是处在载体表现层次。

载体表现的构成通常有两种情况：其一是单一的物理样本，如作者的手稿、口述历史档案的磁带记录、原始版本的油画等；其二是一系列的复本。制作复本的目的可以是为了公共的传播和发行，也可以是为了私人的研究或保存而制作有限的复本，不论复制的目的为何，只要它是

Chapter 4
第四章 书目记录功能需求（FRBR）及其研究进展

同一作品同一内容表达的物理表现，我们就将其视为同一载体表现。

值得注意的是，在生产过程后个别复本发生了变化，该复本不能视为新的载体表现，如缺页、重新装订等，该复本只能当作是载体表现的一个单件，只不过有些背离生产的复本原样而已。

例1：

 w1 Harry Lindgren's Geometric Dissections

  e1 题名为"Geometric Dissections"的原版

   m1 由 Van Nostrand 1964 年出版的图书

  e2 题名为"Recreational Problems in Geometric Dissections"的修订版本

   m1 由 Dover 1972 年出版的图书

例2：

 w1 J. S. Bach's Six Suites for Unaccompanied Cello

  e1 1963 年和 1965 年录制的史塔克演奏曲录音

   m1 1965 年由 Mercury 制作的转速为 331/3rpm 的唱片

   m2 1991 年由 Mercury 制作的压缩唱片

  e2 1983 年录制的马友友演奏曲录音

   m1 1983 年由 CBS 制作的转速为 331/3rpm 的唱片

   m2 1992 年由 CBS 制作的压缩唱片

例3：

 w1 The Wall Street Journal

  e1 东部版本

   m1 东部版本的印刷本

   m2 东部版本的缩微胶卷版本

  e2 西部版本

   m1 西部版本的印刷本

   m2 西部版本的缩微胶卷版本

FRBR 模型定义的"载体表现",实际上就是智力或艺术创作的物理具体化或复制行为产生的成套的单件,可以描述一套单件的物理特征,以及与这套单件的生产与发行相联系的特征,这些特征对于方便用户选择适合他们的物理需求与条件的载体表现、识别与获取该载体表现的复本可能是重要因素,还使我们能够描述一部作品的特定载体表现之间的关系。也就是说,"载体表现"既可以描述诸如手稿、油画原版等具有唯一性的产品,也可以描述特定出版物的一系列复本,此外,还可以通过"载体表现"描述一套单件的物理特征和与之相关的生产、发行特征,这些特征可以帮助用户选择一个满足特定需求的载体表现,并识别和获取该载体表现的一个复本。

4. 单件

第1组实体中的第四个实体为"单件",是一个具体的实体,即载体表现的单一样本,是载体表现一系列复本中的一个。如专著的一个复本、单独的录音带等,但这并不意味着所有的单件都仅为一个单一的物质对象,也可以包含一个以上的物质对象,如作为两个单独卷册装订的一本专著、以3个压缩盘形式发行的录音等。

例1：

  wl Ronald Hayman's Playback
   el 为出版编辑的著者的文本
    ml 1973 年由 Davis—Poynter 出版的图书
     i1 著者签名版

例2：

  wl AllanWakeman9sJabberwocky
   e1 著者的游戏设计和说明的正文
    ml 1974 年由 Longman 发行的配有说明的游戏教师版
     i1 缺少说明的教师版

FRBR 模型将"单件"定义为一个实体,主要功能是使我们能够识别载体表现的个别复本,并能描述这个特定复本的唯一性特征以及关于这个复本的各种处理信息,如流通信息等,还能揭示载体表现个别复本之间的关系。

(二)第2组实体(p=个人 cb=团体)

1. 个人

FRBR 模型定义的第五个实体是"个人",包括已故的和健在的人。在 FRBR 的框架内,个人只在如下两种情况下当作实体处理:第一,个人对作品的创作或实现负责,如作者、作曲者、艺术家、编者、译者、导演、表演者等;第二,个人是作品的主题,如传记或自传作品中作为被传者的个人等。

例:

  pl Margaret Atwood

  p2 Hans Christian Andersen

  p3 Queen Victoria

  p4 Anatole Franch

FRBR 模型将"个人"定义为一个实体,最主要的目的是使我们以统一的方式去命名并标识个人,即个人名称规范控制。此外,还能够清晰地描绘一个特定的个人与该个人可能负有责任的一部作品或一部作品的内容表达,或者一部作品与成为该作品主题的个人之间的关系。

2. 团体

FRBR 模型定义的第六个实体是"团体",即作为一个单位进行活动的一个组织或一群个人和/或组织,如临时的集团和作为会议、大会、探险、展览、庆典、博览会等构成的集团等;包括在某个特定区域行使政府职能的权威机构,如联邦、国家、地区、地方政府等;还包括那些已经取消的或还在继续发挥作用的组织和集团。在 FRBR 的框架内,团体只在如下两种情况下当作实体处理：第一，团体对作品创作或实现负责，如作为赞助者或支持者；第二，团体是作品的主题，如某个机构的年鉴或历史等。

例：

cb1 Museum of American Folk Art

cb2 BBC Symphony Orchestra

cb3 Symposium on Glaucoma

cb4 Regional Municipality of Ottawa—Carleton

FRBR 模型将"团体"定义为一个实体，使我们能够以始终如一的方式命名与识别组织或集团，而不必考虑该组织或集团的名称如何出现在一部作品的任何特定的内容表达或载体表现上，还使我们能够描绘一个特定的团体与该团体可能负有责任的一部作品或一部作品的内容表达之间、或者一部作品与成为该作品主题的团体之间的关系。

（三）第3组实体（c＝概念 o＝物体 e＝事件 p＝地点）

1. 概念

FRBR 模型定义的第七个实体是"概念"，即一个抽象的观念或思想，涵盖了可以成为作品主题的范围广泛的抽象事物，如知识的领域、学科、思想学派（哲学、宗教、政治思想等）、理论、过程、技术、实践等。在 FRBR 的框架内，"概念"只作为作品的主题，如哲学论文的主题或对思想学派评论的主题等。

例：

c1 Economics

c2 Romanticism

c3 Hydroponics

c4 Supply—side economics

FRBR 模型将"概念"定义为一个实体，最主要的目的是使我们以统

Chapter 4
第四章 书目记录功能需求（FRBR）及其研究进展

一的方式命名和标识概念，即主题规范控制，还可以描绘作品和作为作品主题的概念之间的关系。

2. 物体

FRBR 模型定义的第八个实体是"物体"，即物质的东西，如自然界中存在的有生命或没生命的物体，由人类创造产生的固定的、活动的或可移动的产品、不再存在下去的物体等。在 FRBR 的框架内，"物体"只作为作品的主题，如科学研究的主题等。

例：

  o1 BuckinghamPalace

  o2 The Lusitania

  o3 Apollo 11

  o4 The Eifkl Tower

FRBR 模型将"物体"定义为一个实体，最主要的目的是使我们以统一的方式命名和标识物体，即主题规范控制，还可以描绘作品和作为作品主题的物体之间的关系。

3. 事件

FRBR 模型定义的第九个实体是"事件"，即行动或发生的事情，如历史事件、时代、时期等。在 FRBR 框架内，"事件"只作为作品的主题，或是历史论文的主题，或是一幅画的主题等。

例：

  e1 The Garment Worker's Strike

  e2 The Battle of Hastings

  e3 The Age of Enlightenment

  e4 The Nineteenth Century

FRBR 模型将"事件"定义为一个实体，最主要的目的是使我们以统一的方式命名和标识事件，即主题规范控制，还可以描绘作品和作为作品主题的事件之间的关系。

4. 地点

FRBR 模型定义的第十个实体是"地点",即一个场所,包括地球上或地球外的、历史的或当代的,如行政管辖区等。在 FRBR 的框架内,"地点"只作为作品的主题,如地图或地图集的主题或旅游指南的主题等。

例:

    p1 Howard Beach

    p2 The Alacran Reef

    p3 Morey Peak Wilderness Study Area

    p4 Bristol

FRBR 模型将"地点"定义为一个实体,最主要的目的是使我们以统一的方式命名和标识地点,即主题规范控制,还可以描绘作品和作为作品主题的地点之间的关系。

二、属性

(一) 实体的属性

每个实体都有与之相关联的一套特征或属性,用户在查找某个特定实体时都可通过这个属性来进行检索,并获取反馈信息。

属性通常分为两大类:其一是实体中内在的属性;其二是外部所赋予属性。第一类属性不仅包括实体的物理特征,如物理载体和实物的尺寸等,还包括可以归之为标识信息的特征,如出现于题名页、封面或外盒上的陈述性文字;第二类属性包括为分配给实体的识别符,如为音乐作品分配的一个主题目录号和背景信息。实体固有的属性通常可以通过审阅实体本身来确定,而赋予实体的属性则需要参考外部来源。

Chapter 4
第四章 书目记录功能需求（FRBR）及其研究进展

多数情况下，实体的每个属性对应一个值，而有些情况下，却可以对应多个值，如"载体表现"的属性之一物理媒介可以对应单一的值"塑料"；而一本书则可包含一个以上"载体表现的题名"。有时，属性的值还会随着时间的变化而变化，如连续出版物的"载体数量"会随着新卷期的出版而发生变化。一个已知实体的某个属性（尤其是输入属性）的值有时会根据用作参照点的来源而发生变化。

FRBR定义的属性是通过对通常反映于书目记录的数据进行逻辑分析后得出的，属性定义与逻辑层次，是从用户的角度出发提取的一个用来表现实体特征的术语，而不是由书目数据的编制者定义的特定数据元素。在某些情况下，逻辑属性可以与单个的数据单元相对应，如"载体表现标识符"与ISBD（G）中"标准号"相对应。但是，在大多数情况下，逻辑属性表示分散数据元素的集合，如定义为"载体表现题名"的属性包含几个ISBD的数据元素：正题名（包括分卷的编号/题名）、并列题名、提供不同和翻译题名的附注和识别题名。

（二）作品的属性

1. 作品的题名（title of the work）

作品题名是命名作品的词语、短语或字符组。是作品最重要的属性。一部作品可以包含一个或多个与之相关联的题名。若作品以不同的题名出现（形式、语言等有差别），书目机构通常会选择其中的一个题名作为"统一题名"的基础。作品中出现的其他题名可以作为作品的变异题名处理，或在一些情况下作为并列的统一题名。

2. 作品的形式（form of work）

指作品所属的类别，如小说、戏剧、诗歌、杂文、传记、交响乐、协奏曲、奏鸣曲、地图、素描、绘画、照片等。

3. 作品的日期（date of the work）

指作品被原始创作出来的日期，通常是年。日期可能是单一日期或是日期范围,如果没有确知的创作日期,作品的日期可以与它首次出版或发表的日期相关联。

4. 其他识别特征(other distinguishing characteristic)

用于区分作品与具有相同题名的另一作品的任何特征,如用首演地来区分名称相同的中世纪奇迹剧《牧羊人的崇拜》,一部的首演地是考文垂(Coventry),另一部的首演地是切斯特(Chester)。

5. 计划终止日期(intended termination)

反映作品是否预先有一个确定的终结,还是计划无限期连续出版。

6. 读者对象(intended audience)

作品预期用户的类别,由年龄组、教育水平或其他分类方法来确定。

7. 作品背景(context for the work)

作品原始构思时的历史、社会、知识、艺术或其他背景。

8. 演出媒体(音乐作品)(medium of performance)

音乐作品创作时确定的器乐、声乐和/或其他演出媒体。

9. 数字标识(音乐作品)(numeric designation)

作曲家、出版者或音乐学家分配给一部音乐作品的序列号、作品号或主题索引号。

10. 调名(音乐作品)(key)

调性音乐的调名是把一个单一的音级确定为调性中心的一组音高关系(例如,D大调)。

11. 坐标(测绘制图作品)(coordinates)

与测绘制图作品相关联的专指属性。

12. 二分点(测绘制图作品)(equinox)

与测绘制图作品相关联的专指属性。

Chapter 4
第四章　书目记录功能需求（FRBR）及其研究进展

（三）内容表达的属性

1. 内容表达的题名（title of the expression）
2. 内容表达的形式（for of expression）
3. 内容表达的日期（date of expression）
4. 内容表达的语言（language of expression）
5. 其他区分特征（other distinguishing characteristic）
6. 内容表达的可扩展性（extensibility of expression）
7. 内容表达的可修改性（revisability of expression）
8. 内容表达的数量（extent of the expression）
9. 内容概括（summarization of content）
10. 内容表达的背景（context for the expression）
11. 内容表达的评论性反馈（critical response to the expression）
12. 内容表达的使用限制（use restrictions on the expression）
13. 排序模式（连续性资源）（sequencing pattern）
14. 预计发行规律（连续性资源）（expected regularity of issue）
15. 预计发行频率（连续性资源）（expected frequency of issue）
16. 总谱类型（音乐符号）（type of score）
17. 演出媒体（音乐符号或记录型声音）（medium of performance）
18. 比例尺（制图资料）（scale）
19. 投影（制图资料）（projection）
20. 呈现技术（制图资料）（presentation technique）
21. 地形表现（制图资料）（representation of relief）
22. 大地、网格和垂直测量（地图图像/实物）（geodetic, grid, and vertical measurement）
23. 记录技术（遥感影像图）（recording technique）
24. 特殊特征（遥感影像图）（special characteristic）

25. 技术（图形或投影图像）（technique）

（四）载体表现的属性

1. 载体表现的题名（title of the manifestation）

指命名载体表现的词语、短语或字符组。一个载体表现可以有一个或多个与之相关联的题名。与载体表现相关联的题名包括所有出现于载体表现本身的题名，如题名页、题名框题名、封面题名、附加题名页题名、卷端题名、逐页题名、书脊题名以及书尾或后记的题名、封套上的题名、缩微平片上端的题名等，还有为了书目控制的目的而分配给载体表现的题名，如识别题名、扩展题名、翻译题名、补充题名等。

2. 责任说明（statement of responsibility）

指出现在载体表现中、通常与题名相连的、对体现于载体表现的知识或艺术内容的创作或实现负有责任的个人或团体进行说明的陈述性文字。责任说明包括直接责任和间接责任，还可以包括个人或团体责任者所担负的具体职责说明。

3. 版本/发行标识（edition/issue designation）

指出现在载体表现中的通常用于说明载体表现与另一相关载体表现之间内容或形式上差异的词语或短语，如第2版、版本2.0、大字体版、英国版等。版本/发行标识适合于来自同一母体和由同一出版/发行者或出版/发行集团发行的载体表现的所有复本。

4. 出版/发行地（place of publication/distribution）

指与载体表现中出版/发行者的名称相关联的城市、城镇或其他地点。出版地可包括州、省、领土和/或国家以及地方名称。载体表现可以与一个或多个出版/发行地相关联。

5. 出版者/发行者（publisher/distributor）

指载体表现中提及的对载体表现的出版、发行负责的个人、团体或组织机构。载体表现可以与一个或多个出版或发行者相关联。

第四章 书目记录功能需求（FRBR）及其研究进展

6. 出版/发行日期（date of publication/distribution）

指载体表现公开发布的日期（通常指年）。日期可以是单一的出版或发布日期，也可以是一个日期范围（如连续出版物的情况）。如果缺少出版或布行日期，则版权日期、印刷日期或生产日期可以作为替代。

7. 制作者/生产者（fabricator/manufacturer）

指载体表现中提及的对载体表现的制作或生产负责的个人、团体或组织机构。载体表现可以与一个或多个制作或生产者相关联。

8. 丛编说明（series statement）

指载体表现中出现的用于命名载体表现所属丛编的词语、短语或字符组。丛编说明可以包括标识载体表现在丛编中序列位置的编号。载体表现中可包含一个或多个丛编和/或子丛编。

9. 载体形式（form of carrier）

指载体表现的物理载体所属的特定资料类别，如录音带、录像带、盒式缩微胶卷、幻灯片等。

10. 载体数量（extent of the carrier）

指组成载体的物理单位数量的量化，如书页、磁盘、卷盘的数量等。

11. 物理媒介（physical medium）

指生产载体所用材料的类型，如纸张、木头、塑料、金属等。

12. 录制方式（capture mode）

指在载体表现生产过程中用于记录符号、声音或图像的方法，如模拟、声音、电子、数字、光等。

13. 载体尺寸（dimensions of the carrier）

指载体表现物理组成部分和/或容器的大小。尺寸包括高度、宽度、高度 x 宽度、高度 x 宽度 x 深度或直径。

14. 载体表现识别符（manifestation identifier）

指与载体表现相关联的具有唯一性的编号或代码，用于区分一个载体表现和任何其他载体表现。载体表现可以有一个或多个与之相关联的

识别符。识别符可以作为国际编号或代码系统的一部分分配给载体表现（如 ISBN 号等），也可作为国家体系的一部分（如法定呈缴本号），或由载体表现的出版者或发行者分配的号（如政府出版物号、音乐出版号、情报交换机构财产号等）。载体表现识别符还可由书目编纂者、音乐学家等分配。载体表现识别符可由数字、文字或代码构成，用以识别分配号码的个人或机构的体系，以使载体表现获得唯一性的识别符。

15. 采访/访问授权来源（source for acquisition/access authorization）

指出版者或发行者的名称，该出版者或发行者是载体表现的采访来源或授权访问的来源，通常还包括出版者、发行者等的地址。一个载体表现可以与一个或多个来源相关联。

16. 获得方式（terms of availability）

指用于说明载体表现可获得的术语或载体表现销售的价格。

17. 载体表现的访问限制（access restrictions on the manifestation）

指访问与使用载体表现所受的限制。

18. 字体（印刷型图书）（type face）

19. 字号（印刷型图书）（type size）

20. 开本（手工印刷图书）（foliation）

21. 配页（手工印刷图书）（collation）

22. 出版状态（连续出版物）（publication status）

23. 编号（连续出版物）（numbering）

24. 播放速度（录音资料）（playing speed）

25. 纹宽（录音资料）（groove width）

26. 刻纹类型（录音资料）（kind of cutting）

27. 磁带结构（录音资料）（tape configuration）

28. 声音类型（录音资料）（kind of sound）

29. 特殊复制特征（录音资料）（special reproduction characteristic）

30. 颜色（图像）（color）

Chapter 4
第四章 书目记录功能需求（FRBR）及其研究进展

31. 缩率（缩微品）（reduction ratio）
32. 极性（缩微品或视觉投影）（polarity）
33. 代（缩微品或视觉投影）（generation）
34. 呈现格式（视觉投影）（presentation format）
35. 系统要求（电子资源）（system requirements）
36. 文件特征（电子资源）（file characteristics）
37. 访问模式（远程访问电子资源）（mode of access）
38. 访问地址（远程访问电子资源）（access address）

（五）单件的属性

1. 单件标识符（item identifier）

指与单件相关联的具有唯一性的编号或代码，并用以区分该单件和/或收藏在同一机构中的任何其他单件，如索取号、登录号、条码号等。该号码通常由拥有该单件的机构分配。单件标识符还可包括标识收藏机构或书库的名称或代码，以及标识机构内特定子单元的名称或代码，如善本书库、一个分馆等。

2. 指纹（fingerprint）

指从印刷的单件的指定书页上转录下来的字符组合而成的标识符。指纹技术首先用来标识早期印刷型图书单个复本之间的差别。

3. 单件出处（provenance of the item）

是对单件以前的拥有或保管状况的记录。

4. 标记/题字（marks/inscriptions）

5. 展览历史（exhibition history）

6. 单件的状况（condition of the item）

指单件的物理情况，特别是单件的物理组成与它所代表的载体表现之间的差异，如缺页等，该信息还可以反映单件物理状况的其他方面，如易损坏的、褪色的图像等。

137

7. 处理历史（treatment history）

指单件所经历的处理记录，如去酸、修复等。

8. 处理日程（scheduled treatment）

9. 单件的访问限制（access restrictions on the item）

（六）个人的属性

1. 个人的名称（name of person）

指人们用来认识个人的词语、字符或词语组和/或字符组。名称可包括一个或多个名（或特定名称）、取自母亲（或女祖先）的名、取自父亲（或男祖先）的名、家族名称（或姓）、绰号浑名、朝代名等。个人可以有一个以上知名的名称，或者他（她）的同一名称可以有一个以上的形式。书目机构通常选择这些名称中的一个作为统一标目，其他名称或名称形式可作为个人的变异名称来对待。在一些情况下（如个人用多个笔名写作或个人既以官方身份又以个人名义写作）书目机构可建立多个统一标目。

2. 个人的日期（dates of person）

包括个人出生和/或死亡的准确或大致的日期，或说明个人在某个创作领域的活跃时期的日期。

3. 个人的头衔（title of person）

指表示阶层、官职、贵族身份、名誉等的词语或短语或称谓，或与个人相关联的称谓的术语如 Sir、Mrs. 等。

4. 其他与个人相关联的标识（other designation associated with the person）

指表示家族或朝代传承的数字、词语或缩写，如 III、Jr. 等，或者与个人相关联的称号或其他的词语或短语，如 the Brave、Professional Engineer 等。

(七) 团体的属性

1. 团体的名称 (name of the corporate body)

指人们用来认识团体的词语、短语、字符或词语组和/或字符组。团体可以有多个名称,或者它的同一个名称可以有多个形式。书目机构通常选择这些名称中的一个作为统一标目,以便始终如一地命名与参照该团体。其他名称或名称形式可作为团体的变异名称来对待。在某些情况下(如一个团体在历史的不同时期有不同的为人所知的名称),书目机构可为团体建立多个统一标目。

2. 与团体相关联的数字 (number associated with the corporate body)

用于标识会议、展览博览会等的次序以构成相关会议、展览会、博览会等的系列,还包括其他任何与团体相关联的数字标识。

3. 与团体相关联的地点 (place associated with the corporate body)

指集会、会议、展览会、博览会等举办的城市、城镇或其他地点的标识,或者以其他方式与团体相关联的地点。

4. 与团体相关联的日期 (date associated with the corporate body)

指集会、会议、展览会、博览会等举办的日期或日期范围,或以其他方式与团体相关联的日期,如公司建立的日期。

5. 其他与团体相关联的标识 (other designation associated with the corporat e body)

指说明团体组成或法律状态的词语、短语或缩写。如 Inc.、Ltd. 等,或用于区分团体与其他团体、个人等的任何术语,如 firm、musical group 等。

(八) 概念的属性

概念的术语 (term for the concept)

概念的术语是用于命名或标识概念的词语、短语或字符组。一个概念可以由多个术语或多个术语形式来标识。书目机构通常选择这些术语中的一个作为统一标目，其他术语或术语形式可作为概念的变异术语来对待。

（九）实物的属性

实物的术语（term for the object）。

实物的术语是用于命名或标识实物的词语、短语或字符组。一个实物可以由多个术语或多个术语形式来标识。书目机构通常选择这些术语中的一个作为统一标目，其他术语或术语形式可作为物体的变异术语来看待。

（十）事件的属性

事件的术语（term for the event）。

事件的术语是用于命名或标识事件的词语、短语或字符组。一个事件可以由多个术语或多个术语形式来标识。书目机构通常选择这些术语中的一个作为统一标目，其他术语或术语形式可作为事件的变异术语来看待。

（十一）地点的属性

地点的术语（term for the place）。

地点的术语是用于命名或标识地点的词语、短语或字符组。一个地点可以由多个术语或多个术语形式来标识。书目机构通常选择这些术语中的一个作为统一标目，其他术语或术语形式可作为地点的变异术语来对待。

第三节　FRBR 关系研究

　　FRBR 模型采用了 E—R 关系的分析技术来定义作品的实体与属性的关系，打破了传统书目概念的单一性和平面性，以立体的思维重新阐释了书目元素之间的复杂关系。这种关系的构建首先以作品为基础，以书目记录的功能为起点分析书目关系，而不只是从目录功能的角度进行分析，该分析是建立在一个结构化模型的基础之上，而不是像从前书目关系的研究完全建立在关系的描述性分析之上。在该模型中，它将作品分为三组实体，包括著作（包含著作、表述、说明、元组）、个人或团体和主题概念。它首先规定各个实体所具有的属性，然后再分析出各个实体与属性的关系，不仅揭示了实体间的层次关系，还体现了实体间的横向连接关系，从而构成了立体的网络关系模型。利用这种关系与用户任务（查找、确认、选择、获取实体）相对应，从用户的角度去编目和建立检索点以及组织查询结果。FRBR 拓宽了书目关系的研究范围，首次对书目记录中的三组实体进行细致分析，这些实体是书目数据用户关注的重要对象。FRBR 模型为图书编目的发展建立了一个初步逻辑框架，为设计编目规则和设计系统提供了逻辑基础。

一、FRBR 模型中的书目关系

　　知识和艺术实体的创作者和出版者使用各种不同的"关系术语"来标识那些实体之间的关系，诸如"edition"、"version"、"based on…"、"translated from…"等说明性文字经常出现在出版物及其他文献上，这些术语或说明性文字都在提示编目员在建立书目记录时应该在记录中反映一种书目关系。然而,目前,关系术语作为分析书目关系的一个起点,存在两方面的问题,即定义不明确和使用不统一。FRBR模型中定义了实体关系,本节将着重分析作品与作品之间、内容表达与内容表达之间、载体表现与单件之间的关系。

在模型环境中,关系作为一种表达工具来描述一个实体与其他实体之间的链接,从而帮助用户在书目、目录及书目数据库中"航行"。典型的做法是用户利用被检索实体的一个或多个属性进行检索,形成一种检索查询,通过这些属性,用户得以发现所搜寻的实体。书目记录中反映的关系所提供的附加信息,可以帮助用户在已找到实体与之相关的其他实体之间建立连接。

关系在书目记录中可以以多种方式反映出来,特别是FRBR第1组实体中所描述的关系,通常是在一条书目记录中通过一个实体的属性与其相关实体的其他属性的连接来反映(如,一条书目记录通常把特定载体表现的属性与在该载体表现内被体现的内容表达属性相结合)。书目关系也经常以附加到书目记录上的识别有关实体的标目含蓄地反映出来。关系有时通过一个实体的"层次"属性与相关实体的"层次"属性反映出来。例如,个人或团体与作品之间是责任关系,即一个作品可以由一个或多个个人或团体创作,反之,一个个人或团体也可以创作一个或多个作品。书目关系有时通过一个实体及与之相关的实体的"层次"属性反映(例如,在一个多层记录中,既描述一个集合实体,又描述组成集合实体的单个实体)。书目关系也常常借助附注或类似的方法揭示出来,不仅指明编目记录中所描述的实体与其他实体之间的关系,也说明书目关系的本质(如"译自1891年英文版")。

以下需要说明两点:

(一)只有当作为建立关系一方的实体已被明确定义时,书目关系才可能建立。例如"based on a play by Henrik Ibsen"就不能说明一部作品与另一部作品的关系,而"based on Ghosts by Henrik Ibsen"则可说明

第四章 书目记录功能需求（FRBR）及其研究进展

作品与作品之间的关系。

（二）在"实体—关系"模型中，书目关系既可以在建立关系的层面上描述，也可以在明确的关系不易确定的更宽泛的层面上描述。例如，一部关于乔伊斯的《芬尼根守灵》（*Finnegans Wake*）的词汇索引，实际上将以特定文本（即内容表达）的特定体现（即载体表现）为依据；如果所依据文本的准确版本不详，就不可能说明该词汇索引与它所依据的特定内容表达和/或载体表现之间的关系。在这种情况下，只能说明词汇索引与《芬尼根守灵》（即作品）之间的关系。所以，模型为上述两种层次的特定关系提供了一种选择。

二、FRBR在高层次图表中所描述的关系

如前文所言，FRBR模型中的实体被分为3组，第1组实体包括知识或艺术创作的产品：作品、内容表达、载体表现和单件，这些实体之间的关系是一个由抽象到具体的过程。"作品"和"内容表达"实体属于抽象概念的范畴，"载体表现"和"单件"则是前两者的具体化表现。作品须通过内容表达来实现，内容表达须通过载体表现在形式上具体化，单件是载体表现的个别例证，它们之间隐含着被表达、被实现和被物化的关系。

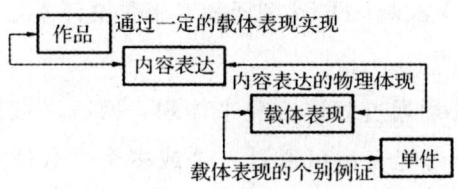

图4.2　第1组实体和基本关系

图4.2中所描述的关系说明一部作品可以通过一个或多个内容表达来实现，而内容表达则仅是一个作品的实现。一个内容表达可以体现于

一个或多个载体表现；同样，一个载体表现也可以体现一个或多个内容表达。一个载体表现可以以一个或多个单件作为代表，但一个单件可以代表一个且只可以代表一个载体表现。

（一）作品、内容表达、载体表现和单件之间的关系

图4.2所描述的关系，将作品与内容表达、内容表达与载体表现、以及载体表现与单件链接起来是"实体—关系"模型结构的核心。在FRBR模型中，三种主要关系中的每一种都是唯一的，而且只在一对实体之间有效。链接中所反映的关系，都与该关系所涉及实体的定义密不可分，三种关系如下：

1. 作品是通过内容表达来实现的，一部作品可以通过一个或多个"内容表达"来揭示，但一种"内容表达"揭示的只可能是一部作品（单箭头）。作品与内容表达之间的逻辑联系在模型中通过关系链接被反映出来时，既可识别由单独内容表达表示的作品，也作为保障一部作品所有内容表达链接到该作品的依据。作品和该作品的不同内容表达之间的关系也间接用以建立作品的不同内容表达之间隐含的"同族"关系。

例：

w1 Charles Dickens 的《A Christmas Carol》

　　e1 著者的英语原文文本

　　e2 由 V. A. Venkatachari 翻译的泰米尔文译本

　　……

2. 内容表达必须通过载体表现来体现，换言之载体表现是内容表达的具体体现。一个内容表达可通过一个或多个"载体表现"来体现，相反，一个"载体表现"也可以体现多个"内容表达"（双箭头）。它们之间的逻辑联系既作为识别体现在单个载体表现中的一部作品之内容表达的依据，也作为保障同一内容表达所有载体表现返回链接到该内容表达的依据。内容表达和该内容表达的不同载体表现之间的关系同样在内容

表达的不同载体表现之间建立了一种隐含的"同族"关系。

例：

w1 J. S. Bach 的《*Goldberg variations*》

 e1 Glen Gould 与 1981 年演奏的录音

  m1 1983 年由 CBS Records 录制的 33 1/3rmp 唱片

  m2 1993 年由 Sony 重新录制的光盘

3. 单件是载体表现的个别例证，与载体表现的连接关系是唯一的。一个"载体表现"可以具体化为多个单件，而一个单件只能体现一种载体表现。它们之间的逻辑联系既作为识别被个别单件所代表的载体表现的依据，亦作为保障同载体表现所有复本（即单件）链接到该载体表现的依据。此外，载体表现与其体现的不同单件之间的关系，同样在载体表现的不同单件之间建立了一种隐含的"同族"关系。

例：

w1《*Lost Treasures of the World*》

 e1 交互式电子资源

  m1 1983 年由 Follgard CD－Visions 出版光盘

   i1 第一复本由 Calgary 公共图书馆收藏

   i2 第二复本由 Calgary 公共图书馆收藏

第 1 组实体之间的关系是一个以作品为基础的具有层次结构的书目关系模型，尽管关系的描述是分层进行的，但它们之间关系是链状的连续。从作品到内容表达之间的关系贯穿到从内容表达到载体表现的关系，进而贯穿到从载体表现到单件的关系。书目实体之间的这种内在关系既体现了作品、内容表达、载体表现和单件之间自上而下的层次关系、从抽象到具体的关系、从概念到物质的关系，也反映了高层实体的属性被低层属性涵盖的关系。

（二）与个人和团体的关系（责任关系）

第 2 组实体（个人和团体）通过 4 种关系类型链接到第 1 组实体：将个人和团体链接到作品的"被……创作"关系；将同样两个实体链接到内容表达的"被……实现"关系；将它们链接到载体表现的"被……生产"关系；将它们链接到单件的"被……拥有"关系，见图 4.3：

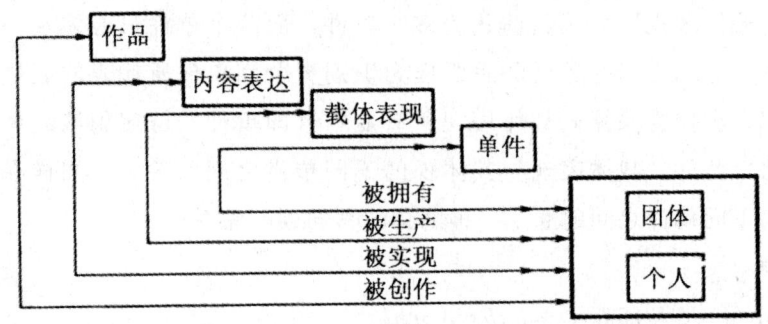

图 4.3　第 2 组实体和"责任"关系

"被……创作"关系可以将一部作品链接到对该作品知识或艺术内容的创作负责的一个个人；也可以将作品链接到对该作品负责的一个团体。作品与相关的个人或团体之间的逻辑关系，既可作为识别对个别作品负责的个人或团体的依据，也可作为确保被特定个人或团体创作的全部作品链接到该个人或团体的依据。

例：p1 Edmund Spenser

　　w1《*The Shepheardes Calender*》

　　w2《*The farie queen*》

　　w3《*Astrophel*》

　　……

"被……实现"关系可将一个内容表达链接到对一部作品的实现负责

Chapter 4 第四章 书目记录功能需求（FRBR）及其研究进展

的个人或团体，在功能上与"被……创作"关系相似，但是，对应于作为实体的作品和内容表达之间的差异，该关系的属性也包含着差异。对作品的知识或艺术内容负有责任的个人或团体就是作品概念的责任者；对作品的内容表达负有责任的个人或团体即是特定的知识或艺术实现的责任者，或是内容表达的实现者。内容表达与相关的个人或团体之间的逻辑连接既可识别对一个单个内容表达负有责任的个人或团体，又可确保通过个人或团体实现的所有内容表达被连接到那个个人或团体。

例：

cbl The Tallis Scholars

    el 1980 年演奏 Allegri 的《*Miserere*》

    e2 1986 年演奏 Josquin 的《*Missa pange lingua*》

    e3 1989 年演奏 Lassus 的《*Missa osculetur me*》

    ……

"被……生产"关系可以将一个载体表现链接到对该载体表现的出版、发行、制作或生产负责的个人或团体。一个载体表现与一个相关的个人或团体之间的逻辑联系既可识别负责制作或发布载体表现的个人或团体，又可确保通过个人或团体创作或传播的所有表现形式与该个人或团体的连接。

例：

cbl Coach House Press

    ml Wayne Clifford 的《*Man in a Window*》，1965 年由 Coach House Press 出版

    m2 Joe Resenblatt 的《*The LSD Leacock*》，1966 年由 Coach House Press 出版

    m3 Henry Beissel 的《*New Wings for Lcarus*》，1966 年由 Coach House Press 出版

    ……

"被拥有"关系可以将一个单件与拥有该单件的个人或团体连接。单件和

与其相关的个人或团体之间的逻辑联系既可识别拥有单件的个人或团体，又可确保特定的个人或团体所拥有的全部载体表现与该个人或团体的连接。

例：

cb1 Princeton University Library

 i1 D. G. Rossetti《Poems》的题名为"Penkill Proofs"的复本，1869 年 8 月印刷，附有著者的注释手稿

 i2 D. G. Rossetti《Poems》的题名为"A Proofs"的复本，1869 年 9 月印刷，附有著者的注释手稿

 ……

（三）主题关系

"有……作为主题"关系表示在模型内的任何实体包括作品本身都可以成为一部作品的主题。但在表述上略有不同的是，该关系表示一部作品可能是关于一个概念、一个实物、一个事件或地点的；可能是关于一个个人或团体的；可能是关于一个内容表达、一个载体表现或一个单件的；可能是关于另一部作品的。一部作品与相关主题实体的逻辑联系既可作为识别作品的主题的依据，又可作为确保与所设主题相关的所有作品都链接到该主题的依据。

例：

cb1 浪漫主义

 w1 Morse Peckham 所著《Beyond the Tragic Vision》

 w2 Northrop Frye 所编《Romanticism reconsidered》

 ……

第 3 组实体与第 1 组实体之间为主题关系，即一个作品可以有一个或多个概念、物体、事件和/或地点作为自己的主题，反之，一个概念、物体、事件和/或地点也可以是一个或多个作品的主题，这种关系使图书馆目录的知识组织功能进一步加强。

第四章 书目记录功能需求（FRBR）及其研究进展

"拥有主题"关系表明，模式中任何实体（包括作品实体本身）都可以是作品的主题。在关系术语的描述上略有差别：一个作品的主题可以是一个概念、物体、事件和/或地点，可以围绕个人或团体，可以关于一个内容表达、一个载体表现或一个单件，也可以关于另一个作品。一个作品与其相关主题之间的逻辑连接既可识别单个作品的主题，又可确保一个主题下的所有作品都与该主题连接。

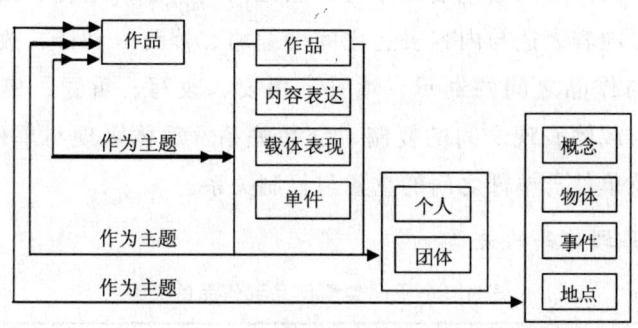

图 4.4 第 3 组实体和"主题"关系

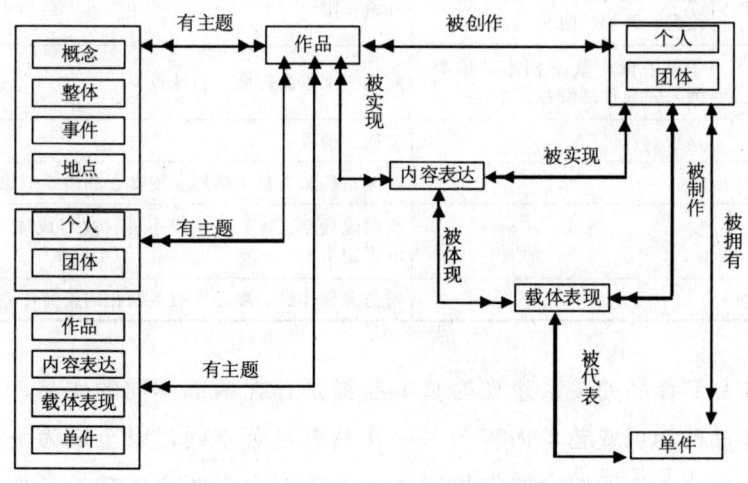

图 4.5 三组实体关系图

149

(四)第1组实体中的其他关系

"其他关系"是指未在以上高层实体关系中描述的关系类型,用以识别相同实体或不同实体之间的主要关系类型,也包括特殊类型的实体关系。为了更方便地描述关系,特殊关系被分为逻辑关系类型,每一组均给出一个关系类型名称。

第1组实体之间还包括作品与作品之间的继承、增补、改编、重置、模仿关系,内容表达与内容表达之间的缩略、修订、翻译、改编等关系,内容表达与作品之间的继承、增补、提要、改写、重置、模仿等关系,载体表现与载体表现之间的复制、交替关系,载体表现与单件之间的复制关系以及单件与单件之间的重置与复制关系。

1. 作品到作品的关系

表4.1 不同类型作品到作品的关系

关系类型	相关作品	独立作品
后继	续集	续集、后继作品
补编	索引、词汇索引、教师指南、注释、补编、附录	补编、附录
补充	华彩乐段、歌剧剧本、编舞、为未完成作品续写的结尾	配乐、文本的配曲、姐妹篇
摘要		文摘、摘要
改编		改编、释义、自由翻译、变奏、和声、幻想曲
转型		改编成戏剧剧本、改编成小说、改写成诗、改编成电影剧本
模仿		模仿滑稽作品、赝品、被戏剧化的正经作品

作品到作品的关系建立的基本前提是存在两部不同的作品,即判断一部作品的知识或艺术内容与另一作品有显著不同,以至成为一部独立的作品。表4.1所展示的作品到作品的关系中有两个范畴:一个范畴围绕具有相关性质的作品;另一个范畴围绕独立存在的作品。相关作品是

指在关系中与其他作品紧密关联的一部作品,脱离其他作品背景就几乎没有价值的作品。

例:

w1 Homer 的《Iliad》

　　有一个词汇索引→

　　←是……的一个词汇索引

w2 G. L. Prendergast 的《*A complete concordance to the Iliad of Homer*》

独立作品是在关系中无需依赖其他作品就能够使用和理解的一部作品。该范畴包括所有独立的后续作品和补编,也包括摘要、改编、改编成戏剧的作品和模仿讽刺作品等。

例:

w1 W. A. Mozart 的《*Don Giovanni*》

　　有一个改编本→

　　←是……的一个改编本

w2 Joseph Losey 的电影《*Don Giovanni*》

相关作品和独立作品的关系有后继、补编和补充三种。关系的后续类型与一部作品对其他作品在内容上的线性延续总是会有些关系。后继关系是一个作品与后继作品内容的延续,如连续性资源的先前款目和后继款目等。

例:

w1《*The British Journal of social and clinical psychology*》

　　被……部分继承→

　　←部分继承

w2《*The British Journal of social psychology*》

补编关系类型涉及旨在与其他作品共同使用的作品,补编关系指与其他作品配合使用的文献，如索引、词汇索引、教师指南、注释、电子资源的指导手册等，离开主体文献则不能独立存在。

例：

w1《Annual report of the Library of Congress》

　有一个补编→

　←是…的一个补编

w2 国会图书馆的《Quarterly journal of current acquisitions》

补充关系指作品打算与相关文献合并或插入到相关文献中的关系，也就是说以某种方式与相关文献集成在一起，但不是先前作品的初始概念，涉及旨在与相关作品结合使用、或者插入使用的作品。与后继作品和补编一样，有些补充作品不需依赖其他作品而独立使用或理解（即它们是独立存在的），有些则需要其他作品的帮助来理解（即它们是相关的）。

例：

w1 William Plomer 的《Curlew River》

　有一个配乐→

　←是……的一个配乐

w2 Benjamin Britten 为《Curlew River》作的配乐

同样，独立作品包含四种附加关系类型的分组：提要、改编、转型和模仿。这组作品全部涉及对原始作品的改编，而后作品被视为新的作品，不作为不同内容表达看待。四种附加关系的任意一种均定义为独立作品。

例：

w1 Karl Rosenkrantz 的《Pudeagogik als system》

　有一个释义→

　←是……的一个释义

w2 Anna C. Brackett 的《The science of education》

第四章 书目记录功能需求（FRBR）及其研究进展

w1 Charles Dickens 的《*Pickwick papers*》

 有一个戏剧改编→

  ←是……的一个戏剧改编

w2 W. T. Moncrieff 的《*Sam Weller*》

在对书目记录所反映关系的相对重要性进行评估时，凸现出在相关范畴作品和独立范畴作品之间进行区分的意义。在作品到作品关系的相对作用方面，由于对后续、补编或补充的有效利用需要高度依赖其他作品的内容，在相关的后续、补编或补充和与其有关的作品之间提供一个关系的信息就显得十分重要。

表 4.2 作品层次的整体/部分关系

关系类型	从属部分	独立部分
整体/部分	章节、段落、分部等 连续出版物的卷/期 多部分作品的知识内容部分 正文的插图 电影的声音部分	丛编中的单行出版物 期刊文章 多部分组作品的知识内容部分

在整体/部分关系中有两个范畴：一种是从属部分，即一部作品的组成部分用于较大作品，其存在意义在很大程度上要依靠更大作品所提供的环境，如果不依赖更大作品，一般很难识别。另一种是独立部分，其存在意义在很大范围内无需依靠更大作品提供的环境那些组成部分，即具有区别性名称/题名而不依赖文献整体存在的部分。

例：

 w1. 《*Precis in a multilingual context*》

  w1.1 Part 1：Precis—an overview，德里克·奥斯汀（Derek Austin）著

  w1.2 Part 2：A linguistic and logical explanation of the syntax，贾特·索伦森（Jutta Sorensen）和德里克·奥斯汀（Derek Austin）著

  w1.3 Part 3：Multilingual experiments, proposed codes, and procedures for the German languages，贾特·索伦森（Jutta Sorensen）和德里克·奥斯汀（Derek Ausfin）著

2. 内容表达到内容表达的关系

表4.3 和表4.4 展示了不同类型内容表达到内容表达的关系，内容表达之间的关系分为两大部分：同一作品内容表达与不同作品内容表达。

表4.3 相同作品内容表达之间的关系

关系类型	相关内容表达	独立内容表达
节略		节略、（文章、作品）缩写、修改
修订		修订版、增订版、（某个阶段的）版本（图形）
翻译		直译、改编（音乐）
乐曲的改编（音乐）		乐曲的改编（音乐）

当一个内容表达衍生出其他内容表达时，相同作品内容表达之间的关系便产生了。在这些关系类型中，一个内容表达可以看作是另一个内容表达的改变。改变可以是一个直译，其目的是尽可能准确地表达先前内容表达的知识内容（意译作品视为新作品）；修订的目的是改动或更新先前内容表达的内容，但改动并不很大，不能构成新的作品；节略是去掉先前内容表达的部分内容，其结果是在一定程度上改变了内容而构成新的作品，或者是一个乐曲的改编。修改产生的"内容表达"通常在本质上是独立的（即不需要先前作品来帮助理解或使用）。

表4.4 不同作品内容表达之间的关系

关系类型	相关内容表达	独立内容表达
后续	续集	续集、后继文献
补编	索引、词汇索引、教师指南、注释、补编、附录	补编、附录
补充	华彩乐段、歌剧剧本、编舞、为未完成作品续写的结尾	配乐、配曲、姐妹篇

154

第四章 书目记录功能需求（FRBR）及其研究进展

关系类型	相关内容表达	独立内容表达
概要		文摘、摘要
改编		改编、释义、自由翻译、变奏（音乐）
转型		改编成戏剧剧本、改编成小说、改编成电影剧本
模仿		模仿滑稽作品、赝品

不同作品内容表达与内容表达之间的关系与作品层作品到作品之间的关系类型相同。不同关系类型中的后续、补编和补充关系是在内容表达层次上最常说明的关系。例如，补编在书目记录中的一个附注可能会反向指引到被添加补编的一部先前作品的特定版本（即内容表达）。值得注意的是：体现内容表达所代表的作品既可以是相关的，也可以是独立的；对内容表达到内容表达关系的效用，将根据所代表的作品是相关的还是独立的这点来评价。

表4.5 内容表达层的整体/部分关系

关系类型	附属部分	独立部分
整体/部分	内容目次等 连续出版物的卷/期 正文的插图 电影的声音部分 修正	丛编中的单行出版物 期刊文章 多部分组成作品的知识内容部分

内容表达层次的整体/部分关系类型（见表4.5）和作品层次的关系类型大体相同，如目次、参考文献目录或索引，因为它们与整体文献关系的建立通常需要参照特定的内容表达，因此将被看作是内容表达的一部分。但是，被认为是内容表达组成成分的那些特定种类的部分与被认为是作品组成成分的那些部分仍有不同。

3. 内容表达到作品的关系

表4.6列出一部作品的内容表达与另一部作品之间能够描绘出的关

系类型，这种关系与作品到作品的关系在类型上大体相同，包括后继、补遗、补充、概要、改编、转型和模仿。和作品到作品的关系一样，内容表达所代表的作品的属性将决定书目记录所反映的内容表达到作品的关系的重要性。如果内容表达所代表的作品是相关的，那么说明它与其他作品的关系显得更加重要；如果作品是独立的，说明该关系不是特别重要。

表 4.6　不同作品之间内容表达的关系类型

关系类型	相关内容表达	独立内容表达
后续	续集	续集、后继作品
补编	索引、词汇索引、教师指南、注释、补编、附录	补遗、附录
补充	华彩乐段、歌剧剧本、编舞、为未完成作品续写的结尾	配乐、文本的配曲、姐妹篇
概要		文摘、摘要
改编		改编、释义、自由翻译、变奏（音乐）
转型		改编成戏剧剧本、改编成小说、改编成电影剧本
模仿		模仿滑稽作品、赝品

4. 载体表现到载体表现的关系

载体表现到载体表现的关系通常涉及同一内容表达的载体表现。对于先前的载体表现，复制关系的精确性程度有所不同，复制品也有不同种类。表 4.7 列出载体表现到载体表现之间的关系。

表 4.7　载体表现到载体表现的关系

关系类型	载体表现
复制	复制品、缩微复制品、放大复制品、重印件、照相胶印件、摹真复印件、镜像站点
交替	替代形式、同时发行的版本

第四章 书目记录功能需求（FRBR）及其研究进展

例：

    w1 Clement Rayner 的《A treatise of indulgences》
        e1 著者的原始文本
            m1 由 John Heigham 于 1623 年出版的图书
                拥有一个复制品→
                ←是…的一个复制品
            m2 由 Scolar Press 于 1973 年出版的摹真复印件

例：

    w1 Lyle Lover 的《The road to Ensenada》
        e1 作者为录制专集的演唱
            m1 录音资料，1996 年 MCA Records 发行的盒式录音带
                拥有一个交替——→
                ←是…的一个交替
            m2 录音资料，1996 年 MCA Records 发行的光盘

表 4.8 载体表现层次的整体/部分关系

关系类型	载体表现
整体/部分	多卷载体表现的卷册 独立载体的影片声带 影片内含的影片声带

对载体表现所体现的物理内容的划分在很大程度上与作品和内容表达情况中对知识内容的划分相同。在载体表现层次上的组成部分可以是载体表现的分立的物理单位，尽管载体表现所体现的知识内容是在一个物理形式中表达的，它仍然是一个抽象概念。

5. 载体表现到单件的关系

载体表现到单件的关系表示一个指定的载体表现是一个特定单件的再现结果。

表 4.9 载体表现对单件的关系

关系类型	载体表现
复制	复制品 缩微复制品 放大复制品 重印件 照相胶印件 摹真复印件

例：

 w1 Jean Joliver 的《*Vraie description des Gaules*》
  e1 制图者的原作
   m1 1570 年发行的地图
    i1 巴黎 Bibliothèque nationale 的 Département des Cartes et plans（法国国家图书馆舆图部）
    拥有一个复制品→
    ←是…的一个复制品
   m2 Hier et demain 1974 年出版的摹真复制品

6. 单件到单件的关系

表 4.10 单件到单件的关系

关系类型	单件
重新配置	合订、拆分、选自
复制品	复制品、缩微复制品、放大复制品、摹真复印件

  复制关系说明一个特定单件以某种方式衍生于另一个单件。和载体表现一样，可以存在复制品再现原单件的不同精确程度；重新配置关系是由一个或多个单件改变为一个或多个新单件这样一种方式所产生的结果。最常见的是一个载体表现的一个单件与另一个不同载体表现的一个

单件合订在一起，形成一个新单件。

例：

    i1 MacLear & Company 1855 年出版的 Adam Lillie 著《Canada—physical, economic, and social》的一个复本

    是与…的合订→

    ←是与…的合订

    i2 John Lovell 1855 年出版的 Alexander Morris 著《Canada and her resources》的一个复本

第四节 FRAD 概念模型简述

    IFLA 在发布 FRBR 模型后，于 1999 年 4 月成立了"规范记录的功能需求和编号"（FRA—NAR）工作组，并于 2005 年 6 月公布了《规范记录的功能需求》（FRAR）。2005 年 5 月 3 日，格伦·巴顿（Glenn E. Patton）又在 OCLC 举办的 FRBR 研究会上发表了《FRAR：Extending FRBR Concepts to Authority Data》一文，指出"规范记录功能需求"（Functional Requirements of Authority Records，FRAR）概念模式由书目记录功能需求（FRBR）概念扩展而成。FRAR 草案在 2005 年 7 月至 10 月全球征求评论之后，经过修订改名为《规范数据功能需求》（Functional Requirements for Authority Data，FRAD），并增加图示及实体关系的范例，工作小组还在 2007 年 4 月推出了新草案。尽管从字面而言，FRAD 与 FRBR 似乎是平行关系的两种功能需求，但实际上，我们可以把 FRAD 看做是 FRBR 新的子集，是基于规范记录的角度对 FRBR 所提及的各种实体内部及相互之间属性和关系的系统阐述。FRAD 和 FRBR 一样，也是描述"实体—关系"模式，只是把焦点放在规范数据的实体

上。实体关系概念模式的构建涉及如何辨识出最重要的实体、每一实体的属性以及实体与实体之间的关系。换言之,概念模式的基本目标在于建立迎合使用者需求的资料结构化架构;而FRAR/FRAD概念模式的目的是为规范记录中所记载的规范数据提供明确的定义及结构,以迎合数据使用者的需求,并协助评估规范数据国际共享及应用。

FRAD概念模型的首要任务是为规范记录的功能需求分析及规范数据的国际共享提供一个分析框架。更加明确地说,设计这个概念模型的用途是:第一、在表示规范记录中记录的数据和这些记录的用户需要的关系方面提供一个清晰的、结构化的参考框架;第二、帮助评定规范数据在图书馆内和馆外的国际共享和使用的可能性。

FRAD规定了在FRBR模型应用中如何处理规范记录、解决数字资源检索与服务中遇到的规范问题。该草案主要包括8个部分:目的(Purpose)、范围(Scope)、图书馆环境中的规范文档(Authority Files in a Library Context)、实体——关系图与定义(Entity-Relationship Diagram and Definitions)、属性(Attributes)、关系(Relationships)、用户任务(User tasks)和规范数据迁移(Authority-Data Transfer)。这个概念模型的研究目的是为满足规范记录的用户需求,对规范记录中的相关数据提供一个明确定义的结构框架。

FRAD共有16个实体,包括:来自FRBR定义的10个实体,即著作(work)、表现方式(expression)、表达方式(manifestation)、文献单元(item)、个人(person)、团体(corporate body)、概念(concept)、实物(object)、事件(event)、地点(place);自档案界附加的实体,即家族(family);新增的5个实体,包括名称(name)、识别码(identifier)、受控检索点(controlled access point)、规则(rules)及代理机构(agency)。FRAD认为,规范记录实际上是关于实体信息的集合。该实体的名称可以用作书目引文或图书馆目录及书目文档记录的受控检索点。从这种意义上说,规范记录通常应该包含文献编目机构所确定的检索点规范形式、用作参照的非规范形式和相关检索点。此外，规范记录可能还包含有关检索点的实体（即该检索点表示的个人、团体、著作、概念等）以及该实体和相关检索点表示的其他实体之间的关系等信息。除此之外，规范记录一般还将包括确定检索点所用规则的信息、参考来源、负责确定该检索点的编目机构等。

与 FRBR 相比，FRAD 在实体属性描述的深度和广度上都有了明显的补充和完善。此外，与 FRBR 模型一样，FRAD 也阐述了各种实体之间的关系，比如参照关系、连接结构关系等。最后，FRAD 还定义了用户任务，将实体属性和关系映像到这些用户任务当中。FRAD 定义了以下 4 个用户任务：

（一）查找（Find）：查找一个符合标准的实体或实体的集合（使用一个属性或作为检索标准的实体的关系查找一个单一的实体或实体集合）；

（二）识别（Identify）：识别一个实体（确认描述的实体是否符合要查找的实体，或用相近的特征区分两个或更多的实体）；

（三）阐明前后关系（Contextualize）：按一定关系排列一个人、一个团体或一部作品名称，阐明两个或更多的个人、团体、作品等之间的关系或阐明一个人、一个团体名称与这个人、这个团体的众所周知的名称之间的关系（如在宗教中使用的名称与世俗名称之间的关系）；

（四）提供依据（Justify）：提供规范记录制作者选择这个名称或一个检索点所依据的名称形式的原因。

第五节　国家书目记录的基本要求

多年来，虽然 IFLA 一直致力于使全世界各种不同类型的出版物能够按照同一种规则和同一显示形式建立书目记录，但由于不同的文化背景、不同的文字表达、不同用户对于图书馆目录或国家书目的内容要求的不一致，因此，IFLA 允许国家书目和编目规则存在差异，以满足特定用户的语言和文化需要。但是，为了更好地实现各个国家书目记录的共享，FRBR 研究组根据概念模型中属性、关系到用户任务的映射，提出了国家书目机构建立书目记录应该包括的各项基本数据的建议。

一、基本功能级别

（一）用户任务

FRBR 研究组定义了 4 项基本用户任务，任务的确定与用户对数据的基本使用相关：

·查找（find）符合用户检索要求的实体，即利用实体的属性或关系在文档或数据库中找到一个或一组实体，如检索特定给定主题的所有文献；

·识别（identify）一个实体，即确认所描述的实体对应于所查找的实体，或者区分具有相似特征的两个或多个实体，如区分相同题名的两部作品；

·选择（select）适合用户需要的一个实体，即选取一个在内容、物理形式等方面能满足用户要求的实体，或放弃一个不适合用户需求的实体；

·获取（obtain）所描述的实体，即通过购买、借阅等方式获取一个实体，或者以电子方式通过联机连接远程计算机来检索一个实体。

（二）基本级国家书目记录需求

根据上述定义的各项任务和子任务，FRBR 研究组建议基本级的国家书目记录至少应该实现以下基本功能：

Chapter 4
第四章 书目记录功能需求（FRBR）及其研究进展

1. 查找所有载体表现
- 已知个人或团体负有责任的作品；
- 已知作品的各种内容表达；
- 有关已知主题的作品；
- 已知丛编包含的作品。

2. 查找特定的载体表现
- 当对载体表现体现的个人或团体负有责任的个人和/或团体的名称已知时；
- 当载体表现的题名已知时；
- 当载体表现的识别符已知时。

3. 识别一部作品
4. 识别一部作品的内容表达
5. 识别一个载体表现
6. 选择一部作品
7. 选择一个内容表达
8. 选择一个载体表现
9. 获取一个载体表现

由于 FRBR 研究组提出的各种建议只涉及为国家书目列表而创建的记录，并且这些记录一般不反映单件的数据，因此有关单件的用户任务没有在此谈及。

二、基本级国家书目记录的基本数据需求

FRBR 最终报告以列表的形式提出了国家书目记录的数据要求，下面表 4.11 至表 4.19 详细描述了一个基本级国家书目记录的数据需求。每个表中左列为基本级国家书目记录支持的用户任务，中列与每一基本任务相对应，为对该项任务基本级国家书目记录应该反映的"高值"逻辑属

163

性和关系，右列详细说明了 FRBR 研究组推荐的作为最低数据需求的各个数据单元。

表 4.11　查找载体表现

使用户能够	基本级国家书目记录应该反映如下逻辑属性和关系	应该包括如下特定数据单元
已知个人或团体负有责任的作品	负有责任的个人或团体与体现于载体表现的作品之间的关系	作为作品主要责任的个人和/或团体的名称标目
已知作品的各种内容表达	作品与体现于载体表现的内容表达之间的关系	作品的题名标目
有关已知主题的作品	作为主题的概念等与体现于载体表现的作品之间的关系	作品主要主题的主题标目和/或分类号
已知丛编包含的作品	丛编与作品的关系	丛编标目 丛编编号

表 4.12　查找特定的载体表现

使用户能够	基本级国家书目记录应该反映如下逻辑属性和关系	应该包括如下特定数据单元
当对载体表现体现的作品负有责任的个人和/或团体的名称已知时	负有责任的个人和/或团体与体现于载体表现的作品之间的关系	作为作品主要责任的个人和/或团体的名称标目
当载体表现的题名已知时	载体表现的题名	正题名（包括部分的编号/名称） 并列题名[①]
当载体表现识别符已知时	载体表现的识别符	标准号（或替代号）

① 国家书目机构认为并列题名对用户检索必要时，并列题名应作为基本数据元素。

第四章 书目记录功能需求（FRBR）及其研究进展

表 4.13 识别一部作品

使用户能够	基本级国家书目记录应该反映的逻辑属性和关系	需要的特定数据元素
识别一部作品	作品的题名	作品的题名标目
	负有责任的个人和/或团体与作品之间的关系	作为作品主要责任的个人和/或团体的名称标目
	计划终止	频率说明、编号［等］
	演出媒体（音乐作品）①	统一题名附加——演出媒体（音乐）
	数字标识（音乐作品）	统一题名附加——数字标识（音乐）
	调名（音乐作品）	统一题名附加——调名（音乐）
	坐标（地图作品）	数学数据说明——坐标
	作品与母体作品之间的关系②	关于……书目历史的附注——主体作品

①当音乐作品没有区别性题名而仅表示音乐形式（如交响乐、变奏曲等）时，表演媒体、作品号标识和音乐作品的调应作为基本数据元素。

②作品是母体文献的一个丛书组成部分时，将作品和母体作品之间的关系作为基本需求。

表 4.14 识别一个内容表达

使用户能够	基本级国家书目记录应该反映的逻辑属性和关系	需要的特定数据元素
识别一部作品的内容表达	负有责任的个人和/或团体与内容表达之间的关系	作为内容表达主要责任个人和/或团体的名称标目
	内容表达的形式	关于内容表达的形式的附注①
	内容表达的语言②	统一题名附加——语言 关于语言的附注
	其他区分特征	统一题名附加——其他区分特征 关于其他区分特征的附注
	内容表达的数量③	数量——播放时间/持续时间
	预期发行频率（连续出版物）	频率说明
	总谱类型（乐谱）	音乐表现说明——总谱类型
	内容表达的演出媒体（乐谱）	统一题名附加——乐曲改编说明 关于演出媒体的附注

①当内容表达的形式不能从记录的其他数据推测出来时，内容表达形式的附注应作为基本数据元素。

②如果内容表达的语言内容十分重要，内容表达的语言应作为基本数据元素。

③声像资料内容表达的数量应作为基本数据元素。

表 4.15　识别一个载体表现

使用户能够	基本级国家书目记录应该反映的逻辑属性和关系	需要的特定数据元素
识别载体表现	载体表现的题名	正题名（包括部分的编号/名称）
	责任说明	识别对内容负有主要责任的个人和/或集团的责任说明 与版本相关的第一责任说明 与附加版本说明相关的第一责任说明
	版本/发行标识	版本说明 附加版本说明
	出版者/发行者	出版者、发行者等的名称
	出版/发行日期	出版、发行等的日期
	丛编说明	丛编正题名 丛编并列题名① 与丛编相关的第一责任说明② 丛编内的编号
	载体形式	特定资料标识
	・载体数量③	数量
	・载体表现识别符	标准号（或替代号）
	・开本（手工印刷图书）	关于载体形态的附注——开本
	・配页（手工印刷图书）	关于载体形态的附注——配页
	・编号（连续出版物）	编号

①国家书目机构认为丛编并列题名对用户检索必须时，丛编并列题名应作为基本数据元素。

②当丛编题名不足以识别该丛编时，丛编责任说明应作为基本数据

元素。

③当一个载体表现与另一个载体表现之间有隐含的或明显的差异（如页数不同）时，载体的数量应作为基本数据元素。

表 4.16 选择一部作品

使用户能够	基本级国家书目记录应该反映的逻辑属性和关系	需要的特定数据元素
选择作品	作品的题名	作品的题名标目
	负有责任的个人和/或团体与作品之间的关系	作为作品主要责任者的个人和/或团体的名称标目
	作为主题的概念等与体现于载体表现的作品之间的关系	作品主要主题的主题标目和/或类号
	作品的形式	关于作品的形式附注
	坐标（地图作品）	数学数据说明——坐标
	作品与先前和/或后继作品之间的关系①	关于……书目历史的附注——先前/后继作品
	作品与其作为补编的作品之间的关系	关于……书目历史的附注——补编
	作品与其作为补充的作品之间的关系	关于……书目历史的附注——补充

①当实体之间的关系具有相关性时，作品与其先前、后继、补编或补遗作品之间的关系应作为基本数据元素。

表 4.17 选择一个内容表达

使用户能够	基本级国家书目记录应该反映的逻辑属性和关系	需要的特定数据元素
选择内容表达	负有责任的个人和/或团体与内容表达之间的关系	作为内容表达主要责任的个人和/或团体的名称标目
	内容表达的形式	关于内容表达形式的附注①
	内容表达的语言②	关于语言的附注
	其他区分特征	关于内容表达的其他区分特征的附注
	内容表达的使用限制	关于使用限制的附注

使用户能够	基本级国家书目记录应该反映的逻辑属性和关系	需要的特定数据元素
选择内容表达	预计发行频率（连续出版物）	发行频率说明
	总谱类型（乐谱）	音乐表达说明——总谱类型
	内容表达的演出媒体（乐谱）	关于内容表达的演出媒体的附注
	比例尺（地图图像/实物）	数学数据说明——比例尺
	内容表达与先前和/或后继内容表达之间的关系③	关于书目历史附注——先前/后继内容表达
	内容表达与其作为补编的内容表达之间的关系③	关于书目历史附注——补编
	内容表达与其作为补充的内容表达之间的关系③	关于书目历史附注——补充
	修订与作为修订基础的内容表达之间的关系③	关于书目历史附注——修订
	改编与作为改编基础的内容表达之间的关系③	关于书目历史附注——改编
	翻译与作为翻译基础的内容表达之间的关系③	关于书目历史附注——翻译

①内容表达的形式不能从记录中其他数据推测出来时，内容表达形式附注应作为基本数据元素。

②内容表达的语言内容是十分重要的信息，内容表达的语言应作为基本数据元素。

③实体间的关系具有相关性时，内容表达与其先前、后继、补编或补遗的关系应作为基本数据元素。

表 4.18　选择一个载体表现

使用户能够	基本级国家书目记录应该反映的逻辑属性和关系	需要的特定数据元素
选择载体表现	责任说明	识别对内容负有主要责任的个人和/或集团的责任说明
	版本/发行标识	版本说明 附加版本说明
	出版/发行日期	出版、发行等的日期

第四章 书目记录功能需求（FRBR）及其研究进展

使用户能够	基本级国家书目记录应该反映的逻辑属性和关系	需要的特定数据元素
选择载体表现	载体形式	特定资料标识
	物理媒介①	关于载体形态的附注——媒介
	载体尺寸②	尺寸
	缩率（缩微品）	关于载体形态的附注——缩率
	呈现格式（视觉投影）	关于载体形态的附注——现格式
	系统要求（电子资源）	关于系统要求附注

①物理媒介对用户具有潜在重要性时，物理媒介应作为基本数据元素（如硝酸钠基胶片）。

②载体的尺寸对播放设备（如磁盘、磁带等）至关重要时，载体尺寸应作为基本数据元素。

表 4.19 获取一种载体表现

使用户能够	基本级国家书目记录应该反映的逻辑属性和关系	需要的特定数据元素
获取载体表现	载体表现的题名	正题名
	责任说明	识别对内容负有主要责任的个人和/或集团的责任说明
	版本/发行标识	版本说明 附加版本说明
	出版/发行地	出版地、发行地等
	出版/发行者	出版者、发行者等的名称
	出版/发行日期	出版、发行等的日期
	丛编说明	丛编正题名 与丛编相关的第一责任说明① 丛编内的编号
	载体形式	特定资料标识
	载体表现识别符	标准号（或替代号）
	采访/访问授权来源②	与……获得性相关的附注

使用户能够	基本级国家书目记录应该反映的逻辑属性和关系	需要的特定数据元素
获取载体表现	载体表现的访问限制	与访问限制相关的附注
	开本（手工印刷图书）	关于载体形态的附注——本
	配页（手工印刷图书）	关于载体形态的附注——配页
	预计发行频率（连续出版物）	发行频率说明
	编号（连续出版物）	编号（连续出版物）
	访问方式（远程访问电子资源）	关于访问方式的附注——访问方式
	访问地址（远程访问电子资源）	关于访问方式的附注——访问地址

①当丛编题名不足以识别丛编时，丛编的责任说明应作为基本数据元素。

②当载体表现难以通过正常商业来源获取时，采访来源/访问权限附注应作为基本数据元素。

三、基本级国家书目记录

根据表 4.11 至表 4.19 中所确定的最低限数据需求，FRBR 研究组将其重新整理成著录单元和组织单元。将两组数据要求合并在一起，就构成了研究组所推荐的基本级国家书目记录。

（一）著录单元

1. 题名和责任说明项

·正题名（包括部分的编号/名称）

·并列题名

注：当国家书目机构认为并列题名对用户检索必要时，并列题名应作为基本数据元素。

·识别对内容负有主要责任的个人和/或团体的责任说明

第四章　书目记录功能需求（FRBR）及其研究进展

2. 版本项

- 版本说明
- 附加版本说明

3. 资料（或出版物类型）细节项

- 编号（连续出版物）
- 数学数据说明——坐标（地图作品）
- 数学数据说明——比例尺（地图图像/实物）
- 音乐表现说明——总谱类型（乐谱）

4. 出版、发行等项

- 出版地、发行地等
- 出版者、发行者等的名称
- 出版、发行日期

5. 载体形态项

- 特定资料标识
- 数量

注：当一个载体表现与另一个载体表现之间有隐含或明显的差异（如页数不同）时，载体数量应作为基本数据元素。对于声像资料，内容表达的数量（如播放时间/持续时间）应作为基本数据元素。

- 尺寸

注：当载体的尺寸对播放设备（如磁盘、磁带等）至关重要时，载体尺寸应作为基本数据元素。

6. 丛编项

- 丛编正题名
- 丛编并列题名

注：当国家书目机构认为丛编并列题名对用户检索必需时，丛编并

171

列题名应作为基本数据元素。

· 与丛编相关的第一责任说明

注：当丛编题名不足以识别该丛编时，丛编责任说明应作为基本数据元素。

· 丛编内的编号

7. 附注项

· 关于内容表达的形式附注

注：当内容表达的形式不能从记录中其他数据推测出来时，内容表达形式附注应作为基本数据元素。

· 关于语言的附注

注：如果内容表达的语言内容十分重要时，语言附注可作为基本数据元素。

· 关于内容表达区分特征的附注

· 频率说明（连续出版物）

· 关于内容表达的演出媒体的附注（乐谱或录音）

· 关于版本和书目历史的附注——后继

· 关于版本和书目历史的附注——补编

· 关于版本和书目历史的附注—补充

注：当实体间的关系具有相关性时，内容表达与其先前、后继、补编或补遗的关系应作为基本数据元素。

· 关于版本和书目历史的附注——修订

· 关于版本和书目历史的附注——翻译

· 关于版本和书目历史的附注——母体作品

注：当作品是主文献作品的一个独立组成部分时，作品和主文献作品之间的关系应作为基本数据元素。

· 关于版本和书目历史的附注——乐曲的改编（音乐）

· 关于载体形态的附注——媒介

注：当物理媒介对用户重要时，物理媒介应作为基本数据元素。

- 关于载体形态的附注——开本（手工印刷的图书）
- 关于载体形态的附注——配页（手工印刷的图书）
- 关于载体形态的附注——缩率（缩微品）
- 关于载体形态的附注——呈现格式（视觉投影）
- 关于系统要求的附注（电子资源）
- 与装订和获得方式有关的附注——采访/访问来源

注：当载体表现难以通过正常商业来源获取时，采访来源/访问权限附注应作为基本数据元素。

- 关于使用/访问限制的附注
- 关于访问方式的附注——访问方式（远程访问电子资源）
- 关于访问方式的附注——访问地址（远程访问电子资源）

8. 标准号（或替代号）和获得方式项

- 标准号（或替代号）

（二）组织单元

1. 名称标目

- 对作品负主要责任的个人和/或团体的名称标目
- 对内容表达负主要责任的个人和/或团体的名称标目

2. 题名标目

- 作品的题名标目
- 统一题名附加——语言

注：如果需要用语言附加成分来区分同一作品不同语言的多种内容表达时，统一题名的语言附加成分应作为基本数据元素。

- 统一题名附加——其他区分特征
- 统一题名附加——演出媒体（音乐）

- 统一题名附加——数字标识（音乐）
- 统一题名附加——调名（音乐）

注：当音乐作品没有区别性题名而仅表示音乐形式（如交响乐、变奏曲等）时，表演媒体、作品号标识和调应作为基本数据元素。

- 统一题名附加——乐曲改编说明（音乐）

3. 丛编标目

丛编标目

4. 主题标目/分类号

- 作品主要主题的主题标目和/或分类号

四、应用说明

FRBR 研究组针对各个国家如何建立"基本级国家书目记录"作了如下说明：

（一）基本级书目记录所要求的数据单元，只有当它适合于所著录的实体时，才被包括到记录里。例如，"版本说明"是基本级记录要求的数据单元，但是当记录描述的对象并没有"版本说明"时，则不需要描述。

（二）基本级记录所要求的数据单元如果不易从实体中获得，则不需记录。例如，地图的坐标或电子资源的系统要求等技术性数据单元。

（三）基本级记录所要求的数据元素"整体/部分关系（如作品和作品所属的丛编之间的关系，或者作品的从属部分和它的母体作品之间的关系）"，并不要求所有作品都分析其组成部分。当国家书目机构需要分析较大作品且认为有必要时，则可将该单元作为基本级书目记录的要求。

（四）当基本级书目记录所规定的基本数据单元不足以区分特定实体与具有相同特征的另一实体时，如有必要，应该为该实体加上附加元素，以便区分。

Chapter 4
第四章　书目记录功能需求（FRBR）及其研究进展

另外，即使国家书目记录决定采用 FRBR 研究组推荐的基本级功能和基本数据要求，那么也不是必须执行的绝对要求。也就是说，要结合国家书目所涉及的资料类型，具体问题具体分析。如果有些资料类型不是十分重要的，也可以提出一个比上述推荐更简洁的最低功能要求和最低数据要求；反之，对于十分重要的资料类型，则可以提出一个比上述要求更全面的处理标准。

五、小结

使用 FRBR 可以整合同一作品（work）的不同表达（expression），如莎士比亚的作品被翻译成许多文字，FRBR 可以将这些不同文字的文献整合在同一个作品（work）下。再如，期刊的变迁，新旧期刊都可以整合在同一个题名下，等等。但是这些整合对文献组织和检索的意义究竟有多大却很难评估。OCLC 的专家曾经以 WorldCat 为基础做过一个实验，估计 4800 万条记录中有 3200 万条记录是不同的作品（work）。WorldCat 作为世界上最大的书目数据库，FRBR 在现实编目中的作用恐怕就体现在整个书目数据的 33% 的记录中。FRBR 的另一个价值是其在元数据互操作中的作用。由于各个元数据结构的不同，在元数据互操作中不可避免地会出现信息衰减，例如，MARC 和 DC 的互操作显然会失去很多信息，如果我们基于 OAI 来进行对 MARC 数据的互操作，显然会失去很多记录在 MARC 中的信息。建立 FRBR 模型后，我们可以规范元数据的互操作了，即如何表征一个在作品层面的互操作，如何表征一个在表达层面的互操作，如何表征一个在形式（manifestation）层面的互操作。比如说，如果在作品层进行互操作，应该满足的最低要求是什么等等。FRBR 作为一个文献描述模型，可以引导元数据之间的互相影射。虽然 FRBR 模型在实践中还有不明确、不完美之处，特别是其中的内容表达实体还需要进一步的界定，但是，FRBR 模型已经表明书目不再是一个简单地罗列文献及其特定复本或版本的清单,而是一个运用实体的作品——内容表达——载体表现——单件层次和属性、关系层级信息的丰富的情报网络。

FRBR 作为实用的数据模型和重要的理论目标引起了全世界的兴趣和关注,我们相信,在 FRBR 精神的指引下,通过现代化技术的支持,编目界一定会在书目学科组织和使用户更容易地获取知识方面向前迈进一大步。

第六节 FRBR 的研究进展及实践

一、FRBR 研究概况

FRBR 模型是在 IFLA 的主持下进行的具有深远影响的一项国际性的"简化"方案研究活动("简化"方案的另一项主要活动就是 DC 研究)。它采用了"实体—属性"即 E—R 模型,从一个新的视角将用户所关心的对象解析成三组实体,采用了全新的方法对书目记录进行了重新分析,方便用户从不同的角度去查询检索他们所需要的实体。

自 1998 年颁布后在国际编目界引起了广泛的关注,有关机构对 FRBR 进行了实践研究,并进行了深刻的讨论。其英语版最终报告很快就被译成意大利语、斯洛文尼亚语、挪威语、法语、捷克语和日语。目前国外关于 FRBR 的研究主要集中在:理论层面(Theoretical aspects)、对标准的影响(Impaction on current standards)、应用研究(Application studies)、实施和研究项目(Implementations and research projects)和其他模式的关系(Relations to other models)、FRBR 教育(Teaching FR-

Chapter 4
第四章　书目记录功能需求（FRBR）及其研究进展

BR）等6个方面，每个方面都有更进一步的研究，比如对标准的影响就包括对ISBDs、AACR、RICA、俄罗斯规则、西班牙规则、斯洛文尼亚规则和捷克规则的影响。实施和研究项目中的实施项目包括AusLit Gateway、VisualCat和Virtua。研究项目包括OCLC、Data mining MARC to find：FRBR?、BIBSYS、REUSE、INWECA和Voyager等。

首观点认为，从上世纪90年代以来，数字资源增长很快，但是很少有研究调查这些资源的组织方式和管理方式，他们的研究集中于现在的书目描述的丰富程度（Level of richness）；搜索结果的组织方式；搜索结果的有问题的表现方式；对数字资源应用FRBR模式的解决方式，并指出FRBR对搜索结果的分层次显示使数字资源能被容易地组合。这个特点满足了终端用户的需求，FRBR的作品或创作（work）及表现方式（expression）的属性应该面向基于事件的数字资源。在定义作品及表现方式的属性时，事件或主题比作者或标题更符合逻辑性。在建立数字资源时，元数据方案、内容标准和内容管理系统是重要的基础，基于FRBR的方法将使数字资源检索更容易。

日本图书情报大学的松支谷口（Shoichi Taniguchi）在FRBR的基础上提出了一种新的编目概念模式，在这个模式中表现方式（expression）实体被放在最重要的位置，松支谷口（Shoichi Taniguchi）首先描述了这种模式和FRBR的区别，然后通过应用FRBR模式中的用户任务概念，创造了另一种用户如何使用实体的方式，最后，列举了这种新模式下的书目记录。很快，松支谷口（Shoichi Taniguchi）在以前研究的基础上又发表论文《书目资源的内容部分的概念模式》，在这篇论文中进一步比较了作者创新的模式和FRBR在内容部分的区别。左拉·厄哥维奇（Zorana Ercegovac）以科学小说为实验研究对象，研究结果显示，通过把按FRBR书目记录聚合，一种新的网络数字图书馆导航能力能被发展。艾伦·丹斯金（Alan Danskin）在论文《成熟的考虑：发展书目标准，保持价值》中分析了FRBR对巴黎原则、MARC和AACR的影响，强调了保持一个清楚的原则和价值的重要性。凯伦·科伊尔（Karen Coyle）在论文《将来的考虑：功能图书馆系统记录》中认为，如果我们要发展功能书目记录，我们就必须在一个灵活的、功能性的图书馆系统记录结构中进行，他还提出了看待图书馆系统记录的新方法，这种系统将根据技术和图书馆用户服务推动图书馆向前发展。乔治·布坎南（George Buchanan）在论文《FRBR：丰富和融合数字图书馆》中认为，FRBR不但能提供丰富的检索功能，而且还在数字图书馆中有着丰富的交互功能，但是在数字图书馆研究的文献和实践工作中，它的使用被讨论的不多。论文证明了当FRBR数据被用来丰富用户和图书馆的交互时FRBR所具有的优点。

在FRBR的启发下，国外已经开始考虑基于表现方式层的编目方法，并以此作为编目条例的变革方向。例如，美国图书馆协会在讨论AACR2的修订方向时，就曾建议采用"基于表现方式的记录"。国内研究进展书目记录的功能需求（FRBR）是IFLA 1998年出版的一份研究报告，对书目记录描述的对象在整个生命周期过程中不同阶段的不同实体类型进行了详细的分析，为这些资源的描述、定位提供了完整的思考框架。

国内1998年开始有学者关注FRBR，从2005年开始FRBR受到较广泛的关注。国内在理论和实践两方面研究得比较深入的主要是国家图书馆的专家们，国内FRBR的主要研究热点大概包括：

从国内FRBR研究主题看，出现次数较多的关键词有编目、规范标准、书目记录、应用研究、E－R模型、信息组织、用户需求、OPAC等。2005年以前关于FRBR的基本理论、E－R模型、书目记录与编目对象等是研究的重点；2005年以后更多学者开始关注FRBR应用实践的问题，如基于FRBR的编目工作、OPAC检索在实践中的发展变化、FRBR对原有的规范标准的影响等，对FRBR的基础理论研究贯穿始终。基础理论研究主要集中在以下几方面：FRBR研究编目对象和国家书目记录的基本要求；FRBR的核心"实体—关系"模型（E－R模型），该模型将编目的对象分为产品、责任与主题三组实体，再将第一组实体分为作品（work）、内容表达（expression）、载体表现（manifestation）和单件（item）四个层次，每个实体都具有用户感兴趣的属性，实体之间有着密切的逻辑关系。FRBR 研究的主要目标是确立用户任务，满足用户需求，也为国家书目机构推荐一种书目记录标准，简化文献编目，提高编目效率，节约编目成本。

二、FRBR 研究进展

我国图书馆界普遍认为最早对 FRBR 进行正式介绍的是王绍平 2001 年发表的"编目工作的新观念、新方法——从《巴黎原则》到《书目记录的功能需求》"，文中介绍了 FRBR 的实体——关系模型（E-R 模型）。他也是国内在 FRBR 方面撰文最多的学者之一。其实早在 1998 年，张建勇和孙月琴就对 IFLA 关于书目记录的研究成果进行摘要编译，这是国内首次对 FRBR 进行的系统介绍。2002 年真溱从网络信息资源的加工和有序化对策中将 FRBR 作为一种"简化"方案提出，分析了 FRBR 的第一组实体在网络信息资源加工中具有的提高编目效率的价值。2004 年刘素清的"IFLA 书目记录功能需求（FRBR）初探"一文对 FRBR 作了全面介绍，该文从 FRBR 的基本理念和精髓、对传统的编目规则和实践产生的影响、它的应用价值等方面对 FRBR 进行介绍和探讨，给国内业界提供了一些有益的参考。2005 年以后越来越多的学者研究 FRBR 在实践中的应用问题，而高红 2008 年出版的《编目思想史》则更加系统地介绍了 FRBR 的基本概念及相关问题。

FRBR 自 1998 年颁布以来已经有了多种文字的翻译版，但中文翻译版直到 2008 年才出版，FRBR 中文版迟迟不出影响了中国图书馆界对其的深入研究。在张建勇、孙月琴和王绍平等人介绍了 FRBR 以后，国内图书馆界未对其更多关注，FRBR 的研究处于阶段性停滞状态。直至中国图书馆学会 2005 年年会召开，标引与编目专业委员会承办了"文献信息描述、组织进展与展望"为主题的分会场,曾程双修在《从幅编到英美编目规则第三版和规范管理》报告中全面回顾了FRBR的提出与发展,介绍了AACR3的新观念和重要部分,建议成立中文规范档联盟;谢琴芳在《FRBR用户任务对未来图书馆目录影响》报告中分析了FRBR用户任务与书目记录的关系,重点探讨了CALIS联合目录现状对用户任务实现的障碍以及实现用户任务的策略;曹宁在《试论FRBR在中国文献编目规则和机读目录格式中的应用》报告中从FRBR角度分析《中国文献编目规则》修订过程中的几个难点问题,以及从FRBR概念模型在编目规则和机读格式中实现的可能方式等方面提出设想;张沙丽在《著录规范化与全球信息资源共享》报告中概述了著录规范化与信息资源共享的关系及意义。至此,FRBR在国内得到了全面关注。

三、FRBR 的实践研究

近年来的研究论文中,很多文章都谈及FRBR应用案例,但在这些案例中,对国外进行实践活动的介绍所占比例大,尤其对OCLC所进行的FRBR相关研究项目的介绍最多。包括:书目记录转换运算法则"FRBR Work-Set Algorithm"、著作级资源 ISBD 服务器的建立、基于FRBR的原型系统——Fiction Finder,以及 Humphry Clinker 的案例研究。除此之外,如下几个涉及FRBR理论应用的案例也有一些文章谈及:最早体现 FRBR 理念的澳大利亚国家图书馆的 Aust Lit (Australian Literature Gateway) 项目,该项目依据FRBR的概念模型对澳大利亚75000个作家和机构的文学作品提供检索。丹麦开发了基于FRBR的编目客户端 Visual Cat (用 XML/RDF);在 OPAC 方面,对 FRBR 思想体现最彻底的美国 VTLS (Visionary Technology in Library Solution) 公司的集成系统 Virtua;在 Web 联合目录方面,体现了FRBR思想的RLG 的/RedLightGreen 项目。总的说来,这些案例大多只是概况介绍。国内对

FRBR 模型的应用研究偏少，只有几篇文章提及了香港和台湾地区 FRBR 的应用情况。如：香港大学图书馆在中国个人姓名规范控制中使用 FRBR 模型，台湾地区基于 NPM（National Palace Museum，台北国家故宫博物馆）中国绘画和书法的 FRBR 模型元数据案例研究等。内地业界目前少有文章尝试从编目子系统界面和检索系统两方面来设计出适合我国编目环境的 FRBR 模型，相关文章大都谈及 FRBR 在我国将遇到的障碍，如著录规则的标准问题、题名和责任者著录问题和数据合并和转换问题等。

第五章 书目记录功能需求（FRBR）对文献编目的影响

第一节 FRBR 对编目理论和实践的深刻影响

IFLA 的 FRBR 模型目前仍是国际书目控制的焦点，它利用实体—属性方法构建了一个揭示书目结构和关系的概念模型，为探讨书目记录的结构和关系提供了新的视点，为我们提供了编目工作的新思维。该模型对沿袭了一个多世纪的编目理论提出了挑战，在编目界引起了强烈反响。

FRBR 从理论上探索了编目实体所具有的客观属性，以及实体之间的相互关系，针对编目对象提出了立体化的编目工作模型，它的重要贡献在于：

第一，它提出了采用"实体—关系"模型的结构描述信息。

1. 将编目工作分为三组实体：著作、个人与团体、主题。

2. 将第一组著作又分为四个不同层面的实体：作品（Work）、内容表达（Expression）、载体表现（Manifestation）、单件（Item）。这是 FRBR 概念模型中的核心内容，与传统编目的书目著录相关，是编目界关注的焦点。

3. 第二组个人与团体是第一组实体的责任者,即责任关系。

4. 将主题分为四种类型实体:概念(Concept)、物体(Object)、事件(Event)、地点(Place),同时包含第一、第二组实体。

第二,从书目记录的功能和目录使用者的角度,提出书目记录应具备发现实体、识别实体、选择实体、获取实体的四个功能。FRBR不仅提出了用户任务,并且将编目对象的属性以及关系映射到其中,使得书目记录的功能进一步细化,并落实到具体的记录结构中去。在FRBR中强调面对编目对象的分析与描述,多层面地揭示文献信息,形成了一个立体的元数据模型,便于编目人员揭示与处理网络环境下多种媒体信息。

FRBR是一个概念,不是资源描述模型,如何把FRBR理念融入编目规则与编目实践是一项新的工作与挑战。FRBR出版后,对国际编目界产生了重要的影响。

一、FRBR 对 ISBD 的影响

随着FRBR研究的深入,ISBD评价组对ISBDs进行了全面的评价,目的是保证ISBDs和FRBR在"基本级国家书目"方面保持一致。但目前ISBD修订范围主要依据FRBR最终报告的第六章和第七章,因此改变十分有限,在ISBD(M)中仅将一些必备性(mandatory)的数据元素改为选用(optional),基于图书馆目录与国家书目一致性核心记录的决定,FRBR研究小组建议,旧版ISBD(ER)某些附注可以不必列为必备项目,如正题名来源附注、版本叙述附注、资源类型名称,同时建议增加著录附注项目,包括检索地址及检索限制。虽然目前ISBDs的修订有限,但FRBR的概念对ISBDs修订具有相当的潜在影响,这些概念包括:

(一)作品的概念:建议ISBD修订版应有系统且一致性地处理记录中作品与内容表达,以便能和载体表现有所区别。

(二)将传统的书目记录分成独立的信息单元:由于文件经常由多个

次文件（subdocuments）所组成，但目前编目规则仅处理到载体表现层次，因此有所谓扁平的书目记录产生，即依据第一个作者产生书目记录，其他作者并未有专属的书目记录。

（三）建议将标准号码项并入附注项：因为其他的标准号码不断新增，如 DOIs（digital object identifiers），URNs（universal resource numbers）等，建议将标准号码项并入附注项。

（四）FRBR 的导航概念：建议 ISBD 修订应评估包含 OPAC 的需求，考虑更高层次的记录结构，如超记录（superrecords）以及从网络上取得书目记录的可行性。

而美国图书馆协会编目委员会著录及检索工作小组（Committee on Cataloging：Description and Access Task Force，CC：DA）则反对其中四个著录项目改为选用，分别是：

（一）副题名（1.4 other title information）

工作小组认为副题名常包含基本的辨识信息可能对作品（work）、作品的内容表达及载体表现的区别或辨识非常重要，而且为迎合特殊需要，常用此项来区别作品，建议改为必须记载的项目。

（二）其他著者叙述（1.5 statements of responsibility－subsequent statement）

为了与 FRBR 的基本核心记录一致，工作小组同意此著录项目保持选用，然而由于此项目有助于载体表现甚至是内容表达的辨识，建议在现有规则下加注，如果确实重要，就应著录此项目。

（三）关系版本的作者叙述（2.3 statements of responsibility relating to the edition）

此项目在 FRBR 并非选用，而且关系版本的作者叙述对于作品的载体表现的辨识十分重要，编目人员经常需要标引出修订者的名称，并将其作为检索点，工作小组认为应与 FRBR 一致，改为必须著录的项目。

（四）尺寸（dimensions）

此项目在 FRBR 并非选用，应与之保持一致，特别是对特殊馆藏的编目，其尺寸常为辨识载体表现的主要字段，工作小组认为应将其列为必须著录的项目。

ISBD 评价组认为，IFLA 首先应该澄清 ISBD 和 FRBR 模型之间的关系。评价组试图用"作品"、"内容表达"、"载体表现"、"单件"等 FRBR 的术语来替换"出版物"等 ISBD 的术语，但是遇到了困难。主要原因是 FRBR 模型中所用的术语是在"实体—关系"模型的框架下定义的，其抽象程度比 ISBD 中的条款要高。国际图联国际编目规则专家会议（IME-ICC）曾建议：FRBR 术语不应照搬到 ISBD 和编目规则中去，应保持其自身的特定术语，并提供精确的定义，并说明在这个特定的术语体系中的每一个术语与 FRBF 术语之间的概念关系。为此目的，国际图联编目组常设委员会于 2004 年 7 月 9 日通过"ISBD 著录单元与 FRBR 实体属性和关系之间的影射"这一文件（该影射基于当时已经出版了的各种 ISBD，电子文本：http://www.ifla.org/VII/s13/pubs/ISBD-FRBR-mappingFinal.pdf），用以说明 ISBD 的每一个著录单元与 FRBR 模型中定义的相应的"实体—属性"或关系之间的联系。

二、FRBR 对 AACR 的影响

FRBR 出版之后，英美编目规则（AACR）的修订过程受到 FRBR 的影响很大。1997 年，英美编目规则修订委员会（Joint Steering Committee，简称 JSC）对 FRBR 进行了多方面的研究，以期在未来的编目规则中体现 FRBR 的理念。

全球最具影响的编目条例 AACR2 第一部分涉及手头文献（physical item）的著录，如专著缩微资料按缩微资料著录，原件的相关信息记录在附注项，换言之，载体是著录的基础。第二部分则涉及该文献的检索，其规则适用于各类著作，无疑与第一部分产生矛盾，越来越多的学者建议采用

单一书目记录聚合著作的各种物理表达形式（多载体版本），也就是说建立记录时优先考虑"内容"，而非"载体"。受 FRBR 的影响，AACR2R 的 2002 修订版的 0.24 规则已做出修改，即著录以手头文献的内容、载体、出版形式和书目关系为基础。2001 年 JSC 设立格式转换工作小组（Format Variation Working Group，简称 FVWG），探讨以内容表达层次为基础的编目方式。同年 10 月 9 日，FVWG 在工作报告中指出，小组成员倾向于不建议在内容表达层次建立书目记录，工作小组认为在编目人员的实际工作中，编目人员只是就手中的载体表现进行编目，即所谓的以载体表现为基础的编目，通常无法预知未来会有多少相关的载体表现。编目人员在编特定载体表现时，也不可能预知是否会有内容表达的属性出现，而 FRBR 的四种书目层次（作品，内容表达，载体表现，单件）由抽象而具体，和编目人员的日常编目业务方式刚好相反，编目人员主要使用到的是具体的载体表现或单件层次的信息，抽象的作品及内容表达层次必须在逻辑上由前两者抽取，换言之，决定手上待编资料代表新的内容表达，为内容表达建立书目记录，在实际工作中会产生困难，这就需要编制相应的规则，由规则确定、区分作品的界限，使作品及载体表现在目录中有可操作性定义。

英美编目规则分成两部分，第一部分是关于作品实体单元（physical item）的描述，第二部分是关于作品的检索（access）。依据 AACR2R 的 1998 修订版的 0.24 规则条文，作品实体单件的著录以所属资料类型为基础，例如单行本专书的微缩资料以微缩资料著录，原件相关信息则放在附注项，即著录从手中单件的资料类型开始，也就是说"载体"是著录的基础。英美编目规则 JSC 曾于 2000 年 3 月会议中 AACR 规则 0.24 的条文进行修订，AACR2R 的 2002 修订版出现 0.24 的新规则条文，对此仍持保留态度，只是表明著录时所有各方面包括载体及内容都是著录的基础。除非能够区分内容表达，以内容表达辨识号为基础的模型，以内容表达为基础的编目方式或许可行。

第五章 书目记录功能需求（FRBR）对文献编目的影响

（一）把 FRBR 的用词纳入 AACR

为了充分纳入 FRBR 的用词及概念，JSC 开始分析 AACR2 用词，希望与 FRBR 的用词（作品，内容表达，载体表现，单件）的定义保持一致性的方式，内容表达及载体表现对 AACR 而言都是新词，而单件与 AACR 则与 FRBR 的定义不一致。

ALA 的 CC：DA 工作小组讨论如何将 FRBR 的用词纳入 AACR，提出如下的一些相关意见：

1. FRBR 对作品、内容表达、载体表现的定义过于简略，工作小组指出对于编目人员而言，若能把所谓的内容表达的类型列出清单，例如翻译、修订、节缩……等帮助会更大。

2. "bibliographic resource" 的定义修订为 AACR 的 item 替代用词

AACR 的"单件"和 FRBR 的"单件"稍有不同，AACR 的"单件"是指 a manifestation of an expression of a work，为了区别起见，AACR 的"单件"将以"bibliographic resource"替代，表示 a class of materials。

3. 单件的定义

工作人员可能考虑将单件定义为"A single exemplar or copy of a manifestation"，在某些规则中以 copy 相当于 item，概念上可能比较弹性。

4. 在规则中保留使用"materials"。

5. 版本及版本叙述

工作小组建议保留 AACR 第一部分的版本叙述，第二部分的版本则改为内容表达，不过由于 FRBR 的内容表达不明确，CC：DA 工作小组倾向于为版本下新的定义。

（二）重新组织第 21 章

AACR 全面修订第 21 章，JSC 针对 FRBR 的实体关系，建议重新改变款目选择的条文。过时的用词例如款目被删除，由 citation 代替，而主要款目重新定义为：The initial element of the citation of a work。

（三）为规范记录新增 AACR 的第三部分

国会图书馆建议把第 22、25 章有关标目的形式变成 AACR2 第三部分的新核心部分，条文将包含规范记录的详细说明、标目形式、各不同形式及相关标目的参照等，并且提供其他规范记录内容。

（四）统一题名的修订

JSC 的 FVWG 准备了 AACR 第 25 章（统一题名）的修订版，规则包含作品、内容表达及载体表现标识号的建立，提供内容表达聚合的可能性。对于显示内容表达层次的统一题名与用作共同题名的统一题名之间，工作小组认为编目规则须重新组织，以区分其间的不同。

三、FRBR 对 RDA 的影响

FRBR 于 1998 年由国际图书馆联盟（IFLA）发布，针对数字环境下多元资源来研拟新的著录模式，这个新书目著录模式可以将同一部著作（work）的不同表达（expression）、不同载体（manifestation）以及不同文献对象（item）在一个目录体系中完全呈现出来。FRBR 加强了目录的基本目标与帮助用户利用目录完成工本工作任务需求，使用户能够查找、识别、选择、获取他们需要的信息。FRBR 也提供了满足用户需求的结构，包括在作品和内容表达级别上组织记录并展示记录间的关系。FRBR 概念模型采用新的术语标识实体、关系、属性，而不依赖于任何特定通信格式和数据结构，代替了需要国家级书目记录来标识属性，有必备元素与可选元素之分，开启了书目著录和检索点结构化的新模式，这将为规则的开发更加以国际编目规则为基础、更统一、减少冗余提供指导。

自从 FRBR 出版以来，国际编目界开始反思过去的许多做法，并开始

第五章 书目记录功能需求（FRBR）对文献编目的影响

评估过去的编目标准，从而出现了《国际编目原则声明》、《国际标准书目著录（统一版）》、《资源描述和检索》（RDA）等一系列编目重大问题的讨论成果。目前，许多国家都根据 FRBR 的概念修订编目规则。如前所述，"资源描述与检索"已于 2010 年 6 正式出版。FRBR 将对 RDA 产生怎样的影响，正受到国际编目界的日益关注。FRBR 对 RDA 的影响具体包括以下几方面。

（一）扩大了 RDA 的适用范围

FRBR 运用 E—R 模型从探讨编目实体的属性与关系入手揭示书目记录的功能需求，把传统的编目工作提升为"面向对象编目"（Object—Oriented Cataloging），即编目对象是与目录使用者需求密切结合的实体。该实体涵盖各种文献类型，如图书、音乐、声像资料、测绘资料、视图资料、立体资料等，具有纸质、胶片、磁带、光介质等各种物理形态，采用模拟、数字、电子、光学、声学等信息记录方式，可应用于采访、编目、典藏、流通、管理、参考咨询等文献工作的各个环节，且适用于图书馆内、外的广泛用户。FRBR 是一项综合性的研究，采用 FRBR 概念模式的新规则必然会有广泛的适用范围，不但可在图书馆领域应用，还能用于全世界范围的艺术馆、档案馆、博物馆及其他信息机构。FRBR 模型的采用使得 RDA 可覆盖各种内容类型和媒体类型，具有接纳资源新特点的灵活性和可扩展性，产生的数据能够在广泛的技术环境下运行，扩大了 RDA 的适用范围。

从 RDA 这一名称我们也可以看到新规则的目标所在。由于 AACR2 的使用早已不限于英、美、澳大利亚、加拿大等英语国家，而且 JSC 也希望新规则被更多的国家采用，所以名称中不再保留"英美"（Anglo—American）这个地域性的名词；由于"规则"显得严格和排斥，这个名词也不再出现，以显示这是一个供元数据机构使用的指导性的方针；为了显示新规则的适用范围，名称中用资源描述与检索，不用编目，表示不限于传统图书馆资源，而是包含目前已经存在和将来有可能出现的各种信息资源。JSC 曾将新规则命名为"AACR3：Resource description and access"，即《资源著录与检索》(RDA)。使用 RDA 这一名称表明新规则的目的是成为国际性的各种媒体书目记录与检索的内容标准。

（二）依据 FRBR 概念更新 RDA 的名词术语

要体现 FRBR 的模型，没有概念的一致是不可能的。2001 年，JSC 决定将 FRBR 的术语融入 AACR，并致力于这一方面的努力。AACR 有"作品"的概念，没有"内容表达"、"载体表现"的概念，而"单件"的概念与 FRBR 中不一致。此后提议的修订条款中，它们的定义与 FRBR 中的概念取得了一致。现在可以说"内容表达"与"载体表现"的概念已经成为 RDA 不可缺少的组成部分。机读目录出现以后，主要款目的存废一直是编目界讨论的问题。AACR2 采取了折中的办法处理这个问题，即"检索点"与"主要款目"并存使用，既保留了主要款目概念，同时对取消这一概念也表示认可，但检索点选取仍然基于"不能不取主要款目"的假定。RDA 则彻底废除了主要款目（main entry）、附加款目（added entry）的概念，代之以"主要检索点"（primary accesspoint）和"次要检索点"（secondary access point）的概念。"标目"（heading）的概念完全被检索点（access point）取代；对于著者相关概念的表达也将有所变动，将作品检索点和资源检索点进行区分。一般来说，一个资源包含一部作品，但在某些时候，一个资源也可以是作品汇编、混合作品、无总题名的两个或两个以上作品等。此外，RDA 将减少不必要的图书馆专业术语，还将对其他一些不清晰或与 FRBR 不一致的概念进行必要的修正。

（三）统一题名的修订

统一题名作为现有编目规则及机读格式与 FRBR 思想有机结合的桥梁，有利于建立基于 FRBR 模式的呈现级次的书目记录显示，是 FRBR 思想与现有编目规则和机读格式的最佳契合点。在 AACR2 中，统一题名有两个意义：

1. 当一部著作由于有不同的版本和译本而具有多个不同的题名和题名形式时，为了在目录中集中同一著作的不同版本和译本而在编目时选定的一个特定的题名；

2. 一种惯用的总题名，即当个人著者、作曲家的作品或团体出版物中包含有若干作品时，用来集中同类出版物而选加的题名。

可见，传统概念上，统一题名具有集中与区分作品两种功能。对于两种不同的作用都采用统一题名这个名称，很容易引起概念上的混淆。为了显示内容表达层次的统一题名与用为共同题名的统一题名之间的不同，RDA 将对统一题名进行重新组织。而且，统一题名的概念将被修改。编目员可以对作品的标目增加一个或一个以上的元素进行特定内容表达的识别或区分，即将这种作品标目扩展为内容表达的标目。为编目规则增加内容表达层面的标目将揭示资源所描述的关系，有助于将 AACR 从单纯的描述书目记录的内容转向定义目录如何运行。作品层面的汇集和内容表达层面的汇集，都是基本的目录功能。内容表达层面的标目还能用于主题标目或相关作品标目，从而在内容表达上而不是作品层次上揭示资源之间的关系。此外，RDA 将减少不必要的图书馆专业术语，还将对其他一些不清晰或不一致的概念进行必要的修正。

（四）FRBR 实践对 RDA 的影响

FRBR 模型发布后，许多图书馆和编目机构积极实践，探讨其应用价值。美国研究图书馆集团（RLG）经过数年研究与试验，于 2004 年正式发布 Red Light Green，OCLC 的 Open WorldCat 中也可看到 FRBR 的应用。FVWG 的一个重要任务是探讨如何将内容表达这一概念体现在新的规则中，工作组选择具有多种载体表现的资源，对其进行以内容表达为基础的编目实验。结果表明，如果对内容表达进行编目，编目员必须判断不同载体表现之间的关系，而且对内容表达进行编目往往不知从何入手,因为编目员在对特定载体表现编目时,很难判断内容表达的属性,不可能预知将来会有多少载体表现,哪些数据元素会变化,只能记录所编目的载体表现上存在和已知的信息。对于只需要一个载体表现的编目机构来说,内容表达的记录随其信息的增加需要经常地修订与维护,还会大大增加编目过程的复杂性。

研究表明,FRBR 的汇集只对一小部分作品适用。所以,为一小部分图书馆资源的集中而根本改变编目工作并不可行,图书馆的编目工作仍应该以载体表现为基础。

四、FRBR 对数据格式 MARC 的影响和冲击

2001 年,美国国会图书馆网络发展和 MARC 标准办公室(the Network Development and MARC Standards Office,简称 NDMSO,由顾问 Tom Delsey 领导)从 FRBR 模型、AACR 的编目模型以及用户任务三个方面对 MARC 进行研究,其研究成果之一"MARC21 书目和馆藏格式的功能分析"(Functional Analysis of the MARC21 Bibliographic and Holdings Formats)对 FRBR 与 MARC 格式的关系进行了分析,并给出了详细的映射表:"Mapping of FRBR to MARC Data Elements"和"Mapping of MARC Data Elements to FRBR"。研究结果表明 FRBR 模型与 MARC 之间有相当程度的一致性,但是约有 1/3 的 MARC 字段在 FRBR 模型之外,所以有必要扩展 FRBR,增加新的实体和关系;另一方面,FRBR 模型为 MARC 格式的修订,特别是在揭示"内容表达"和"关系"方面提供了一些启示。如果要把现有的书目数据转换成 FRBR 结构的记录,还需要做更进一步的研究。

如前所述,FRBR 仅是一个"实体—关系"模型,不是数据模型,因为 FRBR 为每个实体所定义的属性在很多情况下都太一般化,以至于如果不提炼 FRBR 的话就无法将它像一般的模型那样实现。例如,题名可以有不同的性质,尽管 FRBR 为作品、内容表达和载体表现等每个实体

Chapter 5
第五章 书目记录功能需求（FRBR）对文献编目的影响

都定义了一个题名属性，但是这种"题名概念"的分类还不足以覆盖我们的实际需要和目前在用的题名类型。FRBR 既然不是一个数据模型，那它又是如何被"实现"的呢？最好的情况是基于它设计一个中间数据模型，最差的情况是就将它错当成一个数据模型。但不管是哪种情况，不是将一个现存的格式映射到 FRBR 上，就是将 FRBR 映射到一个新的格式上。将 FRBR 映射到一个新的格式上将直接影响现存的机读目录格式，而这在短时期内实现的可能性不大；将一个现存的格式映射到 FRBR 上则直接影响现存的 OPAC 检索界面，将改变传统 OPAC 检索结果的列表式清单，呈现给读者的是树状结构图（见图 5.1），这种树状结构图能够准确反映该作品的实体关系。这样的检索结果结构层次鲜明，可以显示各书目记录间的关联性，且便于用户辨别和理解检索结果中各实体间的关系，从而大大节省用户的检索时间与精力。

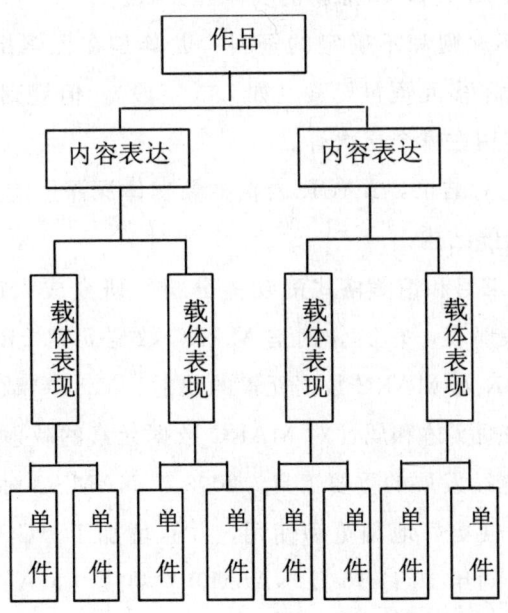

图 5.1 基于 FRBR 模型 OPAC 检索系统检索结果树状图

（一）MARC 与 FRBR 映射关系

MARC21 记录是单一作品对应单一载体，如何处理多种版本（multiple version－format variation）一直是国会图书馆努力的方向。2001 年 NDMSO 从 FRBR 模型、AACR 编目规则模型及用户任务三个方面对 MARC21 进行研究，研究发现 AACR 及 MARC21 中并无内容表达这个概念，多数有关内容表达存在书目格式中，内容表达属性则存于馆藏格式中，而内容表达资料则存在于规范记录中，并发表了《MARC21 书目和馆藏格式的功能分析》（*Functions Analysis of the MARC21 Bibliographic and Holdings Formats*），研究成果表明：

1. MARC 和 FRBR 模型有相当程度的一致性，在 2300 个元素中，有 1200 个与 FRBR 相对应，但约有 1/3 的 MARC 字段不在 FRBR 模型中，因此有必要扩展 FRBR，增加新的实体和关系。

2. 有许多不规则和不确定的资料：尤其是在元素层级而不是标准，很多子字段包含了多元资料元素（如 533 字段），但规则定义不清楚，如存取限制究竟要用在哪个层次等。

3. AACR 比对结果：AACR 内在抽象实体深深影响到 MARC，使得规则结构重于功能结构。

《MARC21 书目和馆藏格式的功能分析》研究成果还建立了 MARC 与 FRBR 四种映射表，它们分别是 MARC 数据元素 FRBR 和 AACR 之间的映射、FRBR 对 MARC 数据元素的映射、MARC 数据元素对用户任务的映射、元数据实体和属性对 MARC 数据元素的映射。这些映射表是 MARC21 标准继续发展的重要工具，2003 年 NAMSO 对这些映射表进行了格式修订，以便更好地浏览和使用，并且增加了 ACCESS2000 数据库中的几种映射，同年 10 月 16 日 NASMO 发布了《MARC21 书目和馆藏格式的功能分析》报告的最新版本。

（二）FRBR 的内容表达与 MARC21

据 Delsey 的功能分析报告，内容表达的属性分布在 MARC21 的书目格式及馆藏格式中。实际上 Delsey 的功能分析仅限于书目格式及馆藏格式，规范格式并不包括在内。如果内容表达的属性分布扩及书目格式、馆藏格式及规范格式，如何便利使用 MARC21 内容表达资料将变成极其复杂的难题。此外，FRBR 的内容表达属性有 30 多种，大多是 MARC 字段所没有的。

如前所述，JSC 的 FVWG 指出从图书馆编目的观点，以内容表达层次编目既不合逻辑，也不切合实际，因此 FVWG 决定放弃。但是以内容表达层次聚合的目录展现价值仍受到 FVWG 的肯定，例如在 OPAC 上的 FRBR 所展现的优势，而 MARC 记录大部分是单一作品单一载体表现，是否应该为求 FRBR 展现而修改 MARC 格式，目前情况不十分明朗。从目前 FRBR 在 OPAC 的应用看，集中显示同一作品的不同版本是一种趋势，这些实践都对 RDA 产生了影响。

（三）MARC 修订的目标

LC 的 CPSO 主管 Tillett 指出 FRBR 模型或许可以帮助 MARC 格式如何改进内容表达及关系，当描述作品的内容表达时不需要多余地记载信息，应该将内容表达与其相关作品之间建立关系，而不是仅仅在附注项记载。John Attig 表示应当增加规范记录的概念，许多关系（例如"作品"对"作品"的关系）应该属于规范记录的范围，书目记录处理这种关系（附加款目）或在规范记录（参照）之间没有解决的问题，应该放入 FRBR 模型中加以考虑。

（四）FRBR 为 MARC 格式带来的可能性变革

机读目录格式与编目条例密切相关。根据国际图联 UBCIM 计划（即由 UBC 和 IMP 两项计划合并的 "Universal Bibliographic Control and International MARC" ）的调查，20 世纪 90 年代中期，在全球 60 个国家的国家图书馆采用的机读目录格式中，有近半数采用的是基于 USMARC 的格式，另有四分之一采用的是基于 UNIMARC 的格式（我国使用的 CNMARC 格式）。这两种机读目录格式的共同之处是将格式本身划分成记录和字段两个层次，所不同的是其字段标识符、字段指示符和子字段标识符定义各异。

如前所述，E—R 方法直接列出所有的实体、实体属性以及实体间的联系，并将实体间的联系用一种抽象的命名来表示。FRBR 也是如此，在列出所有实体和实体属性后，随即开始论述各实体间的关系。在 FRBR 中，我们发现前述作品、内容表达、载体表现和单件之间均存在一种内在的"亲族"关系（an implicit "sibling" relationship），这种内在亲族关系若用前述两层结构的 USMARC 或 UNIMARC 格式来反映确实比较困难。尽管这两种机读目录格式各有连接字段，但由于在这两种机读目录格式中相关文献的有关信息必须都嵌套在一个字段中反映，所以从该记录的目次区还是无法知道都是些什么信息。20 世纪 60 年代出现了 USMARC，70 年代出现了 UNIMARC。80 年代联合国教科文组织和国际图联还共同推出了一种 CCF （Common Communication Format）格式，我国全国情报文献工作标准化技术委员会随后制订的 CCFC （Common Communication Format of China）格式 90 年代作为 GB/T2901—92 国家标准的附录颁布（即 GB/T2901—92 推荐执行格式）。

CCF 和 CCFC 格式与前述 USMARC 和 UNIMARC 格式不同，即前者的设计者已看到当前客观世界对机读目录产生了新的要求，所以其设计思想从一开始就以实体和实体关系为指导原则，并把客观世界的存在以实体形式划分。据此，CCF 和 CCFC 将记录的格式不是划分成两层而是划分成三层，即在 USMARC 和 UNIMARC 格式都有的记录和字段之间划分出一个中间层次——区段（segment）。当然，CCF 和 CCFC 格式当时引入区段层次完全是为了能在一条逻辑记录中描述多个文献,即在一条书目记录中可以有若干种不同类型的文献实体,也允许有同一类型的多个文献实体存在。区段是记录的下级单位,一个记录中仅有一个区段的情况是一种最简单的情况,但若想用一条记录来描述若干个文献,那就必须在记录中设置若干个区段,而这些不同文献间存在的关系就将影射为区段之间的关系。例如:

上例若用一条 CCF 和 CCFC 记录表达,则在该记录中就必须要设置 10 个区段。即:

CCF 和 CCFC 记录中的基本区段(primary segment)所记录的文献为目标文献(一条记录中只允许存在一个基本区段),次级区段(secondary segment)所记录的文献为相关文献(一条记录中允许存在一个及其以上的次级区段),每一区段对应于结点上的文献,而不论该文献是属于

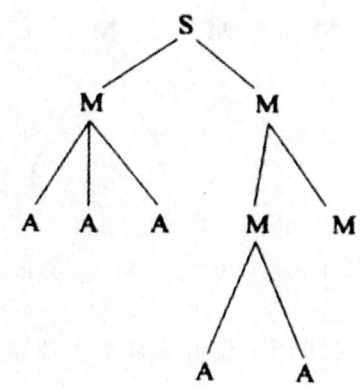

图 5.2　文献及其关系

(S 表示连续出版物,M 表示专著,A 表示分析级单篇作品)

哪个书目级别的。同理,若将图 5.2 改为图 5.4 形式,那么使用 CCF 和 CCFC 格式的区段同样可使 FRBR 中的实体分隔问题得到合理解决,即以实体方式将客观世界进行科学映象,并又以特定的关系内容将同类或不

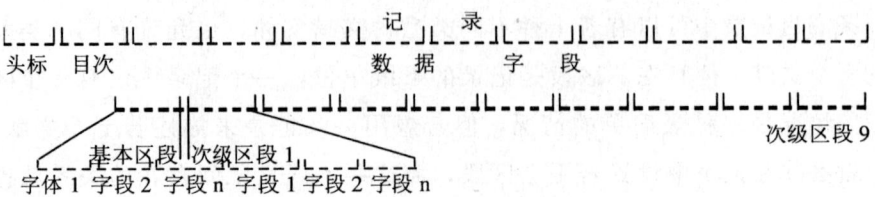

图 5.3　区段及其关系

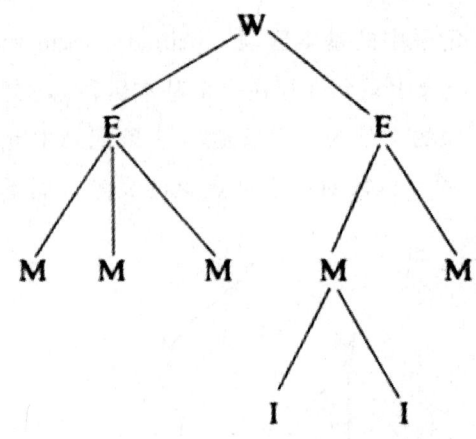

图 5.4　实体及其关系

（图中 W 表示作品，E 表示内容表达，M 表示载体表现，I 表示单件）

同类实体进行连接。这种借用不仅可从目次上清楚地知道记录中描述了几个编目实体，每个编目实体都记录了哪些内容，同时又可反映这些编目实体间的关系。CCF 和 CCFC 的这种设计思想完全符合当代数据库的设计思想，特别适合网络型及关系型数据库。此外，CCF 和 CCFC 格式尽管比 USMARC 和 UNIMARC 格式多一个区段概念，但其记录中也依然只有一个头标区和一个目次区，因此完全符合 GB2901 和 ISO2709 的有关规定。CCF 和 CCFC 格式不同于 USMARC 和 UNIMARC 格式的一个重要之处，是它的目次项长度要定义为 14 个字符而不是像 USMARC 和

UNIMARC 格式那样定义为 12 个字符，即多出的两个字符一个用于反映区段标识（segment identifier），一个用于反映字段第次号（occurrence identifier）。当然，目前在我国直接用 CCF 或 CCFC 格式替代 CNMARC 格式的确存在一定的困难，一是因为在我国 CNMARC 格式已占主导地位，人的观念尤其是编目员的观念一下子难以转变；二是借用 CCF 和 CCFC 格式来反映 FRBR 中的各个编目实体及其属性需要重新定义 CCF 和 CCFC 格式中的各个字段。但是，借用或采用 CCF 或 CCFC 格式来反映 FRBR 中的编目实体、实体属性及其关系要大大优于 USMARC 和 UNIMARC 格式确是一个不争的事实，至少可以为变革机读目录格式提供一种借鉴。

第二节　FRBR 模式下书目关系的表达

一、书目关系产生的历史背景及其发展

书目关系（bibliographic relationship）是界定两个或两个以上书目实体在目录中以某种方式发生关联所产生的特定关系，目录的汇集和导航功能正是由书目实体间的关系和连接所达成，它是一个复杂的概念，并非孤立存在。在西方编目史上，人们对书目关系的认识同样经历了由简单到复杂、由零散到系统、由局部到整体的漫长过程，在这个过程中，产生了许多编目条例。可以说，书目关系存在于文献编目的各个方面，隐含于各种编目条例中，并已成为未来图书馆联机目录结构设计的重要考虑因素之一。一个多世纪以来，人们一直在努力探索由书目关系产生的目录的汇聚、区分和导航功能，并一直延续至今。

从理论上讲，书目关系包含内在关系和外在关系。内在关系是指实体与其属性或其属性之间的关系，如当一个作品被创作的同时，作品题名、作品形式、作品日期等属性与"作品"之间便已存在关系；外在关系则指实体与实体之间的关系，如同一作品的不同版本、原作品与衍生作品的关系。这两种关系都是编目规则关注的课题。此外，书目关系和图书馆目录功能又紧密关联，它是提供相关文献系统化显示的有效路径。

众所周知，在编目史上，潘尼兹建立《九十一条》，提出了图书馆目录的基本特点，这种相关著作的聚合功能和相关题名的参照关系首次将书目关系与图书馆目录功能联系起来；此后卡特提出"用户至上"的编目原则，归纳了查询、聚合、选择三大功能；柳别斯基提出了查找和集中职能，并直接影响了1961年的巴黎《原则声明》，在相当长的时间内成为世界各国制订本国编目条例时奉行的基本原则之一，也成为人们评估图书馆目录质量的重要依据。

时代在前进，图书馆目录的功能也在不断扩展。20世纪60年代以后，随着机读目录的出现，传统的纸质目录在结构和形态上发生了根本性变化，目录本身被文档或数据库取代，特别是面对大量涌现的网络资源，编目对象、检索环境与用户需求发生了很大的变化，这迫使人们重新审视《原则声明》所确立的目录职能。进入90年代，考虑到多载体文献类型的增长趋势，IFLA重新表述了图书馆目录的功能，于1998年出版了《书目记录功能需求》一书，特别增加了获取功能，提出了表达书目关系理论的新的模型，拓宽了传统的目录思想，为未来书目关系的揭示提供了新的思路。

21世纪伊始，西方学者在讨论信息组织整理的原理时又增加了"导航"（navigate）功能，即通过书目实体之间的等同、相关和从属关系从已知作品导向其他作品的功能。至此，图书馆目录的功能扩展为：确认、聚合、选择、获取和导航。

二、书目关系类型

(一) MARC 中的书目关系

在 MARC 中定义书目关系,首先出现在 IFLA 出版的 UNIMARC (1980) 格式中,包括三种关系:

1. 垂直关系:指整体文献与其组成部分、部分与其整体文献的从属关系,如期刊与其中一篇文章的关系,附属丛编与主丛编的关系。

2. 平行关系:指书目文献之间不同语言、不同载体及不同形式版本之间的关系。

3. 年代关系:相关书目实体之间呈现的时间性关系,反映作品在出版过程中的变化情况,如图书不同版次改名、期刊改名等,多见于具有先前和后续关系的连续性资源。

(二) 编目条例揭示的书目关系

西方编目学者不断对书目关系进行分析,特别是美国国会图书馆的巴巴拉女士在总结各种编目条例后提出的较为完整且互斥的七种书目关系,直接影响了 FRBR 模型中"关系"的建立,也为未来书目系统中书目关系的建立提供了需求。

1. 等同关系 (equivalence relation)

泛指作品知识内容及其著作方式相同的作品,包括一个作品的相同载体表现或原作品及其复制品 (相同或不同文献类型) 之间的关系,如复本、摹真本、重印本、影印本、缩微复制品及其他复制品。

2. 衍生关系 (derivative relation)

指原作品与其修改作品之间的关系,包括不同版本、修订本、译本、改写本等，其适用范围为：

- 作品的其他版本，如不同版本、修订版、翻译及提要、摘要；
- 改写或改编作品，即基于原作品修改而产生的新作品；
- 体裁发生改变的作品，如小说改为剧本，AACR 视其为新的作品；
- 基于原作品的文体或内容产生的新作品，如意译作品、模仿作品等。

3. 描述关系（descriptive relation）

指原作品与其描述、评论、评估作品间的关系，还包括注释本、案例、文学评论等。

4. 整体/部分关系（whole/part relation）

指整体文献与其组成部分/部分与其整体文献的从属关系，如主文献与其析出文献、作品合集与选集，或期刊与其中文章、附属丛编与主丛编之间的关系。

5. 附属关系（accompanying relation）

指书目文献与其附件之间的关系，一种情况是两者内容和责任方式完全相同，如一本图书随附光盘一张（即印本的电子版）；另一种情况是两者之间互为补充、说明和指引关系，如补编、索引、目录、使用指南等。

6. 连续关系（sequential relation）

即 UNIMARC 中的年代关系。

7. 共有特性关系（shared characteristic relationships）

目录中两个实体虽不相关，但却共有某些特性，如相同著者、题名、主题或可提供检索的其他特性（语言、出版信息）。

三、书目关系在 AACR2、MARC21 中的应用

由于当前目录普遍缺少书目关系的说明,因此必须通过著录元素、特定检索点来识别不同层级的书目关系。在此,以前述的七种书目关系为构架,对书目关系的连接、处理方式及适用范围进行分析。

(一)等同关系作品

1. 按复本处理

即在原作品书目记录中添加单册、馆藏信息,或在附注项记载其等同信息,如 "Also available in microform" 等。

2. 按独立书目处理

可通过在等同作品书目记录中的附注项记载原作品的相关信息,如 "Reprint. Originally……",亦可为原作品和等同作品著录统一题名进行汇集。

表 5.1 目录中等同作品的连接方式和使用字段

MARC21 连接字段	处理方法		适用范围
	原作品	等同作品	
533		包含对原版文献的复制品进行描述的信息。原版文献的信息著录于书目记录的主要部分,复制品中与原版文献不同的有关信息著录在 533 字段	缩微复制品
534	在等同作品书目记录中说明原作品	在原作品书目记录中记录等同作品	摹真本、重印本
500	在等同作品书目记录中说明原作品		复本、摹真本、缩微复制品
240	用统一题名汇集原作品与等同作品		摹真本、重印本、影印本、其他复制品
5XX	在原作品书目记录中记载等同作品馆藏信息		复本

(二) 衍生关系作品

1. 不同版本

·在衍生作品书目记录中通过版本项说明其为缩略或修订的情况；

·在衍生作品书目记录中通过附注项记载原作品相关信息，如"Revision of:"。

2. 翻译作品

·在翻译作品书目记录中以原著者作主要款目，译者作附加款目；

·在翻译作品书目记录中以原著题名作统一题名，并附加译著语言进行区分；

·在翻译作品书目记录中通过连接字段记录与译著相关的原著信息；

·古典佚名翻译作品，可在翻译作品书目记录中以原作品题名为主要款目（130），将翻译作品题名作为附加款目（245）处理；或者通过翻译作品书目记录中的附注项揭示原作品信息。

3. 轻微修改的作品

AACR2规定，此类作品以原作品题名或著者作为主要款目，在版本项说明修改情况，或以附注项替代版本项；若原作品从文字或乐谱改为录音资料，将演出者记录在附加款目。

以上三种衍生作品具有一个共同特点，即当衍生作品被看作独立的书目记录时，编目规则仍以原作品书目记录的内容为依据著录，再分别于版本项、附注项、附加款目或连接款目中予以说明修改等情况。

4. 改写或改编作品

AACR将此类作品视为新作品，以改编者作主要款目，原著者作附加款目。

5. 体裁改变的作品

AACR同样视其为新作品，以改编者作主要款目，原作品以著者/题名形式作附加款目著录。

表 5.2　目录中衍生作品的连接方式和使用字段

连接字段	处理方法		适用文献类型
	原作品	衍生作品	
主要款目 附加款目	在衍生作品书目记录中，以原作品为主要款目，衍生作品为附加款目进行描述		翻译作品 轻微修改的作品
统一题名	在衍生作品书目记录中，以原作品作为统一题名	翻译作品	
附注	在衍生作品书目记录中记载原作品题名及相关信息	翻译作品、不同版本、轻微修改作品、模仿作品	
版本项		在衍生作品书目记录中说明版本的变化	不同版本作品 轻微修改作品
附加款目	在衍生作品书目记录中记载原作品	在原作品书目记录中记载衍生作品	不同版本作品 改编作品
附加款目	在衍生作品书目记录中，以名称/题名形式说明		载体改变的作品
题名	在衍生作品书目记录中以此表示原作品	模仿作品	

（三）描述关系作品

当描述作品与原作品一起出版或以原作品为主时，则在描述作品书目记录中以原作品为主要款目，将描述者著录在附注项或作附加款目；若两者分开出版，或描述作品较为显著，则在描述作品的书目记录中以描述作品作主要款目，在附注项、附加款目或主题款目说明原作品，并进行连接。

（四）附属关系作品

附属关系作品视不同情况处理。如果作品与附件内容和责任方式完全等同，按前述的等同关系作品处理；若两者之间互为补充、说明和指引关系，应在书目记录中的载体形态项（300＄e）著录附件，或在附注项说明。

（五）整体/部分关系作品

在 MARC 中又称为垂直或层次关系，主要体现的关系是包含关系，通常有三种连接方式：

1. 内容附注，通过 505 字段揭示；

2. 多层次著录，即分层建立记录，第 1 层建立总记录，第 2 层建立卷记录，第 3 层建立分辑记录，将三层记录进行连接；

3. 采用分析著录法，如丛编分析法（在丛编说明整套作品）、"In"分析法、名称/统一题名著录法。

（六）连续关系作品

范围主要涵盖：

1. 丛书（series）：题名多变的丛书；

2. 连续出版物（serials）：改名的期刊。

这两种情况最大的问题是采用什么方法记录其变迁情况。根据巴黎原则精神，每一个新的题名皆视为独立的书目记录，并在该记录中用统一题名或附加款目方式将其新/旧题名汇集在一起，但 AACR2 规则规定只在附注项说明新/旧题名的关系，如 "continues：……" 并通过连接款目反映作品出版过程中的继承、替代、吸收、合并等关系，在 MARC21 中使用 780（先前款目）和 785（后续款目）字段。

3. 续编（sequels）：某一著作的续集。视为独立作品，并在附注项及附加款目中说明原作品，如："A sequel to……"

（七）共有特性关系作品

可通过规范控制对相同著者、题名、主题的非相关的作品进行区分和归并。

四、未来信息资源编目中书目关系的表达

FRBR 结构基于作品来建立记录,即为不同载体形态的同一作品建立一个高层次的记录,再将该记录与其相关的低层次的记录链接,这样每一个著录实体就不再是孤立的,而是基于作品内容相互关联的。我们是否为在编文献提供了充分的描述信息?我们是否建立了足够的相关文献的书目关系?我们是否为电子资源提供了相应的链接?当今目录的发展已远远超出编目规则的控制,商业型或自行开发的自动化系统都按照各自的需求发展着,从而导致联机公共目录及其显示即使都遵循 Z39.50 标准,也有诸多不同。位于美国的 VTLS 公司于 2003 年初宣告新的图书馆整合系统(Virtua ILS Release42)将增加 FRBR 软件,使用者只要按一下键盘,就有可能把传统的 MARC 记录转换成 FRBR 格式。OCLC 还公布了一个将书目记录转换成 FRBR 模式的算法"FRBR Work—Set Algorithm"。这样一来我们就可以考虑,是否能以"作品"为基础来创建结构呈树型(具有层次性)的书目记录,即为每一个作品建立一条主干记录,同时建立许多分支记录,分支记录揭示同一作品的不同的表现方式、表达形式和文献单元。此外,由于合作编目、联机目录及因特网的发展,使得书目关系的发展变得日益重要,因为当各图书馆馆藏量增加后,更需要对不同版本、相关版本及修订版本之间的差异进行区分,寻找到作品间连接的最佳模式,进而提高目录各项功能的效率。

(一)重视编目规则背后的原则

随着编目工作的发展,人们普遍意识到探求编目条例理论性和原则性的必要,感到迫切需要一种能够指导编目实践的总体理论原则和在基本原则指导下的简明规则。1953 年,柳别斯基在他的重要报告《编目规则与原则》中指出,过去编目工作"只注重著录规则,却忽视了规则以

上的原则"。他强调,如果没有原则,各种规则的制订必定是任意的,有时可能是相互矛盾和重复的,编目员对编目中产生的具体问题就会感到无所适从。今天,无论在西方还是在我国,编目规则的修订可以说是过去、现在甚至未来图书馆界仍将面对的任务,人们更应注重编目规则背后原则的解释。

(二) 确立目录中书目关系建立的原则

书目关系的存在不是孤立的,它是描述性编目过程多个方面的集成,对目录的结构和设计十分重要。因此,目录中书目关系的建立应遵循一定的原则:

1. 可识别性原则。书目记录应该能够识别目录中编目实体和其他实体之间的关系,这种关系包含不受其他实体控制的独立关系和依赖于其他实体的附属关系,且这种可识别关系是双向的。

2. 方便连接原则。书目记录中的数据元素应方便连接,书目记录应提供足够的信息识别关系和建立连接,书目记录之间的连接同样是双向的。充分、足够并不意味复杂、面面俱到,而是适可而止,相关也需要适时把握。关注文献被最广泛利用的可能性,在适当的情况下作一些分析著录,但如果以现有检索点读者已经可以清楚地找到所需文献,就不要滥用分析。

3. 使用者方便性原则。要求建立书目记录时,心中时时想到读者,时时考虑以下问题:

(1) 多数研究表明,读者一般使用较少的著录元素,许多项目更是偶尔使用或根本不用。目录中最常用到的是著者、题名、版本、出版者、出版年和主题,即少数常用的项目就可满足多数读者的需求。

(2) 多数读者将目录作为检索工具,习惯上会首先用题名、著者检索。

(3) 读者希望目录中增加关于图书内容的说明。他们希望目录能够提供更多的内容分析、摘要，以帮助区分和选择图书，部分读者还希望增加著者的背景说明或其所属的学派。

（4）读者喜欢简略型目录，因为它们容易使用，检索的速度快。

（5）读者用主题检索时，通常不是太多就是太少，而这也是目录聚集目的所未能预想到的结果。

（6）读者使用检索词与检索系统采用的很难相符合。目录是为实际需要而存在的，而使用者的期盼与使用行为正是目录得以改进其功能的重要参考，因此，书目数据能否符合用户方便性原则，是今后不能忽略的一个研究重点。

4. 多层描述原则。编目规则应提供一个实体不同层次的独立描述，包括抽象的作品、载体表现和特定单册，这些层属间的描述应彼此连接。

5. 一致性原则。书目关系的识别和连接应本着一致性原则，打破文献载体的界限，即不同文献类型的处理采用相同的方式，包括应用中的一致性和使用统一题名。

以上原则为编目理论和实践中书目关系的处理提供了一个逻辑指向，所有资料类型处理采用一致性和统一性的相同方式，其应用将推进记录的重构和目录的设计，使书目数据的国际交换畅通，有助于特定关系识别和直接连接的书目系统的设计。

（三）编目技术是揭示书目关系的纽带

仔细分析不难发现，目录两个职能的实现是有矛盾的。"特定检索"要求著录时完全照录题名页，"聚合检索"则要具备"统一"（uniformity）的特性，即同一著者的统一标目、同一作品的统一题名和同一主题的统一标题词。编目技术正好提供了解决这一矛盾的方法，如 MARC 格式、特定的著录格式、著录内容、著录顺序、规范标目及标目形式的选取原则、参照系统等。英美编目传统下的连接方法主要包括：主要款目、统一题名、附加款目、多层著录、版本说明、丛编说明、附件的载体形态描述、附注、参照和超级链接。为确保书目关系表达与显示的一致性，应适时地对编目条例进行修订，更清晰地定义书目关系类型以及提供书目关系表达的一致性方法。

（四）进行书目家族的相关研究

虽然用户可以通过连接功能查询本地和远程的图书馆目录，但当面对数以千计的检索结果集时，如何从中选取所要的版本却不是件易事。书目家族的建立与目录的目的与功能有密切关系，能否将已有的书目家族关系的研究应用到联机目录中以提供查询是非常有意义的工作。此外，还要对作品关系、译著与原著之间的关系、多载体版本之间关系进行研究，找出其间的关联性，这样才能进一步提高目录的汇集、区分和导航功能。

（五）利用规范控制建立书目关系

规范控制的核心是书目控制，其目标是实现目录系统中的精确查找和同类实体的汇集，达到准确查找目录中某一特定文献、查找同一著作的所有版本、查全特定责任者的全部著作、查全特定主题的全部资源等目的。达此目的必须通过建立规范形式的名称、主题和题名来实现。通过单纯参照、参见参照或连接款目的形式连接，名称可汇集相同责任者的不同作品，题名可汇集相同文献的不同题名、相同文献的不同语言版本、相同文献的不同载体版本、相同文献的不同印次等。规范控制的应用实际是在目录中构建了书目实体之间隐含的书目关系，即通过名称、题名和主题汇集、区分作品并在作品间建立导航。

众所周知，书目质量控制是图书馆编目工作的灵魂，其内容范围涵盖编目规则的制订、书目资料的查证与补证、复本控制、相关书目记录关系的建立以及规范控制，尤其后两者在图书馆自动化系统中的作用十分重要，其带来的互动关系也相当微妙。本节通过研究FRBR的书目关系，探索未来联机编目环境中书目关系的表达，期待达到实现书目质量控制、满足用户期望与需求的最佳目的。

(六) 通过 OPAC 显示揭示书目关系

书目记录的建立最终是为了指引读者检索，查找自己所需的文献。未来 OPAC 的设计必将体现多元显示，指明书目之间的内容关系和相关特性，显示相关附注或导航信息。通过 OPAC 揭示书目关系，其条件是书目记录必须符合 FRBR 的层次结构，并在不同层次间建立连接关系，即建立以作品为核心层，以内容表达为作品的实现层，以载体表现为内容表达具体化的物理载体层，以单件为获取资源的馆藏层的分层记录。通过 FRBR 实体、属性和关系，使关联的书目被连接起来，形成一个庞大的网络，每个节点都成为用户查询的检索点。

第三节 FRBR 对图书馆 OPAC 检索功能的作用与影响

一、OPAC 的历史与发展

OPAC 即联机公共检索目录（online public access catalog，简称 OPAC）作为图书馆自动化集成系统的一部分，是通过因特网对图书馆馆藏资源进行检索、以实现图书馆书目信息资源共享的现代化检索系统，是用户从图书馆获取信息的最基本、最直接的手段。20 世纪 70 年代 OPAC 起源于美国的一些大学图书馆和公共图书馆，我国 80 年代初才开始开展国际联机检索的 OPAC 的发展。随着计算机技术、网络技术的进一步发展，OPAC 的功能和作用不断地发生着变化。发展至今，OPAC

所提供的信息已经从单纯的"电子目录"扩展到音像、图像以及全文信息，服务对象也从单一的图书馆读者扩展到全球的网络用户。从图书馆OPAC信息显示范围的发展分析，大体分为四个阶段：

第一代OPAC：基于图书馆本馆的OPAC

第一代OPAC为"词组标引或先组式系统"。20世纪70年代，一些美国大学和公共图书馆在研究基金的资助下，开始研制联机编目系统。项目采用非营利性模式，主要为图书馆工作人员服务。当时，这些项目主要集中在编目和流通方面，并没有为用户提供公共检索服务。OCLC、美国国会图书馆（LC）的机读目录著录标准和北美四个公用设施（North American Utilities，包括OCLC、RLIN、WLN和ULTAS）等成为OPAC产生的基础。第一代OPAC基本沿用卡片目录模式，记录字段与卡片目录相仿，采用首字母组合和短语方式，从题名中抽取主题词并严格按照字段匹配检索。用户界面采用菜单及指令方式控制检索过程。机读目录由单机目录发展到联机目录后，出现了面向读者的联机公共检索目录，1975年在俄亥俄州立大学正式实施。它是通过公共终端或工作站访问由图书馆馆藏资料的书目记录所组成的数据库，其范围仅限于单一图书馆及所联机的多个图书馆的本馆收藏。这个阶段的进步主要体现在计算机技术上的进步，界面设计、检索能力（包括检索词、匹配、结果显示）等方面的改进大大提高了用户检索的效率。早期OPAC技术操作复杂，只有经过严格的专业培训才能掌握检索技术，因此在应用推广方面受到阻碍，但由于OPAC是一种新型的信息组织及查询方式，其快速处理信息的能力受到用户的欢迎。

第二代OPAC：基于Web1.0技术的OPAC

第二代OPAC也称为"关键词或后组式系统"，形成于20世纪80年代中期，是在第一代OPAC基础上，经过局部调整而形成的新一代产品。

第二代 OPAC 吸收商用书目信息检索系统的优点，采用字词后组配方式，能够提供关键词检索和布尔检索；用户界面采用下拉式菜单，并提供帮助、浏览、查询以及人机交互、用户导航等功能；有些 OPAC 系统甚至可以区分初、高级检索以及词组检索，从而极大地提高了检索能力。90年代是网络形成的初级阶段，Internet 广泛应用，OPAC 成为通过互联网访问的 WebPAC。这种基于 Web1.0 技术的图书馆服务，用户以使用为主，其信息为单向提供，用户无法进行信息交互。

OPAC 在服务上集成了图书馆自动化管理系统的优点，为用户提供查询、借阅、预约的个人服务，但在处理检索请求时，第二代 OPAC 在检索能力、界面设计、响应时间、数据库规模和书目内容等方面还存在一些缺陷。同时，由于缺少必要的规范，不同系统之间的兼容也受到限制。

第三代 OPAC：基于 Web2.0 技术的 OPAC

20 世纪 90 年代初，OPAC 在检索和匹配技术方面有了新的突破。增强式检索和匹配技术、检索结果相关性排序等新技术的应用使第三代 OPAC 开始具备与用户交流、理解并掌握用户需求的能力，并可以改善用户检索策略和检索过程，帮助用户获得理想的检索结果。第三代 OPAC 具有词组检索和关键词检索功能，可以为用户提供更多的受控与非受控检索点以及联机帮助；检索对象突破书目数据范围，拓展到期刊题录、文摘、专题数据库、全文数据库、商业数据库和其它情报数据库等信息资源；用户界面采用超文本以及图形接口技术以及 Z39.50 协议，支持用户交流，图像和多媒体界面、语音用户界面和触摸屏用户界面等，成为用户信息共享的重要设施。

2005 年出现的图书馆 2.0 的概念，其根本变化在于理念的变化。用户不仅是信息提供的使用者，而且是信息提供的参与者。OPAC 为用户提供了参与、交互的渠道，使图书馆服务更具人性化。如提供用户参与评论的厦门大学的维基版主页、不同类型博客（blog）、信息推介服务

（RSS）、用户社区，还有为用户提供展示的空间（如Flickr与图书馆合作提供用户上传、评论图片等）。

基于网络的OPAC：未来Web3.0技术的OPAC

20世纪90年代后期，在Internet和客户机/服务器模式基础上形成"基于网络的OPAC（Web－based OPAC，WebPAC）"，成为网络环境中图书馆以及其他信息机构公共检索服务重要途径。Hildreth（1991）指出，新一代OPAC是在传统基础上的"扩大、扩展、延伸"（Enhanced，Expanded，Extended，E3OPAC）。基于网络的OPAC集成图书馆自动化管理系统通过互联网为用户提供远程服务。WebPAC编目子系统可以为用户提供书目信息，流通子系统可以向用户提供个人信息、借阅、预约情况等反馈信息，以及电子图书、期刊、多媒体光盘、全文数据库等联机数字信息资源检索服务。WebPAC系统采用磁盘阵列、光盘塔、镜像和网络技术存取数字化资源，为用户提供面向Internet的联机信息检索服务，并通过数据库接口或数据仓库技术整合信息资源，实现不同数据库之间的接入和输出，实现电子资源自动化搜索和智能化处理功能。系统将网络搜索引擎、交互式多媒体检索工具集为一体，在统一检索界面下，提供不同图书馆的数据仓库信息查询和检索以及多媒体文献。WebPAC还可以为用户提供布尔检索、重要性排序、模糊查询、相关反馈、个性化服务、信息过滤、语音检索、对话式查询和智慧型检索等智能化检索服务。基于Web的OPAC检索能够突破使用人数限制，降低对大型主机的依赖性，从而更好地满足用户需求。

图书馆3.0可以简单地用下列公式表示：图书馆3.0＝web3.0（语义网络）＋P2P（对等网）。语义网络解决信息资源描述问题，对等网通过新的网络结构解决服务模式问题。图书馆3.0的核心是资源整合，在这个新模型基础上，图书馆服务将无处不在，成为社会信息基础整体结构的一部分。

二、OPAC 现状

最早的 OPAC 出现在 20 世纪 70 年代美国的一些大学图书馆，截止 1985 年，美国至少有 48 家公司经销 OPAC 系统。作为图书馆自动化集成系统的重要组成部分，OPAC 可以提供对馆藏信息资源的远程检索，成为用户从图书馆获取信息的最基本、最直接的手段。近年来，随着信息技术的发展，OPAC 的功能不断拓展，主要表现在：更为高级的检索和匹配技术，根据提问式的相关性对检索结果进行排序等等；用户界面也不断改进，包括可视化界面、语音界面、触摸屏界面等；检索内容逐步走出"目录"的范围，扩展到全文、论文期刊、声音和视频文件等非书目信息；服务对象从馆内读者扩展到馆外，甚至扩展到全球网络用户。而引入 FRBR 模型的 OPAC 系统功能也将会在这些方面产生更大的变化。

我国 OPAC 的发展紧跟世界的发展。近年来，大型图书馆纷纷引进国外通用的图书馆集成系统，如 INNOPAC、ALEPH500、UNICORN、HORIZON、Sirsi 等系统，国内也相继开发了汇文、ILAS、金盘等图书馆集成或管理系统。在此基础上，OPAC 只是集成系统中公共查询的一个子系统。其基本功能包括 OPAC 实时信息服务、OPAC 多种检索功能、从检索结果链接馆藏记录、文献目次信息、全文数据库及购买的商业数据库。从规模上可划分四种形式：其一为独立的 OPAC 系统，目前已很少存在；其二为区域性 OPAC 系统，如广东省高校文献中心成员馆联合目录；其三为跨地区、跨行业的 OPAC 系统，如全国图书馆联合编目中心；其四也是最具发展前景的 OPAC 系统即信息导航库模式，如 CALIS 公共目录检索系统、CALIS 数字图书馆资源统一查询系统等，这是一种内容范围更加广泛的电子目录，它包括联机馆藏数据库、联机数据库和镜像站点以及网络电子出版物等。

三、OPAC 的局限性

编目工作是 OPAC 的基础，电子出版物的发展、资料类型的变化和网络资源的急速增长促使目前的编目环境发生了巨大的变化。如何对书目记录进行调整以更好地适应新环境成为 OPAC 面临的一个重要问题。目前，OPAC 系统的不足主要表现在以下几方面。

（一）数据源形式多样化

随着电子信息技术的发展，资源形式的增多，OPAC 需要从单纯的馆藏目录扩展到各种类型数据库，包括数字化期刊、文摘索引数据库和多媒体数据库等，提供各种形式的资源列表，形成多样化的信息资源，为多类用户群提供资源保障，通过联机目录提供最新目次和资料获取方式的链接。OPAC 在日益丰富的数据资源类型检索方面面临挑战。

（二）扩展检索能力不强

OPAC 为用户查询带来便利的同时，也带来了一些问题。传统的卡片目录检索中，用户通过主题等不同检索点查找时，可以从空间上对所找资料进行扩展，而 OPAC 的精确匹配查找却在一定程度上限制了用户检索的视野。从这个角度来说，OPAC 应增加分类浏览方法，即为书目资源建立自上而下的等级式目录结构，这样用户就可以在所检索的类目附近进行资源浏览，有效地进行扩检或缩检。

（三）相关性排序能力差

在查找结果的相关性排序方面，目前的 OPAC 系统能力较弱，大多是基于固定字段的匹配和顺序排列，其中最大的障碍是不能判断查找结果的相关性是否有效，基于定量方法的准确判断还存在问题。

第五章 书目记录功能需求（FRBR）对文献编目的影响

（四）馆际共享程度不高

网络的发展为用户提供了开放的信息环境，OPAC 为馆藏信息资源共享提供了可能的途径，开发和完善馆际资源共享成为趋势。提高共享程度可以改善图书馆的工作效率，既可以节约人力物力，也便于用户在同一页面上尽可能多地找到所需信息。但目前基于因特网的 WebPAC 尚不成熟，同时，在查询界面中提供馆际互借的功能并未实现，这成为馆际目录共享进一步发展的方向。要改变 OPAC 的这些局限，不是简单地改变 OPAC 界面本身，而是要依托 FRBR 模型，从编目工作开始入手，在理念结构上诠释出一个全新的 OPAC。

（五）书目记录之间的关系

书目记录之间的关联性不强，结构扁平单调，用户不易辨别和理解各个实体之间的关系，如作品与责任者之间的关系；作品与作品之间的翻译、改编、转换等关系；作品整体与部分的关系等。

（六）用户检索的关注点

用户需要准确获得所需资料，停留在文献单元与实现形式层次上的 OPAC 显然应细化到内容层面，这样才能满足用户的需求。

书目记录是 OPAC 的基础。随着电子出版物的发展、资料类型的推陈出新、网络资源的急速增长以及信息网络传播方式的变化，搜索引擎的发展给 OPAC 带来了巨大的挑战，OPAC 的局限性日益凸显。目前，OPAC 系统面临多方面挑战，而 FRBR 模型的实现将有助于改善当前 OPAC 系统的一些不足。

四、FRBR 模型的用户任务

OPAC 最早于 20 世纪 70 年代末由美国一些大学图书馆和公共图书馆共同开发，是用户利用联机终端查询图书馆信息和馆藏信息的系统。OPAC 可以说是图书馆自动化的基础，是未来电子图书馆的有机组成部分。OPAC 的检索原理就是用户通过检索界面输入检索请求，系统到书目数据库与已经组织和标引的数据进行匹配，并把匹配的结果反馈给用户。OPAC 对书目数据库访问并为用户提供特定的书目记录，因此规范化的书目记录是 OPAC 功能得以实现的重要因素。一直以来编目模式采用 MARC 著录，MARC 著录以手边文献作为著录对象，记录与记录之间是独立存在的，使得同一作品产生许多分散独立的记录。这种编目模式无法体现记录与记录之间有无关系、有何关系，基于这种编目模式的 OPAC 也就无法在返回查询结果时将互相关联的记录反映出来，很难满足用户通过一次检索即发现所有相关信息并通过信息之间的关系来确认和选择所需信息资料的要求。在互联网时代，谁能最方便、最快捷地满足用户的信息需求，谁就能赢得用户，能够提供给用户一个无需培训就能使用的简洁、明了的检索方式则是 OPAC 吸引用户的最佳方案。而实现这一方案是图书馆管理能力、业务能力的全面检验，是对传统图书馆理念的更新，需要我们认真研究。

鉴于 OPAC 受到传统编目模式的限制的现实，由 IFLA 提出的书目记录功能需求 FRBR 模型为 OPAC 进一步发展创造了条件，随着 FRBR 概念模型的不断研究和应用于实践，FRBR 将成为推动 OPAC 重新设计的重要动力。FRBR 采用 E－R（实体—关系）模型来构建其编目体系，通过一种图形化的表示工具可对实体及实体间的关系做精确的描述。FRBR 是一个概念模型，应用全新的术语体系来描述和解释目录层级。它将书目记录所涉及的实体分为三组，目录分为四层。FRBR 模型中三组实体的每一个实体都是由一组属性（Attribute）组成的。这些属性成为了用户在检索某一实体信息时表述需求和理解所返回的结果的途径。FRBR从作品、内容表达、载体表现和单件四个层次定义了一个作品的属性，改变了目前编目描述只对作品的载体表现和单件作描述的现状，使文献编目的对象从原来的文献单元提升到内容表达甚至作品层次，更加适合目录使用者查找内容的需要。

由于自动化技术的引进和网络技术的发展，编目原则和标准实施的环境发生了很大的变化，文献量激增、载体形式多样化，编目成本也大大增加。为了扩大编目资源的共享，降低编目成本，在保证用户信息需求的前提下，有必要实施多种级别的编目标准。为了科学地确定书目记录与用户需求之间的关系，IFLA 启动了书目记录功能需求的研究项目，其目的就是以清晰的术语描述不同载体、不同功用、不同用户需求的书目记录执行的功能，目标则是建立一个模型，以对书目记录要提供的信息及确定满足用户不同需求的相应记录，建立一个清晰、准确达成普遍共识和进一步交流的基础参照标准。它的结果直接涉及到书目数据的创建、编目条例的修订和使用以及图书馆自动化系统的设计。此外，很重要的一点是直接决定 OPAC 的显示结果，包括文献揭示的深度等。

FRBR 的用户任务是查找、识别、选择、获取，这些用户任务是用户获取信息的基本步骤。编目工作必须遵循这些用户任务准则，如在查找阶段，要科学地设立多个检索点，并建立规范控制机制，使用户惯用的实体名称指向编目描述的规范名称。如此，就达成了每一个实体通常只有一个名称，而名称的其他变异形式亦可通过规范记录中的参照形式检出；在识别和选择阶段，要看编目所揭示的实体的各个属性，是否能够帮助用户区分哪个实体最符合自己的需要？如相同著作的不同版本、不同载体、不同印次可提供给用户识别；在获取阶段，用户则要依据目录中提供的服务信息，实现借阅或购买，如传统馆藏文献的索取号、网络资源的 URI 等。

与用户任务对应的 OPAC 在进行用户检索时必须执行：

· 查找数据，查询满足用户（某一专题）要求的资料。

· 识别数据，识别满足用户需求的某一特定实体。

· 选择数据，选择满足用户特殊功能（语言、计算机环境等）需求的实体。

· 获取数据，通过数据指引用户获得实体的途径，对应 OPAC 检索的结构与以往有很大变化，图 5.5 是能够准确反映该作品实体关系的树状结构图。

FRBR 将传统的书目记录分解成不同的概念，将传统的著作分解为作品及内容表达，OPAC 也相应从不同角度聚合、筛选、判断所有的相关记录，即用"作品"集中各种版本，用内容表达对应知识作品的艺术表现方式，用载体表现对应承载各种知识作品的物理形态，将细分后的各种概念与 FRBR 的用户任务联系，通过 OPAC 将任务分解执行，在用户主动参与下形成最终准确的答案，并最终获取目标文献。

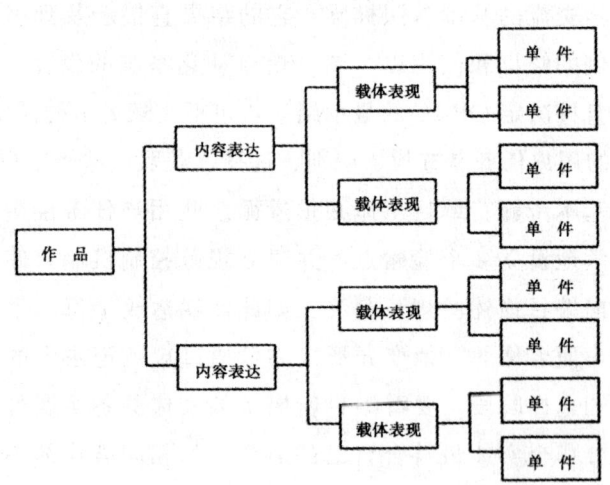

图 5.5　作品关系树状结构

第五章 书目记录功能需求（FRBR）对文献编目的影响

五、FRBR 对 OPAC 的影响

FRBR 是一个概念模型，用于描述概念和关系，对它的不断研究和应用必将对编目规则和目录的结构和功能以及目录与用户的关系产生革命性的影响。在目前用户对书目信息需求不断增多和需求类型不断多样化的情况下，FRBR 是重新设计 OPAC 的潜在动力。基于 FRBR 的 OPAC 突破了原有的编目思路，开拓了一种新的资源组织方式，弥补现有 OPAC 的不足。总的来看，FRBR 对 OPAC 带来的影响主要包括以下五方面。

（一）使书目架构立体化从而改变记录格式

FRBR 打破了传统编目中书目记录概念的单一性和平面性，为不同载体表现的单件建立高层次的作品记录，并与其低层次记录链接，每一个著录实体基于作品内容相互关联，使各书目记录之间、书目记录中各著录对象之间建立了逻辑关系，以信息的实体为核心，形成了一张覆盖其各种相关知识作品的网，使书目架构更加立体。

这样，FRBR 以作品为基础创建书目记录，使得记录格式具有树状层次结构，即每个作品为主干记录，各下属分支记录揭示不同的内容表达、载体表现和单件。作品之间也可建立相关联系，记录之间的关系可以通过一个固定字段来实现，由主干记录号进行控制，形成树状数据网。这种格式方便编目人员对各种非书资源进行整合和标引。

（二）基于 FRBR 模型的 OPAC 使用户更容易发现信息

FRBR 以用户为中心来处理书目记录，分析 FRBR 层次结构中哪一部分书目记录最能满足用户的哪些需求，最终保证书目记录中含有满足用户特定需求的信息。基于以上目的，FRBR 采用层次目录结构，对资源

的作品级目录、内容表达级目录、载体表现级目录和单件目录分别予以揭示，这种资源揭示的方式解决了作品的载体和内容的关系问题，改变了原来编目模式只对具体载体表现进行编目、通过具体载体表现的描述与揭示来指向作品和作品的内容表达的情况，这种模式从注重资源的物理形式转变为注重资源的内容。

基于这一书目记录组织模式的 OPAC 适应用户的不同信息需求，使用户可以通过一次检索所有相关事物来发现信息，即使是不同语种、不同表现形式和不同制作媒体和格式的内容都可以通过一次搜索来获得。这种以作品和作品的表现形式来聚合书目信息的模式大大地方便了用户的确认和选择。

（三）改善了显示模式

传统的 OPAC 显示为一个列表，系统根据用户的检索条件返回符合该检索要求的记录，这些记录之间是彼此独立的。符合 FRBR 模型的 OPAC 将目录分为作品、内容表达、载体表现、单件四个层次，以作品目录为基本目录成树状结构，目录与目录之间是彼此联系的，揭示了作品、载体表现、内容表达和单件之间的关系及他们与责任者的关系，还有内容和主题之间的关系。OPAC 显示揭示了资源之间的内在联系，将孤立的目录联系起来，使用户在使用时清楚明了，便于用户任务的实现。

FRBR 报告通过对编目数据元素和用户任务之间关系的确定，能够使基于 FRBR 的 OPAC 在设计和实现过程中更加贴近用户的需求，如果在未来 OPAC 设计中能够从基本的数据元素指向作品的属性和关系并通过这些属性和关系实现用户的书目信息需求，那么，OPAC 将成为连接从用户任务通往书目记录数据的桥梁，并最终使用户更加有效地获取信息。

FRBR 的层次模式改变了 OPAC 的结构和显示模式。目前，大多数 OPAC 系统的显示格式均是根据与检索词的匹配程度，对单独条目进行罗列，而基于 FRBR 的 OPAC 的显示是树状结构的记录，这种结构将属性和关系与用户任务建立映射关系,可以改善 OPAC 的排序能力和显示形式,使资源间的关系更加明确,有利于用户基于关系进行扩检和缩检。

(四) 提高用户检索的全面性

更好地为用户服务是 IFLA 书目记录功能需求的主要任务之一。用户检索的关注点是作品及其内容表达,而传统书目记录都是针对"载体表现"进行的。在这种情况下,同一个作品可能有多条记录,例如小说、录音带和唱片等,而传统的编目规则又不能系统揭示这些记录之间的关系,因此很难满足用户对检索全面性的要求。FRBR 转向以作品为基础来创建书目记录,使相关记录以"作品"为核心聚合在一起,执行一次检索就可以获取所有相关资源,提高了检全率,同时也为数据库节省空间,提高检索效率。

(五) 有利于 OPAC 向 WebPAC 发展

从编目效率上看,在相对开放的网络环境下,使 OPAC 向 WebPAC 转化、对纷繁复杂的信息进行迅速揭示和有效组织变得更加困难,由此提高编目效率就成了实现转化的关键。FRBR 使书目信息可以被同一作品的不同载体表现直接利用,这将在很大程度上节省编目开支,提高编目效率和质量。

从查询方式上看,将图书馆的 OPAC 纳入搜索引擎的检索范围,如 Google 中的图书搜索,既可扩大用户的检索范围也可以提高图书馆的利用率,而基于 FRBR 的这种方式正好为这种变革提供了便利,图书馆中的 OPAC 系统和 Web 上的搜索引擎是两种查询方式,这对于只进行一次搜索的用户来说不太方便,所以,增强图书馆资源在网络中的可见度成为 OPAC 的革新方向。而基于 FRBR 的这种方式正好为这种革新提供了便利,用户可以按照关键词进行检索,结果则可以按照 FRBR 中的作品内容和相关度进行排序,并附加提供馆藏地址信息。

第六章 资源描述与检索（RDA）

数字技术给图书馆及其他信息组织的数据库建设、图书馆馆藏资源的著录与检索带来全新挑战，为了满足数字环境下资源著录与检索的新要求，资源描述与检索（RDA：resource description and access）作为新的编目标准于2010年6月以工具套件形式正式在网上发布，随后，作为RDA基本组成部分的词汇部分于2011年8月正式发布。RDA是以《英美编目条例》为基础，以国际编目原则声明为原则，并基于书目记录功能需求（FRBR）和规范数据功能需求（FRAD）模型而重新修订，其目的是为各种不同文献类型的资源提供著录与检索的统一使用指南和方法。该标准的出台必将对今后文献编目工作在理论、技术方法、实践应用等领域的发展起到重要的导向和推动作用。

第一节 RDA的历史背景

一、AACR的不断修订

AACR第1版于1967年出版，分英国版和北美版，是一部使用范围广泛的国际编目规则,其制定的原则基础是 1961 年颁布的《原则声明》。《原则声明》着重研究了著者/题名款目的标目选取原则和标目的形式结构、统一题名的选择原则等,由此强化了目录的查找和汇集功能。60 年代末,ISBD 国际标准书目著录问世,AACR 在此基础上于 1978 年出版了英美统一文本的第 2 版,即 AACR2。随着 ISBD 的日益完善和联机环境对图书馆的影响,对曾经作为西方编目圣经的 AACR2 作了较大修改的第 2 更新版 AACR2R 于 1988 年问世,成为卡片目录和联机目录并用的国际性编目规则。

二、FRBR 等的问世

《原则声明》出现在广泛应用计算机技术之前,其实质是基于卡片式目录环境的传统编目原则。此后的几十年,图书馆编目工作的环境发生了很大的变化,例如计算机对书目数据的自动处理、区域间合作共享编目的崛起、OPAC 对检索方式和检索控制的推动、Z39.50 检索协议的发展和应用、各种信息载体和开放式 Internet 网络环境的发展等,这一系列的变化引起大家对《原则声明》的种种思考。哪些原则和功能对当前联机交换的信息时代依然有效,而哪些又是当代读者对书目功能所期盼的?IFLA 组织的《书目记录功能需求》于 1998 年正式出版,这是电子环境下推进编目工作的一个新的概念模式。FRBR 提出编目对象应是与目录使用者需求密切结合的实体,涵盖各种文献类型,包括图书、音乐、声像资料、测绘资料、图视资料、立体资料等,具有纸质、胶片、磁带、光介质等各种物理形态,采用模拟、数字、电子、光学、声学等信息记录方式,可应用于图书馆的采访、编目、典藏、流通、管理、参考咨询、馆际互借、信息检索等文献工作的各个环节,且适用于图书馆内、外的广泛用户。于是,网络环境下编目工作新的概念模式出现了,编目规则也要适时地做出修改。IFLA 还在《原则声明》的基础上重新修订了国际编目原则声明，新的声明原则引入了 FRBR 概念，在内容上扩展到对各种文献类型的编目原则，涵盖了书目记录和规范记录，适用范围也超出了图书馆。

三、AACR2R 的不适应性

国际上这一系列与编目规则有关的重大事件正是 AACR 第 3 版出版的历史背景和理论基础。虽然 AACR2R 为适应编目实践的需求又相继出版了 1993 和 2002 年更新版，但在使用术语、编排结构上仍保留有卡片目录时代的痕迹，其规则也不能完全适用那些内容和载体交叉的资源，依然是卡片目录和联机目录并用的编目规则。随着电子文献特别是以互联网为基础的网上资源不断涌现，新的文献类型，如网络型电子期刊、联机数据库、网站等电子资源海量增加，文献内容的深度和复杂程度也不断扩大，这一切都对现有的编目规则和 MARC 格式提出了新的挑战。如何有效地组织这些资源、如何建立书目记录成为图书馆界关注的问题。

1997 年，JSC 在加拿大的多伦多召开 AACR 原则及其前景发展国际会议，邀请全世界的专家共同研究 AACR 未来的行动计划。专家们建议依据新的国际编目原则声明作为制定 AACR 第 3 版规则的基础，AACR 的内容、载体逻辑结构等问题的解决也将体现在 AACR 第 3 版中。2005 年 4 月，JSC 的会议上决定新规则的名称采用资源描述与检索（RDA：resource description and access）。

四、负责 RDA 的团体和个人

（一）主任委员会（CoP）

Committee of Principals of RDA（CoP）译为主任委员会，是全面负

Chapter 6
第六章 资源描述与检索（RDA）

责 RDA 计划的最高机构，成员包括三个国家的图书馆协会——美国图书馆协会（ALA）、加拿大图书馆协会（CLA）、皇家特许图书馆与情报专业协会（CILIP）的执行总裁/馆长（或其代表）；四个国家图书馆——美国国会图书馆（LC）、加拿大图书档案馆（LAC）、澳大利亚国家图书馆（NLA）、英国国家图书馆（BL）的馆长（或其代表）。CoP 负责所有相关政策和规划、新版与修订版的出版及下属团体事务、监督 RDA 的出版、检查 JSC 的工作进展、评议资金的状况及应用、决定 JSC 的未来工作计划等。CoP 下辖 3 个机构，分别是：合作出版者、联合指导委员会（JSC）和基金委员会。

1. 合作出版者

经 Committee of Principals 授权，三个国家的图书馆协会——美国图书馆协会、加拿大图书馆协会、皇家特许图书馆与情报专业协会负责 RDA 的发行，是在线和离线产品的出版者。它们享有 AACR/RDA 及其衍生作品的版权，是合作出版者（The Co-Publishers）。

2. RDA 发展联合指导委员会（JSC）

The Joint Steering Committee for Development of RDA（JSC），即 RDA 发展联合指导委员会，原名为 Joint Steering Committee for the Revision of AACR（JSC），修订英美编目规则联合指导委员会。JSC 由 6 位来自英美主要编目机构的代表组成，它们是：美国图书馆协会（ALA）、澳大利亚编目委员会（ACOC）、英国国家图书馆（BL）、加拿大编目委员会（CCC）、皇家特许图书馆与情报专业协会（CILIP）和美国国会图书馆（LC）。JSC 与 RDA 的编者共同负责 RDA 的内容，JSC 的秘书和 RDA 项目经理负责协助 JSC 和编者的工作。

3. AACR 基金委员会（理事会）

The AACR Fund Committee（Trustees），AACR 基金委员会（理事会）从 AACR2 和其他授权出版物的销售中获取版税收益，负责基金运作以实现收益最大化，可对 CoP 建议 AACR 基金的适当应用，并向 CoP 报告资金管理方面的重大进展，成员包括前文所述 3 个图书馆协会的代表。

(二) 专门小组

有几个专门小组参加 RDA 的研发工作，其中包括格式转换工作组 (2001—2004)，其任务之一是实验为内容表达创建书目记录的可行性；GMD/SMD 工作组 (2005—2006)，主要任务是提出适当的术语，用来识别内容和载体；RDA 延伸小组 (2005—)，负责汇集 RDA 使用者的意见供 JSC 参考；2 个 RDA 样例工作组 (2005—、2006—)，评估和更新 RDA 中的样例；附录工作组 (2006—)，负责大写、缩写、首冠词等附录的修改。此外，还有 DCMI/RDA 任务组 (2007—)，负责 RDA 与 DC 的映射，开发 RDA 元素的注册词汇表；RDA/MARCI 作组 (2008—)，研究采用 RDA 所需的 MARC21 格式变化，使其包容 RDA 新增字段和元素，确保有效的数据交换。

(三) RDA 的编者汤姆·德斯利 (Tom Delsey)

1997 年，修订英美编目规则联合指导委员会责成汤姆·德斯利 (Tom Delsey) 准备 AACR3 第一部分和第二部分，他提交了《英美编目规则的逻辑结构》。2004 年 9 月英美编目规则主任委员会 (The Committee of Principals for AACR) 任命他为 AACR3 编者，准备对 AACR 进行全面的修订。德斯利 (Delsey) 是加拿大人，信息模型方面的专家，曾就职于加拿大国家图书馆，参加过国际图联的 FRBR 项目和 FRAD 概念模型的开发等，在图书馆与信息模型研究方面具有极为丰富的经验。由于他在分类编目领域的杰出贡献，2003 年荣获玛格丽特·曼 (Margaret Mann) 奖。任命汤姆·德斯利 (Tom Delsey) 作为编者，将有利于 RDA 充分融入 FRBR、FRAD 的概念和结构。

Chapter 6
第六章 资源描述与检索（RDA）

（四）RDA 项目经理 Marjorie Bloss

2005 年，马里奥瑞·布洛斯（Mariorie Bloss）被 CoP 任命为 RDA 项目经理。Bloss 在美国和国际编目组织中是个活跃人物，担任过许多技术服务方面的业务研究和行政管理职务，曾在合作编目计划（Program for Cooperative Cataloging）和 IFLA 供职，曾任 Endeavor 信息服务的培训服务经理，还担任过 OCLC 市场与用户服务部负责资源共享的经理，在学术和商业项目管理方面具有丰富的经验。项目经理协调包括编者、JSC 成员、主任委员会、合作出版者以及联机/网络产品开发商的整个团队，负责项目的发展进度，组织和协调与编目领域和资金方的磋商，管理市场和影响这些机构的交流计划。

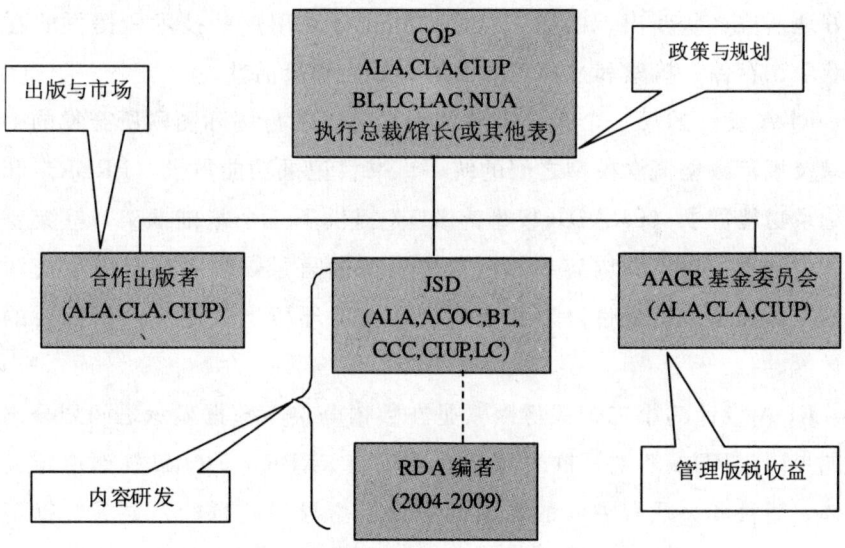

图 6.1 RDA 的管理结构与商业模式

第二节　RDA 的基本目的

数字技术给图书馆、档案馆、博物馆和其他信息机构的数据库建设与维护带来很大变化，同时也给馆藏资源的著录和检索带来很大的变化，由于最新数字化技术的广泛应用，产生了大量的新型资源。RDA 采用了一种崭新的方法，为此提供了灵活而又可扩展的框架，它既能满足此类数字资源的技术著录和内容描述的需要，又能满足图书馆整理其传统资源的需要。同时，数据库技术也发生了巨大的变化，越来越多的信息管理机构将所著录与检索的数据迁移到了新的平台。RDA 的开发就是为了更好地适应这些新出现的数字技术，并充分利用这些技术所提供的在数据获取、存储、检索和显示等方面的有效性和灵活性。

RDA 设计的第一个至关重要的因素是探求与国际图联所开发的书目著录及规范数据概念模型之间的统一。书目记录功能需求（FRBR）和规范记录功能需求（FRAD）模型为 RDA 提供了一个基础框架，框架要求全方位地支持对不同内容和不同载体资源的著录，具有满足新生资源特点的灵活性和可扩展性，以及在广阔的技术环境下数据生产所需要的适应性等。

RDA 设计的第二个关键因素是在数据著录与数据显示之间划分出清晰的界限。RDA 的主要目的就是为反映与 FRBR、FRAD 模型中定义的实体、属性和关系有关联的数据记录提供指导。其目标是要为数据记录提供一套指南，这些数据记录能独立地应用于任何数据存储或显示的特定结构或句法。根据现有标准，如国际标准书目著录（ISBD（G））和规范记录和参照指南（GARR）建立的一些格式化数据元素方面的指南单独罗列在附录中。

Chapter 6
第六章 资源描述与检索（RDA）

RDA 设计的第三个关键因素是简易而有效的利用，主要体现在以下几个方面：

一、简洁化。其一是鼓励各种元数据都采用同一个内容标准，把 RDA 作为资源描述的唯一的内容标准，即可兼容更多的元数据框架标准；其二是希望 RDA 不仅适用于西方或全球大部分国家地区，而且能够适用于全世界。

二、一致性。更新后的版本既容易使用，也容易解释，有较强的协调性，较少的冗余内容。在资源描述部分，原来的结构是对不同的文献类型一一说明，新版本将改为笼统的通用规则，再补充内容类型规则和载体类型规则，使不同载体不同文献类型的描述规则具有高度的连贯性和一致性。

三、进一步改进检索结果的汇集（collocated）功能。旨在把资源描述规则和目录功能连接在一起，支持 FRBR 的用户任务（查找、识别、选择和获取），进一步改进检索结果集对作品层和表达层之间的相关性的显示。

四、在新的《国际编目原则声明》的基础上，使用更多的书目记录功能要求（FRBR）的概念，更好地实现 FRBR 用户任务中"查找"和"利用"资源这一目标。

五、有效地改变编目工作的方法，制订基于更多原则的规则，给编目员以分析、判断的空间。

RDA 是一种新方法，如何将 RDA 产生的数据整合到现有文档中（尤其是那些利用 AACR 及其他相关标准开发的数据）是 RDA 设计中要考虑的关键因素。在依据 AACR 重新制订标准时，要更加易于使用、更具适应性和更加经济，也要考虑到由 RDA 产生的新数据与现存文档整合时，如何尽量减少回溯调整。

第三节 RDA 的内容及特点分析

计算机技术和网络技术的发展给图书馆工作带来了深刻变化,对传统的编目理论和编目规则形成巨大挑战。为了适应新的编目环境的需要,英美编目规则 AACR2 从 2004 年起进行了全面的修订,由 JSC 负责起草的 RDA (Resource Description and Access) 在这种思变的需求中应运而生。经过数年的努力,RDA 网络版终于在 2010 年 6 月正式发布,美国图书馆协会和加拿大图书馆协会也于 2011 年出版了 RDA 的印刷版。RDA 基于英美编目规则,遵循国际编目原则声明,以 FRBR、FRAD 为理论基础,体现了国际编目界的最新进展,目的是成为世界性的资源描述与检索的内容标准。自 2005 年形成第一章到 2008 年 11 月 17 日最终发布的草案,RDA 经历了大约 4 年的草拟修订历程。RDA 是建立在 FRBR 和 FRAD 概念模式下的新编目规则。

作为 21 世纪新的国际通用的编目规则,RDA 超越了以往所有的编目规则,顺应了数字时代的发展需要,提供了数字资源编目的指南。它不限于服务于图书馆数据环境,而是整个网络世界,强调受众是广大的用户,并承诺能帮助用户查找、识别、选择与获取所需信息。它以适用于对数字化资源的描述和便于对各种资源类型进行控制为目的,具备灵活性和适用性、效率性和连续性、简单容易理解和容易使用等优点,而且在网络上发布,面向全球用户。

一、RDA 的结构与内容

1997 年在加拿大多伦多举行的 AACR 原则与未来发展国际会议上,

Chapter 6
第六章 资源描述与检索（RDA）

JSC 和 AACR 原则委员会（The Committee of Principals，CoP）邀请世界各地的专家共同研究制定 AACR 的未来发展计划，与会专家建议依据新的国际编目原则制定新版的 AACR。依照会议建议，一项重大的修改工作随之开展。早期的修订是有一定成效的，但后来人们发现 AACR2 有一些根本性的问题，仅仅修改是完全不够的，必须彻底的改造出一个新标准。2004 年 12 月，新标准第一部分的草稿完成并接受评议，当时的名称为 AACR3（Resource Description and Access）。2005 年 4 月，在芝加哥举行的 JSC 和 CoP 会议上，决定通过 AACR3 修订内容所接收到的评论和意见，设计了一种更适合于数字环境的新标准，并决定将新版的 AACR 命名为："资源描述与检索"（Resource Description and Access，简称 RDA）。2010 年 6 月 22 日，RDA 以工具包的形式发布出来，在 2010 年 8 月 31 日之前可免费使用。

纵观整个 RDA Toolkit 网站，此次释放的 RDA Toolkit 结构上共包括 3 个部分：RDA、工具（Tools）和资源（Resources）。

（一）RDA

RDA 资源描述与检索部分的目次分为八大块，RDA 包括导言和 10 个部分的指南和使用说明，它们按照 FRBR、FRAD 模型定义的实体、属性和关系来组织，还有几个附录。每个部分的各章集中支持特定用户任务——查找、识别、选择、获取的元素。

导言简单介绍 RDA 的目的和范围、主要特点以及和其他资源著录与检索标准的关系。它阐明 RDA 的基本原则，并简要介绍作为 RDA 基本框架的概念模型。导言还介绍 RDA 的结构，列出其核心元素，解释用于表现使用说明和示例的惯例；涉及语言和改编本时，RDA 使用说明和惯例如何调整以适应不同的环境（如某机构的主要使用对象所用的语言不是英语）。分别是导论（Introduction）、记录属性（Recording Attributes of）、记录主要关系（Recording Primary Relationships）、记录外部关系

(Recording Relationships to)、记录内部关系（Recording Relationships between）、附录（Appendices）、词汇表（Glossary）和索引（Index），其中记录属性、主要关系、外部外系、内部关系这4个主要部分、十个细节部分共含有37章。

1. 记录属性（Recording Attributes of）分为4个部分：

（1）载体表现和单件（1~4章）

第一部分记录载体表现与单件的属性

第一部分包含4章，指导如何记录FRBR所定义的载体表现与单件的属性。第1章记录载体表现与单件的属性的一般规则，提出第2—4章的用法和指南所体现的基本目标和原则，说明识别和描述载体表现与单件的核心元素。本章还提供转录、记录数字和日期，以及附注构成等一般方法。第2章载体表现与单件的识别，主要集中在通常用于识别载体表现与单件的元素。包括题名、责任说明、版本说明等，用户根据这些信息确定所描述的资源与所查找的资源相符，或区别两个或多个具有类似识别信息的资源。第3章描述载体，包括用户根据自己的需要选择资源所考虑的载体的物理特征，信息在载体上存储的格式和编码等元素。第4章提供获取与检索信息，包括用于获取或检索资源的元素，如获得方式、联系信息、限制检索等。

（2）作品与内容表达（5~7章）

第二部分记录作品与内容表达的属性

第二部分包含3章，指导如何记录FRBR所定义的作品与内容表达的属性。第5章记录作品与内容表达的属性的一般规则，提出第6—7章的用法和指南所体现的基本目标和原则，说明识别和描述作品与内容表达的核心元素，提供构建作品与内容表达的规范检索点和变异检索点的用法和指南。此外，第5章还指导记录识别作品或内容表达的数据鉴定等级，记录作品或内容表达的题名和其他信息的来源如何引证、怎样做附注以便数据的使用和修正。第6章识别作品与内容表达，集中识别作品与内容表达的主要元素,包括作品的选用题名和变异题名、格式、日期、起源地、内容表达的语言等,用户根据这些信息确定数据所描述的作品或内容表达与所查找的资源相符,或区别两个或多个具有类似识别信息的作品或内容表达。本章还包括构建表现作品或内容表达的规范检索点和变异检索点,音乐作品、法律作品、宗教作品、官方通信的选用题名和变异题名与其他识别属性。第 7 章描述内容,焦点是用户选择满足其内容需求的资源时所依据的作品与内容表达的属性,包括内容的性质和范围、预期读者等元素。

(3) 个人、家族和团体机构(8~11 章)

第三部分记录个人、家族与团体的属性

第三部分包括 4 章,指导如何记录 FRBR、FRAD 所定义的个人、家族与团体的属性。第 8 章记录个人、家族与团体属性的一般规则,提出第 9—11 章的用法和指南所体现的基本目标和原则,说明识别个人、家族与团体的核心元素。对于记录名称、构建表示个人、家族和团体的规范检索点和变异检索点提供指导。此外还指导与名称使用有关的各种元素(如范围、日期)如何记录,识别个人、家族和团体的名称与其他信息的来源如何引证、怎样做附注以便数据的使用和修正。第 9 章识别个人,第 10 章识别家族,第 11 章识别团体。第 9—11 章重点在于识别个人、家族和团体最常用的元素,包括个人、家族和团体的选用名称和变异名称,与个人、家族和团体相关的日期和地点等,用户根据这些信息确定数据中的个人、家族和团体与所查找的相符,或区别两个或两个以上具有类似名称等的个人、家族和团体。本章还指导如何构建表示个人、家族和团体的规范检索点和变异检索点。

(4) 概念、对象、物件和地点(12~16 章)

第四部分记录概念、实物、事件、地点的属性

第四部分包括 5 章,指导如何记录 FRBR、FRAD 所定义的概念、实物、事件、地点的属性。第 12 章记录概念、实物、事件、地点的属性的

一般规则,提出第13—16章的用法和指南所体现的基本目标和原则,说明识别概念、实物、事件、地点的核心元素。本章提供记录术语和名称的一般规则,概念、实物、事件、地点的规范检索点和变异检索点如何构成。此外,本章还指导与术语和名称有关的各种元素(范围、使用日期等)怎样记录,术语和名称及识别概念、实物、事件、地点的信息来源如何引证、怎样做附注以便数据的使用和修正。第13章识别概念,第14章识别实物,第15章识别事件,第16章识别地点。第13—16章重点在于识别概念、实物、事件、地点的最常用元素,包括概念、实物、事件、地点,概念或实物的类型等选用和变异的术语或名称,用户根据这些信息确定数据中的概念、实物、事件、地点与所查找的相符,或区别两个或两个以上具有类似名称等的概念、实物、事件、地点等。本章还指导如何构建表示概念、实物、事件、地点的规范检索点和变异检索点。

2. 记录主要关系 (Recording Primary Relationships)

记录主要关系 (Recording Primary Relationships) 包含第17章,这块主要记录作品、内容表达、载体表现和单件之间的关系。第五部分记录基本关系。

第五部分只有一章,第17章记录基本关系的一般规则,指导如何记录FRBR所定义的作品、内容表达、载体表现与单件的基本关系。包括记录作品、内容表达、载体表现与单件的基本关系的用法和指南所体现的目标和原则,说明实现这些目标的核心元素,还提供记录基本关系的标识符、规范检索点、综合描述等应用指南。

3. 记录外部关系 (Recording Relationships to) 共含有2个部分

(1) 第六部分记录与资源相关的个人、家族和团体的关系

第六部分包含5章,指导如何记录FRBR所定义的资源和与其相关的个人、家族和团体的关系。第18章记录与资源相关的个人、家族和团体关系的一般规则,提出第19—22章的用法和指南所体现的基本目标和

原则，说明反映资源和与其相关的个人、家族和团体关系的核心元素。本章指导如何用标识符和规范检索点记录这些关系，如何用关系标识准确说明个人、家族和团体与资源的确切关系。第19章与作品有关的个人、家族和团体，第20章与内容表达有关的个人、家族和团体，第21章与载体表现有关的个人、家族和团体，第22章与单件有关的个人、家族和团体。第19—22章集中在作品、内容表达、载体表现、单件和与之相关的个人、家族和团体间的关系。所含元素用于识别作品的创作者，对作品的内容表达负责的编者、译者等，载体表现的生产者和出版者，单件的所有者和保管者等，用户根据这些信息查找与特定的个人、家族和团体有关的资源。第19章还包括适用于与法律作品、宗教作品相关的个人、家族和团体的特定指南。

（2）记录主题关系（23章）

第七部分只有一章，第23章记录作品主题关系的一般规则，指导如何记录FRBR所定义的作品与作品的主题间的关系，提出记录作品主题关系的用法和指南所体现的基本目标和原则，说明实现这些目标的核心元素，本章还指导如何用标识符和规范检索点记录主题关系。

4. 记录内部关系（Recording Relationships between）

（1）记录作品、内容表达、载体表现与单件之间的关系（24～28章）

第八部分包括5章，指导如何记录作品、内容表达、载体表现与单件之间的关系。第24章记录作品、内容表达、载体表现与单件之间关系的一般规则，提出第25—28章的用法和指南所体现的基本目标和原则，说明反映作品、内容表达、载体表现与单件之间关系的核心元素，还包括标识符、规范检索点的使用，如何记录各种关系，如何使用明确各种关系实质的关系标识。第25章相关作品，第26章相关内容表达，第27章相关载体表现，第28章相关单件。第25—28章的焦点为作品、内容表达、载体表现与单件之间的关系，包括记录衍生作品与原作品的关系，复制品与原载体表现的关系等元素。用户根据这些信息确定数据所表示的作品、内容表达、载体表现和单件是否符合其查找需求。

(2) 记录个人、家族与团体之间的关系（29～32章）

第九部分包括4章，指导如何记录FRAD所定义的个人、家族与团体之间的关系。第29章记录个人、家族与团体之间关系的一般规则，提出第30－32章的用法和指南所体现的基本目标和原则，说明反映个人、家族与团体之间关系的核心元素，还包括标识符的使用、记录这些关系的规范检索点以及明确各种关系实质的关系标识如何使用。第30章相关个人，第31章相关家族，第32章相关团体。30－32章的焦点为个人、家族与团体之间关系，包括用于记录合作者、家庭成员、上级团体、下属团体等关系的元素，用户根据这些信息确定检索点所表示的个人、家族和团体与其所查找的目标相符。

(3) 记录概念、实物、事件、地点之间的关系（33～37章）

第十部分包含5章，指导如何记录概念、实物、事件、地点之间的关系。第33章记录概念、实物、事件、地点之间关系的一般规则，提出第34－37章中指南的基本目标和原则，详细说明反映概念、实物、事件、地点之间关系的核心元素，指导如何使用标识符、规范检索点记录这些关系，如何使用明确关系实质的关系标识。第34章相关概念，第35章相关实物，第36章相关事件，第37章相关地点。第34－37章焦点在于概念、实物、事件、地点之间的关系，包括用于记录广义概念与狭义概念的关系等元素，用户根据这些信息确定检索点所表示的概念、实物、事件、地点是否与其所查找的目标相符。

此外，在RDA部分中，还包括RDA的附录和术语表。附录主要是关于大小写、缩写、首冠词、描述性数据的句法、检索点的控制句法、个人名称附件指引等内容。RDA有12个附录，它们是：附录A大写，附录B缩写，附录C首冠词，附录D描述数据记录句法，附录E检索点控制数据记录句法，附录F个人名称补充说明，附录G贵族头衔或等级，附录H公历日期，附录I、J、K、L是一系列关系标识的列表。

Chapter 6
第六章 资源描述与检索（RDA）

术语表定义 RDA 中具有特定技术含义的术语，其中大部分术语的定义在第 1~37 各章的使用说明中介绍过。

从已经发布的 RDA Toolkit 中我们可以看到，有些章目前只是占据相应位置，并无具体内容，有待日后继续补充。它们是：第 12 章记录概念、实物、事件、地点的属性的一般规则，第 13 章识别概念，第 14 章识别实物，第 15 章识别事件，第 23 章记录作品主题关系的一般规则，第 33 章记录概念、实物、事件、地点之间关系的一般规则，第 34 章相关概念，第 35 章相关实物，第 36 章相关事件，第 37 章相关地点，以及附录 L 关系标识：概念、实物、事件、地点间的关系。

（二）工具（Tools）

工具共包括 6 个部分：RDA 元素设置图（RDA：Element Set View）、RDA 与 MARC 的映射（RDA Mappings）、工作流程（Workflows）、映射表（Mappings）、实体关系图（ERD）和架构（Schemas）。

RDA 元素设置图提供了所涉及的 FRBR、FRAD 等实体的属性、关系。RDA 与 MARC 的映射提供了 RDA 与 MARC 的书目和规范记录双向对照，RDA 对元数据对象描述标准的映射。工作流程（Workflows）可以创建、共享工作流程。映射表（Mappings）部分用户可以创建并选择是否共享映射表，并形成自己的映射表。实体关系图（ERD）提供了所涉及的 FRBR、FRAD 等实体的关系图。架构（Schemas）是实体关系图中的机器可读元素语言编码。

（三）资源（Resources）

该部分提供了一些能与 RDA 一起使用的工具链接，包括 AACR2 的全文链接、美国国会图书馆的政策声明以及 FRBR、FRAD、MARC21、都柏林核心数据等其他的链接。

RDA Toolkit 旨在帮助用户更加快速、便捷地在线使用 RDA，帮助编目员提高工作效率。RDA Toolkit 是一个动态的工具包，截至笔者撰稿时，最新版本的 RDA Toolkit 已于 2012 年 2 月 14 日发布。

二、RDA 的主要特点

（一）FRBR 化的编目标准

FRBR 问世后，对国际编目界产生了很大影响，也成为修订 AACR2 的理论基础。2001 年 10 月，JSC 决定将 FRBR 的术语融入 AACR。在 2005 年的会议上决定进一步使 RDA 的结构与 FRBR、FRAD 模型相一致。2007 年 10 月，JSC 接受了 RDA 的编者建议，决定采用新结构，将数据元素与 FRBR 的实体和用户任务更密切地联系起来。RDA 将按照 FRBR 的实体、属性和关系来组织，各部分各章集中在支持特定用户任务的元素，RDA 核心元素选自那些与 FRBR 和 FRAD 定义的用户任务具有"高"匹配值的属性和关系，可以说它是一部充分体现 FRBR 概念和结构的编目标准。FRBR 和 FRAD 模型给 RDA 提供了一个基本的框架，使它具有支持全面包括各种类型内容与媒体所需的范围，具有适应新出现的资源特征所需的灵活性和可扩展性，具有在广泛的技术环境范围内数据的生产和运行所需的适应性。

（二）适于网络的编目标准

1. RDA 是一种为数字环境设计的资源描述与检索新标准，在设计上利用了新的数据库技术，在数据获取、存储、检索和显示方面的有效性和灵活性。对于信息的转录，通常是 "take what you see"，简化著录过程，大大减少了编目员在转录中对数据的改变，节约了编目员的时间，也方便了机器抓取，提高检索与存储的效率。

2. 网络资源作为一种载体类型，其数量的急剧增加有目共睹，RDA

Chapter 6
第六章 资源描述与检索（RDA）

将描述网络资源方面的规则作了进一步的改善，便于应对网络资源的编目。

3. RDA 的使用是基于网络的，适于 Web 环境的应用和操作。RDA 主要是一个网络产品（Web-based product），虽然也会出版活页印刷型版本，但以网络版为主，使用 RDA 产生的编目记录适于在网络环境下的获取和利用。

作为网络产品，RDA 具有许多印刷版所没有的优势，它使编目过程更加简便、快捷、合作性强。如果对编目规则不熟悉，通过联机工具就可以很方便地检索到所需要的规则。除了可以利用超级链接从一个说明访问另一个说明，在线 RDA 的用户可以浏览、滚读、在线评注、任意打印其内容、为特定说明添加书签、按不同级别检索，可以设计、存储和共享工作流程，还可以访问其他相关编目工具。此外，以网络格式发布 RDA，让培训和使用比印刷版更为便捷。

（三）使用范围广、兼容性强的编目标准

1. 减少以往数据的调整

如何将 RDA 产生的数据整合到现有文件（尤其是那些利用 AACR 及其他相关标准开发的文件）是 RDA 设计中要考虑的关键因素。RDA 标准适应性强，使用 RDA 产生的数据易于融入现有文件，特别是采用 AACR 及相关标准的文件，因而经济适用，可降低需要回溯的数量，节约编目成本。

2. 与业内其他标准兼容

RDA 为了最大限度地体现数据在存储和显示上的灵活性，将记录数据和显示数据划分出清楚的界线，以独立格式应用于书目信息交流，与其他资源描述与检索标准兼容。各种元数据格式都可以采用这一标准，不论 ISBD、MARC21，还是 DC 等。

3. 与相关行业的标准兼容

RDA 不仅能兼容应用于图书馆界的资源描述与检索标准,也能用于其他领域的信息系统。除了出版商使用的在线信息交换标准(ONIX),RDA 还可与档案界、博物馆界的标准兼容,所用语言去掉不必要的图书馆专业术语,便于艺术馆、档案馆、博物馆及其他信息机构的使用,为跨行业的合作与共享创造了条件。

三、RDA 与其他数据的关联与整合

RDA 应用了国际图联提出的 FRBR 概念模型,该模型采用"实体—关系"分析方法,把图书馆编目对象抽象为三类实体:作品及其各类物化实体(作品—表达—表现—单件)、责任者实体(个人、家族和机构团体)和主题类实体(概念、实物、事件、地点等),从属性描述和关系描述两个方面进行规范,改变了 AACR2 以具体的资源类型(图书、舆图、手稿、乐谱、音像资料、图像资料、电子资源、三维艺术作品及教具、缩微资料、连续出版物等)分述编目规则的体例。编目规则从 AACR2 发展到 RDA 深刻反映了这种变化,RDA 是旨在取代 AACR2 的新一代编目条例,这种变化不仅仅是简单的编目规则的变化,它其实反映了两种世界观的不同:AACR2 把知识世界看成是文献的空间,通过文献(记录有知识的一切载体)来管理和传播知识,文献需要区分种类,需要从各个角度,以各种指标和参数去描述和揭示,才能很好地利用;而 RDA 把知识世界看成是相互联系的各类实体的空间,这些实体对象有类型、属性、关系等,需要利用"实体—关系"方法进行分析建模。

(一) DCMI

制定 RDA 的目的在于:使基于 RDA 的数据和已有数据实现最大程度的整合,特别是与依据 AACR 及其相关标准而产生的数据实现整合。

Chapter 6
第六章 资源描述与检索（RDA）

RDA 是独立于其他存储或显示元数据的结构或格式，是一套编目规则或者说"内容标准"。RDA 还不是形式化的"元数据标准"，但它距真正的元数据标准只有一步之遥。只有将 RDA 改造成元数据标准，才能将 RDA 以及用 RDA 编目的数据方便地发布成关联数据。都柏林核心元数据组织（DCMI）成立了 DCMI/RDA 小组（现已更名为 DCMI Bibliographic Metadata 小组），希望通过对 RDA 的形式化描述，改造成机器可以处理的、书目数据领域的"元数据应用纲要"（Metadata Application Profile）。

在 DCMI 看来，FRBR（连同 FRAD、FRSAD）就是书目领域的本体，而 RDA 所涉及的一切规定不外乎实体、元素和取值以及各类实体、元素和取值词表（概念）之间的关系描述。RDA 可以经过形式化描述（形式化的含义是：用计算机能够识别的代码——如 RDF——进行编码），改造成机器可以处理的、书目数据领域的"元数据应用纲要"（Metadata Application Profile）。详细来说，RDA 规定了对各类图书馆资源对象应该如何进行描述：首先要区分实体，然后确定每种实体所需描述的属性，但是它并没有明确地形式化定义这些元素，即赋予这些实体、元素或概念以必须的 URI，更没有规定这些元素的编码方式，这就是 DCMI/RDA 小组首先需要做的；进而定义每一个元素和其他元素构成的语义关系，如层次关系（子元素）、限定关系、可选关系等等；然后对于元素集中的每一个元素的内容（取值）进行规定，RDA 只关心从哪里获取，遇到各类不同的情况如何处理，如何记录等等，而 DCMI/RDA 需要明确这些取值所采用的规范词表（概念词表）。上述实体和元素集可以用 RDFS 编码，规范词表则可以用 SKOS 或 OWL 等关系定义更为丰富的模式。凡此种种，形成了一整套规范的元素和概念词表体系，这就形成了有关 RDA 本体模型的关联数据，关联数据技术提供了上述元素、概念词表及其相互关系进行表达、描述和管理的最简单而又最适用的工具。

以戴安娜·希尔曼（Diane Hillmann）为主的 DCMI/RDA 小组经过数

年的开发,终于完成了 RDA 涉及的所有实体、元素和概念的关联数据注册发布工作。他们将 RDA 中所涉及的元素、子元素、元素类型等均作为实体,赋予 URI 并编码成 RDF 模式,内容和载体类型均用 SKOS 进行编码。实际上是建立了一个关于 RDA 的本体。参见开放元数据注册系统(Open Metadata Registry,以下简称 OMR)包含 76 个类表和元素(概念)词表(见表 6.1),其中每个词表都明确定义了一组元素及其相互之间的关系,涉及数百个概念术语,如 RDA Roles(角色)元素就集中定义了 251 种著作方式。在 2010 年 7 月以前由于一直得到美国国家科学数字图书馆(NSDL)的资金支持,当时叫做 NSDL 元数据注册系统,目前该注册系统并不满足于管理 RDA 的词表,计划进一步拓展到其他领域,支持各类元数据元素集和本体的注册,并且在功能上逐步完善,不仅提供 SPARQL endpoint 发布,还将提供不同本体之间的映射、转换服务等等。

表 6.1 在 OMR 系统中已经发布的 RDA 元素词表:

RDA 元素集	
①FRBR Entities for RDA(Class list)	
②RDA Group 1 ELements	
③RDA Group 2 ELements	
④RDA Group 3 ELements	
⑤RDA Relationships for Concepts,Events,Objects,Places	
⑥RDA Relationships for Persons,Corponite Bodies,Families	
⑦RDA Relationships for Works,Expressions,Manifestations,Items	
⑧RDA Roles	
RDA 概念词表	
①RDA Applied Material	②RDA Gencration for Videotape
③RDA Aspect Ratio	④RDA Gencration of Digital Resource
⑤RDA Base Material	⑥RDA Groove Pitch

Chapter 6

第六章 资源描述与检索（RDA）

⑦RDA Base Material for Microfilm, Microfiche, Photographic Negatives, and Motion Picture Film	⑧RDA Groove Width
⑨RDA Book Format	⑩RDA Groups of Books in the Bible
⑪RDA Broakast Standard	⑫RDA Groups of Instruments
⑬RDA Camier Type	⑭RDA Illustrative Content
⑮RDA Choruses	⑯RDA Instrumental Music for Orchestra, String Orchesina, or Band
⑰RDA Colour	⑱RDA Layout
⑲RDA Colour of Moving Image	⑳RDA Layout of Cartographic Image
㉑RDA Colour of Still Image	㉒RDA Layout of Tactile Music
㉓RDA Colour of Three-Dimensional Form	㉔RDA Melia Type
㉕RDA Configuration of Playback Channels	㉖RDA Medium of Performince
㉗RDA Content Type	㉘RDA Mode of Issuance
㉙RDA Conventional Collective Titles	㉚RDA Other Distinguishing Characteristics of the Expression
㉛RDA Digital Representation of Cartographic Content	㉜RDA Other Distinguishing Characteristice of the Expression of a Legal Work
㉝RDA Emulsion of Mierofilm and Mierofiche	㉞RDA Other Distinguishing Characteristics of the Expression of a Musical Work
RDA 概念词表	
㉟RDA Encoding Fonnal	㊱RDA Other Distinguishing Characleristics of the Expression of a Religious Work
㊲RDA Extent of Cartographic Resource	㊳RDA Polarity
㊴RDA Extent of Notaled Music	㊵RDA Presenlation Formal
㊶RDA Extent of Still Image	㊷RDA Production Method
㊸RDA Extent of Text	㊹RDA Production Method for Manuscripts
㊺RDA Extent of Three-dimensional Form	㊻RDA Production Method for Tactile Resources
㊼RDA File Type	㊽RDA Recording Medium
㊾RDA Font Size	㊿RDA Reduction Ratio
51 RDA Form of Musical Notation	52 RDA Scale

245

㊾RDA Form of Notated Movemenl	㊾RDA Solo Voices
㊾RDA Form of Tactile Notation	㊾RDA Sound Content
㊾RDA Form of Notated Music	㊾RDA Special Playback Characteristics
㊾RDA Frequency	⑥ RDA Standard Combinations of Instruments
⑥RDA Gender	⑥RDA Status of Identification
⑥RDA Generation for Audio Recording	⑥RDA Track Configuration
⑥RDA Generation for Microform	⑥RDA Type of Recording
⑥RDA Generation or motion Picture	⑥RDA Video Formal

RDA 的实施将极大地促进关联数据等语义技术在图书馆的应用，使图书馆基于网络的数字资源组织、整合和服务全面进入规范控制时代，成为语义技术成熟的受益者之一。

（二）JISC

联合信息系统委员会（Joint Information Systems Committee，JISC）长期致力于不同元数据标准的合作与相互支持，特别是在 RDA 制定、发布过程中，组织和策划了一系列的计划和会议以帮助现行主要的元数据（包括 ONIX，RDA，Dublin Core，DDEX，IDF，FRBR 等）进行关联映射。2009 年，JISC 完成了一个名为"VMF Project"（Vocabulary Mapping Framework Project）的计划，旨在创建一个本体或者结构化术语词典以帮助这些来自不同元数据标准的受控词表中的术语能够相互映射。为了更好的表达，需要将新的代理类别添加到这一框架中来，如 FRBR 中第一组实体和第二组实体之间的关系。扩展后的框架已超越 RDA 和 ONIX，在合适的字段中将 CRM、DCMI、FRBR、IEEE LOM 和 MARC21 中的有关内容也加进来。因此，它能够实现博物馆、网络、教育机构、图书馆以及出版机构之间元数据使用的一致性。

2012 年 4 月末大不列颠图书馆"数据模型会议"五周年，即是为了纪念 2007 年大不列颠图书馆"数据模型会议"中讨论 RDA 与其他元数据界（尤其是在语义网环境中）所用模型的契合而举办的。与会者在英国 DCMI 主办的研讨会中，探讨了包括 RDA 词表建立体会、以 RDF 表达 IFLA 的 ISBD 和 FRBR 系列概念模型、5 年过去之后的工作展望等等，这两次系列会议都极大地促进了包括 RDA 在内的主要国际书目元数据标准的语义网表达的发展。

在 RDA 处于试验测试阶段时，图书馆界已有许多关于关联数据的尝试，如美国国会图书馆的标题表 LCSH、瑞典国家图书馆的国家书目以及 OCLC 的虚拟规范文档 VIAF 等，关联数据在图书馆领域的应用并不仅限于 RDA，图书馆长期以来一直在做知识揭示的工作，因此语义技术无疑给了图书馆员一个渴望已久、功能强大的工具。RDA 的实施将极大地促进语义技术在图书馆的应用，使图书馆基于网络的数字资源组织、整合和服务全面进入规范控制时代，享用语义技术的成熟带来的盛宴。

以用户为导向是 RDA 的宗旨，关联数据的应用能够给图书馆员和读者带来前所未有的好处。

对于读者而言：

1. 支持知识提问。能够直接利用 SPARQL 语言进行知识提问，机器自动解决诸如"30 年代在上海大厦下榻过的外国知名人士"这样的查找。

2. 提高查准率。能够提供更准确的查找，许多查找是基于概念而非基于语词的。

3. 提供知识链接。能够提供维基百科等外部知识的链接，或将外部知识库整合进入图书馆的查询系统。

4. 直接获取知识。书目库本身就是一个知识库，通过越来越丰富的语义链接常常能够直接获取包含知识标注的数字资源。

5. 提供扩展查询。通过概念的相关关系提供强大的知识导航，实现知识的浏览功能，并支持各种扩展检索。

对于图书馆员来说：

1. 提高编目质量。通过 RDA 网络编目工具的应用,能够大大提高编目的一致性,随着 RDA 注册系统的语义服务功能的完善,甚至能实现计算机的半自动编目。

2. 实现 Web 全域的规范控制。规范控制一直是书目控制的难点,RDA 的元素和概念术语能够发布于网上,提供唯一的命名域和 URI 解引(dereference),这对于网络化的书目数据服务具有了更加重要的意义。

3. 实现一定的语义互操作。RDA 的语义化和网络化能够为改善多语种、多资源类型和多应用系统的数据互操作提供基本的支持,为书目控制的世界大同打下基础,同时能够基于语义整合更多的外部资源库。

4. 提供规范有序的知识体系。经过各类规范知识体系(如语义化的各类 KOS)的标引,图书馆的资源库可以映射为有序的知识空间。

5. 提供可信的知识发布。图书馆作为公益性组织,其发布的信息资源一般被认为具有相当的可信度。

关联数据是互联网发展到语义网时代、提供对任何网上资源和数字对象进行"编目"和"规范控制"的基础技术,而 RDA 是传统图书馆书目控制理论与方法向语义网时代过渡的一个里程碑。RDA 为适应数字资源和网络环境已经做出了巨大努力,在编目原则、模型的采用、Web 化工具的开发和语义技术的应用等方面都进行了大量尝试。RDA 对媒体与载体类型(载体类型是媒体类型的延伸和扩展)和内容的分类都基于 RDA/ONIX 框架。这是确定信息资源高层次的内容与载体分类的本体,它与国际出版业的通用标准 ONIX 元数据是一致的。这一框架希望能够满足所有需要对元数据的资源内容和载体进行分类的编目机构,但是到目前为止它还只限于在 RDA 中的应用。

第六章 资源描述与检索（RDA）

第四节 RDA 的测试与实施进展

一、RDA 的测试

RDA 正式发布后，美国需要对其进行较为广泛的测试，因此成立了国家图书馆 RDA 测试指导委员会，以便有效管理和协调测试工作。除了美国的 3 个国家图书馆（国会图书馆、国家医学图书馆、国家农业图书馆），还有 23 家美国图书馆及其他机构或团体成为测试的正式参与者。它们包括公共图书馆、大学图书馆、政府图书馆、专业图书馆、档案馆、博物馆、书商、系统开发商等各方面的代表。测试的目的是确定 RDA 的可操作性、使用 RDA 在经济上的可行性。根据 RDA 内容和网络产品的测试结果决定是否采用 RDA。

指导委员会选择 25 种数字资源与模糊资源作为核心测试集，包括文本的单行性资源、视听资料、连续出版物和集成性资源。每个测试机构至少指定 2 名成员担任测试者，他们分别用其现行的编目规则和 RDA 为核心测试集内的各种资源创建书目记录，要将结果直接报告给 RDA 测试指导委员会。此外，测试者还要采用 RDA 为他们常见的各种资源创建记录。这些资源包括外语、地图资料或音乐总谱等。

对于每一个记录，测试者都要完成一个网络调查表，包括创建该记录所需时间，理解 RDA 指南与现行规则的容易程度，采用 RDA 需要对工作流程进行怎样的改动，在本地系统中采用 RDA 会遇到哪些障碍，创建该记录的过程中与同事进行过何种磋商、查阅过哪种文献。测试者还要请该机构内部的最终使用者对于他们所创建的 RDA 记录提出反馈意见,并将记录提交给 RDA 测试指导委员会进行评估和分析。

2010 年 6 月 RDA 的网络版发布后测试开始,分为三个阶段进行:第一阶段是 2010 年 7—9 月,主要是熟悉新文本和联机工具的使用;第二阶段是 2010 年 10—12 月,制作测试记录并与美国 RDA 测试协调委员会共享这些记录;第三阶段是 2011 年 1—3 月。委员会对测试结果和回馈意见进行分析并向国家图书馆提供报告,美国的国家图书馆将根据测试结果决定是否采用。英国国家图书馆、加拿大图书档案馆、澳大利亚国家图书馆密切关注 RDA 的测试情况,为 RDA 投入使用做好准备,确保平稳过渡。

二、使用 RDA 的障碍

从 2004 年 AACR2 开始修订到 RDA 最终问世,经历了长达数年的时间。在此期间 JSC 多次公布 RDA 的草案征求意见。实际上业界从开始就有不同看法,有的人认为 RDA 改得过头,也有人认为改得还远远不够。最有代表性的是凯伦·科伊尔(Karen Coyle)和戴安娜·希尔曼(Diane Hillmann)合著的文章《资源描述与检索:20 世纪的编目规则》(*Resource Description and Access*(RDA):*cataloging rules for the 20th century*),该文发表在《数字图书馆杂志》(*D—Lib Magazine*)的 2007 年 1/2 月刊。文章基于 RDA 已发布的草案,批评其篇幅太长、过于复杂,称之为"20 世纪的编目规则"。此外,2008 年 1 月,美国国会图书馆的书目控制未来工作组发布报告 On the Record,建议暂停 RDA 的工作,等待 FRBR 的进一步测试。尽管 CoP 和 JSC 经过深思熟虑后决定继续 RDA 的开发,并根据反馈的意见对 RDA 草案进行完善,而 RDA 的最终发布也不得不多次推迟,但仍有不少人对 RDA 持怀疑态度。

与此同时,RDA 的使用可能面临一些问题:首先是其本身虽经数年开发,仍有不少质疑之声;其次是来自其他标准的"竞争";再就是不同编目机构用 RDA 编目的数据之间会存在较大差异，等等。仅 RDA 的翻译问题，就不是轻而易举的事。众所周知，翻译成使用者的本国语言，是国际性标准的推广和运用的前提。从时间上看，不可能是 RDA 的各语种版本同时正式出版，对于非英语国家的绝大多数编目人员来说，使用英语的 RDA 编目是不可思议的。除了版权问题外，将 RDA 翻译成其他语种也是一项重要的任务，翻译的过程中会面临许多问题，比如对概念、样例的理解，术语的一致性等，此外还可能会或多或少地加入适于本国特点的解释与补充，这绝非是能一蹴而就的工作。在我国，RDA 的翻译工作始于 2012 年 5 月，由国家图书馆的编目人员和 CALIS 专家负责，截至目前，笔者没有看到中文版的 RDA。毫无疑问，至少在非英语国家，很快使用 RDA 进行编目是有困难的。RDA 要实现其战略目标，成为国际性的资源描述与检索的内容标准还有很长的路要走。

三、RDA 的实施进展

在历经修订、质疑、测试等波折之后，RDA 终于在 2010 年 6 月以工具套件形式正式在网上发布，2011 年 8 月作为 RDA 基本组成部分的词汇部分正式发布。作为 RDA 编制方的英国、美国、加拿大和澳大利亚 4 个国家图书馆相继发表声明，同意最晚于 2013 年第一个季度实施 RDA。与此同时，相关国际机构与组织做出了积极地努力和准备以迎接 RDA 的实施。

（一）宣传

RDA 的编制基于国际图联（IFLA）发展的两个概念模型《书目记录的功能需求》（*Functional Requirements for Bibliographic Records*，FRBR）和《规范数据的功能需求》（*Functional Requirements for Authority Data*，FRAD）。因此，RDA 的开发和实施得到了 IFLA 的大力支持与宣传，IFLA 帮助 RDA 开拓更广阔的应用空间，并且将支持 RDA 发展成为国际标准。RDA充分吸收了IFLA的IME-ICC会议及ICP的成果，使其可能成为一部超越英语世界的国际性编目规则。2012年的第78届国际图联大会，IFLA编目分会场重点讨论包括RDA等元数据标准的来源、使用、关联以及规则，与会专家对RDA的进展情况和实施前景进行了充分的讨论和展望。自RDA开始规划、制定后，ALA便一直保持着对RDA的关注和重视。其下属的图书馆馆藏与技术服务协会（The association for Library Collections & Technical Services，ALCTS）在2006年成立了RDA更新论坛特别小组，在每年的ALA仲冬年会中组织论坛报告RDA的进展，2009年小组的工作范围又扩展到组织在ALA年会上的RDA筹划和预备会议。RDA于2013年在美国图书馆界实施之后，特别小组仍作为ALA年会中RDA论坛和规划的组织者继续存在。同时，ALA在网站上设立网络学习专栏，不定期地举行网络课程和研讨会，上传相关视频和录音，积极宣传RDA实施的好处和重要性，为准备实施RDA的馆长和编目员们提供一个讨论的平台。

（二）培训

作为RDA未来实施准备的一部分，OCLC员工们已经在讨论如何把RDA的数据和实践更好地嵌入其WorldCat之中。在过去的几年里，OCLC在创建基于现有记录的书目数据上的FRBR化工作集以及创建在关联ISBN和ISSN的基础上的相似关系的工作中积累了很多经验，同时，在图书馆编目中使用由出版商创建、并以ONIX为基础的数据记录的工作也正进行中。应用平台方面，最新一次更新的OCLC联机合作编目客户端（OCLC Connexion Client）中，设置了"使用RDA平台来创建编目和权限记录"的选项，取代了之前的AACR2平台选项，同时增强了MARC链接服务以允许编目员通过Connexion使用IP验证来直接连接RDA工具包，无需再进行账户ID和密码的登录，极大方便了用户在OCLC联机合作编目与RDA工具之间的互操作。所有的这些活动都为

RDA 在 OCLC 的应用奠定了良好的基础。自 2011 年 8 月同其他 3 个编制方宣布最晚实施 RDA 之日开始，美国国会图书馆便开始为 RDA 真正实施的一天做好各种准备。在 2011 年 9 月的 IFLA 年会 RDA 卫星会议上，LC 公布了 RDA 准备时间表以及开始 MARC 转换计划。2012 年 2 月 27 日，美国国会图书馆发布《*Long-Range RDA Training Plan for 2012 and Beyond*》，提出这次美国国会图书馆 RDA 培训的目的是在培训者教室培训结束之后，能够成为熟练掌握 RDA 知识和编目技能的图书馆员，并详细列出了这次培训的阶段、编目对象、核心课程以及专门课程的内容。LC 还宣布了 2013 年 3 月 31 日为 RDA 的实施切换日，即从 2011 年 11 月开始，越来越多比例的 LC 新建记录采用 RDA 编目，到实施切换日将达到 100%。

（三）完善

作为要取代 AACR2 成为一部数字世界的新国际编目标准，RDA 有必要在实施准备过程以及实施后根据遇到的编目实践和环境不断地更新和完善。

1. 美国国会图书馆

美国国会图书馆作为 RDA 编制和实施的主要参与方，必定要时刻关注和参与 RDA 工具套件的每一次更新。2010 年 6 月 RDA 工具套件正式在网上发布以来，针对国会图书馆 RDA 测试报告以及工具反馈而来的更新便由表及里的接踵而来。首先是针对工具套件的界面和功能操作，逐步完善界面的友好性和功能的易用性。其次，自 2012 年 4 月份开始，对 RDA 工具包在内容上进行了更新，包括元素表以及首冠词，进一步表明了 RDA 去英美化的编目方向；发布了 RDA 编目的 MARC 全纪录实例，每个实例都包含"RDA 元素"和"MARC 编码"，方便 RDA 培训及日常工作参考。这些更新都将通过每个月举办的网络研讨会得到世界各地工具包使用者的实践、讨论以及反馈。国会图书馆通过把国会图书馆政策

声明（LCPS）纳入到RDA工具套件之中，以互链的形式对LCPS摘要进行修改，从而保持着与RDA工具套件的上述更新同步。

2. 加拿大国家图书馆和档案馆

加拿大的RDA实施路线主要是把编目从采访部移至资源发现部，以更贴近读者服务；参照LC政策、强调本国需求（特别是法语地区），确定可选做法及核心元素；在完全实施前，要求有RDA的法语版；为准备实施RDA所做的wiki。作为RDA的主要编制方之一，在2011年美国忙于RDA测试的同时，加拿大也在根据本国的具体情况努力完成RDA的法语版。加拿大RDA实施切换日的声明证实了RDA法语版的顺利完成，同时也体现了加拿大实施RDA的决心，也为RDA多语言的实施和检验奠定了一块新的基石。

3. 德国国家图书馆

德国国家图书馆虽然不是RDA负责委员会的编制方，但对于国际标准的制定和讨论都积极参与，尤其是在RDA的修订、测试和实施的过程中，表现出与编制方一样的热情和负责态度。在2011年9月的RDA卫星会议上，作为德国国家图书馆RDA项目负责人的Christine Frodl阐述了RDA的德语翻译问题，提出最终目标是在德语国家实施RDA。2012年2月27日，LC宣布RDA实施切换日的同时，提出德国国家图书馆赞同LC的实施计划并将实施切换日定在了2013年第一季度。在此，德国作为其中唯一的非英语、非RDA编制国，开创了RDA国际化的第一步。

此外，大不列颠图书馆在RDA实施日来临之前也在积极的同其他国家图书馆合作修订自己的RDA计划，内容包括RDA实施之前的记录再分配、提出相应系统配置、实现自动批量升级的变化以及编目支持人员的优先培训等。澳大利亚图书馆则把重点放在提供一个建议平台上，研究者们把自己的RDA修订建议书提交给澳大利亚编目委员会（The Australian Committee on Cataloguing，ACOC），在经过委员会的修订和评估后，如若通过，会被正式的提交给 JSC，从而帮助 RDA 工具套件获得更多的用户反馈和修订建议，促进 RDA 的维护和发展。

四、RDA 在国内图书馆的应用

RDA 不仅适用于全世界范围的图书馆，而且对于档案馆、博物馆及其他信息机构也具有一定的适用性。新规则的出版也将对今后我国文献编目工作在情报理论、技术方法、实践应用等领域的发展起到重要的导向和推动作用。虽然 RDA 在国际范围内仍处于运行测试阶段，而国内对于 RDA 也还处于密切关注阶段，但我们不可否认 RDA 的全球推广和实施是势在必行的，预见到这一点将有助于我们推广 RDA 在国内图书馆的运用。

（一）RDA 在国内应用的必要性主要体现在以下几个方面：

1. 国内图书馆的描述与检索资料类型多样化

随着国内数字化资料、数字化媒体、数字化数据库的应用及普及，图书馆、档案馆、博物馆等信息机构已开始积极建设数字化信息环境，其投入也逐年上升，这种投入也促进了国内图书馆的描述与检索资料类型的数字化。如何使得这种数字化的描述与检索资料类型及原有的多种类型描述与检索资料得以统一，已成为国内信息机构不得不面临的问题。而 RDA 着眼功能而非资料类型形式，通过作品与内容的表达，通过对编目的实体、属性及其关系三者的研究来揭示书目记录的功能需求，从而进行功能上的统一协调。此外，RDA 的结构安排、内容设计为多样化的描述与检索资料统一提供了技术上的保障。它将特定数据元素的说明聚集在一起，识别并记录描述性编目的数据元素。对于记录中的各种元素的排列顺序不作说明，这尤其适用于实际的计算机编目环境。这种多层次的结构为各种类型的内容和媒体的资源描述和检索提供了全面的指南和使用说明,为其协调统一提供了良好的工具。

2. 国内图书馆的描述与检索资料网络化

随着数字化的发展,国内图书馆的描述与检索资料网络化也已形成。在图书馆内部、图书馆之间、国内图书馆与全球图书馆间及不同信息机构间,描述与检索资料的网络化、共享化成为中国十二五规划的重点建设课题,这种建设为科研生产力的推进、中国经济发展提供了重要的保障。如何进行网络化以及网络化后的成果共享,构成了国内图书馆等信息机构急需解决的问题,而原有建立在非数字化、非网络化环境下的资源描述和检索标准难以适用于网络化信息。RDA 标准适用于各种格式,其所含数字资源描述的标识尤其适用于目前国内图书馆的数字化信息及信息网络化,并增强了数字化和其他类型产品的描述与检索,满足数字资源编目要求,为各种类型的媒介提供有效的书目控制。其所包含的比以往标准更多的信息能涵盖各类资料类型属性的描述,不仅适用于图书馆的书刊、文档资源,也完全适用于博物馆、档案馆、出版业等已知的甚至未知的资源类型,RDA 能够实现与在这些领域使用的元数据标准的有效协调和统一及网络化。具有国际性的 RDA 标准简化了编目原则,易于编目人员理解、掌握和使用,同时推出的印刷版和网络版也方便适应专业编目人员和非专业编目人员共同使用需要,这种操作上的简洁性、方便性、易控性为描述与检索资料的网络化提供了支持。

3. 国内图书馆可兼容已有标准,使协调更为合理

RDA 着眼于功能,着眼于实现用户需求,目标在于易使用性。国内图书馆采取该标准后将更加快捷地生成新记录,同时产生的新数据与现存文档可方便整合,不必重新编目已有数据库,减少了重新对比、修正及校核。RDA 这种着眼于功能本质的适应性,为兼容资源描述与检索的标准创造了条件,且使得国内图书馆原有系统与其和谐统一。只需在编目软件中设置不同字段的属性就可解决不同检索点的选择问题,RDA 减

少了不必要的图书馆专业术语,从而降低了对检索用户的专业知识的要求。国内图书馆采用 RDA 标准进行资源描述与检索后,无需人力上的重复劳动而去运行其所带来的系统,这使得国内图书馆在采用 RDA 后的运作更为协调、合理。随着中国国民生产总值的不断提高及各级政府对数字化图书馆建设的日益重视,在国内图书馆中采取 RDA 系统已有了良好的经济基础。此外,掌握着数字化技术、计算机技术、网络技术、系统工程的高层次人才已逐步加入图书馆的工作管理当中,这为 RDA 系统的运用及开展提供了雄厚的人才技术保证。良好的资金及人才基石为 RDA 在国内图书馆中的运用提供了无限可能性。

(二) RDA 在国内图书馆应用中的问题

现阶段各国图书馆都在关注美国对 RDA 的实施,国际化的资源描述与检索标准将成为必然。中国需要汉化译本的 RDA 及时出台,并积极实施 RDA 以占有发展先机。可以预见,在真正引进及实施的未来,RDA 在国内图书馆应用中会存在着若干问题,需要图书馆管理人员未雨绸缪。其表现及分析如下:

1. RDA 在国内图书馆的实施成本较高

经济决定着 RDA 的开展及实施。RDA 联机版定价过高,需要订购才能访问,这令国内很多图书馆,尤其是非政府重点投资的图书馆难以承受。文献描述与检索要成为国际化,数字化及网络化是其应用的基础。RDA 目标的国际化,成为全球多译本的统一,但是其较高的价格无疑将阻碍国内各级图书馆及其他各界的应用,这需要各级图书馆充分发挥主观能动性,创造条件向国家、政府、企事业等机构积极争取较多的资金来开展 RDA,或利用 RDA 系统来获取经济利益从而反过来维持、发展 RDA。

2. 国内图书馆人员对 RDA 理念理解不够

RDA 的出版带来了全新的理念,也带来了图书馆工作人员对新理念的理解问题。在实际编目中，RDA 的内容表达与载体表现是新概念，这造成了书目记录中的许多元素很难理解，如：附注与变异题名能否自动归入内容表达或载体表现，有声版是新的内容表达还是新的载体表现，版权日期是否属于载体表现等等。对于概念理解不够所导致的问题将会给国内图书馆工作人员的实际工作造成不小的困难，这仍需要图书馆工作人员主动地进行知识补缺及相关内容的学习、运用及掌握。

3. 国内图书馆人员的心理接受度不足

国内图书馆人员对 RDA 的心理接受度尚不足。编目人员已习惯了传统的编目方法，如未来使用 RDA 时难免觉得繁琐、陌生，将面临众多实际操作问题，如：RDA 中既有总论又有分论，有些规则还反复出现在章节中；多个关联数据元之间关系的界定有些模糊；汉译本对规则的翻译也有可能不确切。

RDA 的目的是使编目工作最终简单化，而对国内编目人员来说，这个目的的实现需要一定的时间和过程。以积极主动的心态为基础，通过工作人员与 RDA 系统逐步磨合，RDA 的最终目的必然能够得以实现。

4. 国内图书馆的培训组织难度大

国内图书馆对 AACR 已经较为熟悉，但由于 RDA 采用了 FRBR 新模型，图书馆对工作人员的培训必不可少。RDA 的培训工作与一般的图书馆培训工作相比，其概念的抽象性、学员理解能力的差异性、教员对 RDA 的掌握度等问题将导致增大培训组织的难度。如即使经过教员的概念讲解或操作演习后，编目人员在对特定载体进行操作时，仍难以判断内容表达的所有属性，只能依葫芦画瓢对一种属性做出单一的相应操作。编目工作的差异性使得 RDA 培训工作范围大、内容广、要求高。

RDA 标准引入国内图书馆已成为必然和可能，我国的编目规则修订要坚持及时跟踪、了解和掌握国际编目发展趋势，在引入 RDA 前，对各种可能出现的问题采取相应的对策，为未来真正实施 RDA、修订我国的编目规则、更好地进行资源交换和数据共享打下坚实基础。

第五节 RDA 的前景

网络技术迅猛发展，数字资源不断增加，图书馆工作也需要与时俱进。为了满足数字环境下资源著录和检索的新要求，RDA 作为新的书目著录和检索标准的正式出台，反映了国际编目界的最新进展，美国国会图书馆于 2010 年 12 月 31 日结束了的测试，正式进入使用阶段。

一、RDA 的优势

（一）信息量大

RDA 的规范记录增加了更多的信息，使书目记录反映的资料内容更加全面，为用户更加准确快捷地检索提供了便利。AACR2 对超过三个责任者的著录进行限制，一般只选取第一责任者，对于其他责任者予以省略或在附注项加以说明。RDA 则对这一规则进行了修改，规定除某些信息可选择性省略外，一般均需照实著录。这一信息的增加既扩大了责任者的检索范围，同时也是对这些作者劳动的肯定。另外，RDA 在个人名称标目后增加了限定的信息，例如职业职称研究领域等，对于解决同名同姓的问题很有帮助，特别是中文名称中有很多同音字，限定词的增加能够极大地提高检索的准确度。

（二）缩略词的扩展

RDA 对著录细节进行了修改，一些缩写被要求以全称代替。以 RDA 与

AACR2 的对比为例：版本项的 2nd ed. 改成 Second edition.；出版项的 Pub. 改成 Publishing Inc.；出版地出版者不确定的［S. l.］［s. n.］改成［Place of publication not identified］、［publisher not identified］；载体形态项的 58 p. 改成 58 pages；ill. 改成 illustrations 等。这些拉丁缩写词的取消使更多的非编目人员也能看懂书目记录表达的含义，有利于用户对资源的检索。

（三）新字段的增加

RDA 很重要的一处修改就是将一般资料标识（GMD）从题名项中独立出来，增加新字段 336、337、338 来加以描述。RDA 建立的初衷就是针对数字资源的著录，这个目的通过新增加的这三个字段得到很好的体现。336、337、338 字段分别表示著录文献的内容类型（content type），媒体类型（media type）和载体类型（carrier type），这三个字段的运用有助于电子资源网络数字资源的准确著录。

（四）兼容性强

RDA 的兼容性表现在对资料类型的兼容、对原有数据的兼容以及对国际现有著录标准和规范的兼容。

1. RDA 可以描述印刷文字资料、地图、图像、音像资料以及网络数字资源等各种信息资源；

2. RDA 与目前联机图书馆现存的记录保持兼容，其书目数据可以转录，编目人员不必重新编目旧的数据；

3. RDA 与国际现有标准保持兼容，不论是 ISBD、MARC21 还是 DC 都可以适用，同时也能用于其他领域的信息系统，如出版商使用的在线信息交换标准（ONIX）等。RDA 的目标就是使自身成为各类资源描述的唯一内容标准，成为可兼容更多的元数据框架的标准。RDA 的兼容性使这一目标有可能得以实现。

（五）应用领域广

RDA 与其它国际标准的协调性和兼容性使其应用领域更加广泛，延伸拓展到了全球范围。它致力于摆脱英语世界的局限，并将影响扩展至图书馆界以外，使世界范围内的图书馆、档案馆、博物馆出版社以及其他专业信息机构都能适用，为跨行业的合作与资源共享创作条件。

二、RDA 的弊端

RDA 作为新的编目标准自有其优势所在，但同时在编目过程中也暴露出它的许多不足之处。

（一）范例不充分

RDA 的工具包没有充足的书目记录做范例，特别是英文以外的语种，如中文、日文、韩文等，使编目时没有足够的例子可参照。因此，其它标准的资源对于创建 RDA 记录是非常有帮助的，例如 LC、OhioLINK、OCLC 等都提供了大量的范例。

（二）没有基本格式和标准的参照表

RDA 没有对格式限定的说明，在给一些特殊的资源类型编目时就比较困难。除了新增字段和子字段外，还有很多增加编码的字段，要耗费更多的时间给规范记录中的可选择字段编码，既加大了编目的难度，也对编目人员的要求有所提高。另外，RDA 没有一个标准的参照表，在描述资源信息时，一些词汇的选择和运用就没有了明确的参照，容易出现一种事物多种描述的情况。

(三)信息重复

RDA 的书目记录在著录过程中,所选取的信息在不同字段中存在重复著录的现象,特别是音频视频等资料的著录,这种现象增加了记录的长度,耗费了编目时间。

(四)信息量过杂

RDA 将更多的信息增加到书目记录和规范记录中,例如其补充的责任者信息,就同时使用了 370,371,372,373,374,375,376,400,670 等多个字段加以描述和说明,大量的信息使记录篇幅太长、过于复杂。而有些信息还会使用户产生困惑,例如对于版权年的描述:260♯♯$c[date of publication not identified],c2011.,就容易使人产生到底有没有明确日期的困惑。

(五)选择性过多

RDA 的操作有很多选择性。不同的编目人员、各个图书馆以及其他编目机构如果选择了不同的著录方式,或者是 OPAC 的显示方式有不同选择,都会影响资源共享和联合编目的一致性。例如:OPAC 上是否显示 RDA 新增加的元素,如 336,337,338 字段的资源描述,如果选择显示,还需要选择合适的标注。这些问题都需要图书馆和编目机构做出抉择,另外,对于图书馆馆藏信息与 RDA 的交互联系也没有给出明确的解释。

三、有关 RDA 的争议和质疑

RDA 追求简单且易于操作,但事实上规则仍感过于繁杂,并没有给编目员的工作带来简化。既有总论,又有分论,有些条文重复出现在不同章节中,如关于出版时间的转录规则,分别在 RDA1.8、RDA1.9、

RDA2.7.6、RDA2.8.6.6、RDA2.9.6.6、RDA2.10.6.6 等多处出现，查询和应用十分不便。

在首选信息方面，题名页是图书馆员通常习惯使用的主要信息源，但没有经过正规训练的学生和其他非图书馆工作人员习惯的是封面，信息源选取的不同导致信息的差异是非常大的。在结构上，RDA 缺乏各个数据元之间的关联，如一个题名下有多个出版地和出版者，哪个出版地和出版者之间是配对关系？国外早就存在关于 RDA 的转录之争（transcription Wars）。争议之一是在责任方式的著录方面，对于可选的还是必备的有着两种不同的意见，一方认为在线资源不需著录，只要点击题名页便可了解全部信息，另一方则认为此部分信息非常重要，尤其是当有多个共同责任者时，判断谁是著者、谁是译者、谁是插图作者有助于帮助选择作品；转录论争之二是转录时的缩写问题，比如出版信息，一种观点认为全称可以更好地帮助网上检索，另一种观点认为一边在缩减，一边又在扩大。网络时代虽然不同于卡片时代，但并不是真正没有空间的限制，比如 OPAC 的第一屏提供的信息是不完整的；再说，如果系统能够更好地编码和按意愿显示的话，谁还在乎用"ill"还是"illustrations"；题名页上的错字问题，一种观点认为如果系统能智能处理和识别错字和纠错的话，也就不需要再著录"that is"了，另一种则认为由于题名的复杂性，要自动转录和纠错是不现实的，至少目前不可能实现。有人认为 RDA 太过于以文本为中心。

RDA 有许多的操作选择，如果各个图书馆、编目机构选择了不同的著录方式以及 OPAC 显示方式，那么以后的资源共享和联合编目会受到数据不一致的影响；还有一点是 RDA 没有涉及与图书馆馆藏信息的交互联系；再有，在层次结构上有完全的改变，其可操作性还有待检验。因为 FRBR 是理念上的模型，而编目是一种行为，这是两个不同的事情，而正是这个 FRBR 模型开始与 MARC 背道而驰，另外与之相关的软件的升级、数据的转换等都还存在问题。

四、RDA 目前在我国所面临的问题

(一) 中、西文编目如何融合的问题

在我国,各语种的编目遵循不同的编目规则,因而形成了分立式的目录体系。虽然不同编目规则的著录都依据 ISBD,但名称和主题标目由于各国的文化差异,各自都规定了不同的规则。西文是将所有字顺式标目(题名、责任者等),甚至将不同文种的文献的字顺式标目设置在同一目录中,从而形成多款目的字典式目录,显著特点是排序性强,便于浏览获取;中文目录是将题名、责任者、主题各自分立,对题名、责任者的排序不够重视,在机检环境下不便于读者浏览检索。ISBD 有国际图联的背景,汇集各国专家,是事实上的国际标准,但是 ISBD 不包括检索点的选取和规范控制部分,所以不能解决编目员的所有问题。参与 RDA 修订的人员目前主要来自英语国家,其目标试图要成为国际性的编目规则,并积极推广它的应用,因此,中、西文献编目应在不断的融合中相互取长补短。

(二) 国内编目规则的统一问题

2006 年 4 月,第一届全国文献编目工作研讨会在武汉召开。会议期间,代表们对于编目理论和实践中 RESEACH ON LIBRARY SCIENCE 的问题展开了讨论,尤其是全国联合编目中心和 CALIS 之间编目规则的差异引起了大家的高度重视。尽管双方都遵循 ISBD 的基本原则,只是在细节上有一些分歧,但标准的不同不利于图书馆数据的交流和共享却是显而易见的。研究编目的学者应该懂得图书馆编目工作,掌握编目理论,更要理解实际操作中的可行性问题。说到底,我们做出来的书目数据要能提供给国际同行使用,能让大家看懂,能进行数据比对和匹配。因此,在全国采用统一的编目标准已经成为大势所趋。

(三) 自动化环境问题

编目机读目录功能的实现必须依赖于计算机软件的支持，如规定信息源中的题名、出版者为繁体字时，是按繁体字还是简化字著录，应该说目前国内不同编目机构对此的做法是有分歧的，如以港台图书为例，CALIS 联合目录规定：将简体字著录在 518 字段，而繁体字应在 200 字段著录。由于检索系统对繁体字不兼容等因素，不能进行检索，因此，很多图书馆则以简体字著录，或者题名可以通过 5XX 字段进行弥补，但是如果 210 字段中出版发行者出现繁体字将导致简体字形式检索的失败。因此，这也是我国图书馆应该关注的问题。

五、RDA 的发展前景

RDA 的发展前景到底如何，我们从 RDA 的目标就可以看出。RDA 的定位明确，目标远大，是一部提供所有媒体的书目描述和检索的跨国内容标准，并且有可能发展成为国际标准，在全世界范围的图书馆领域及其他相关领域得到广泛应用。

(一) 有强大影响力的组织与机构

RDA 有 JSC 这样有影响力和实力的机构作组织协调和资金支持，又有大批由图书馆界和其他相关学科领域的专家和学者组成的开发团队，意见和建议反馈渠道畅通，这些因素将保证 RDA 的开发能集思广益、有序进行，尽可能做到全面、缜密、周到。

(二) IFLA 的大力支持

之所以会认为 RDA 应用前景好的另一个重要原因是 RDA 的开发得

到 IFLA 的大力支持，它的影响力将帮助 RDA 开拓更广阔的应用空间，并且将支持其发展成为国际标准。RDA 充分吸收了 IFLA 的 IME—ICC 会议及 ICP 的成果，使其可能成为一部超越英语世界的国际性编目规则。尽管 IFLA 编目组仍未最终放弃，但 RDA 的最终完成在很大程度上降低了 IFLA 计划中的"国际编目条例"出现的可能性。

（三）美国国会图书馆已经开展的 RDA 服务实践

美国国会图书馆及其合作者曾宣布，所有编目者桌面（Cataloger's Desktop）的订阅用户都能在 2010 年 6 月前通过编目者桌面获取 RDA 工具包（RDA Toolkit）进行免费试用。RDA 工具包是一个基于网络的文件集，这些文件用非常流畅的方式集合到一起，它可供在线浏览，收录了包括 RDA 在内的各项编目文件和资源。用户如果通过编目者桌面获取 RDA 工具包，则可以通过编目者桌面的检索界面获取 RDA 工具包的资源，其资源显示在编目者桌面的搜索结果页面中。也可以在 Desktop 中点击 RDA 资源，界面马上跳转至 RDA 工具包系统中。也就是说，编目者桌面和 RDA 工具包这两种工具可以交叉链接，它们有非常丰富的链接和交叉引用。不同的链接用不同的颜色标示，表明指引的内容。目前，开发人员正在努力使这两种工具无缝集成，他们的实践无疑会给我们今后的使用提供更多的经验。

总之，RDA 取代 AACR2 已是大势所趋，尽管在 RDA 的制定过程中遭到了业界多方面的质疑，而且其本身也确实存在诸多不足，但这是新标准出台的必经之路。我们也可以认为 RDA 的应用前景是机会与挑战同在，希望与困难并存。RDA 要想拥有美好的前景，仍需做出许多努力，听取多方意见并不断加以改进与完善，尤其要致力于建立和完善反应及时的修订机制，开展用户体验及培训，并大力宣传和推广。无论如何，RDA 是一个新的规则、新的概念、新的思路。至于 RDA 的前景如何，各图书馆又将如何实践，最终会带来哪些变化，我们将拭目以待。

第七章 RDA 对编目规则的继承与发展

第一节 RDA 与 AACR2

一、AACR2 发展历史的简要回顾

AACR2 是在 1967 年由英国、美国、加拿大三国图书馆协会及美国国会图书馆联合编制出版的 AACR1 基础上，于 1978 年由英国、美国图书馆协会、加拿大编目委员会、不列颠图书馆以及美国国会图书馆几家共同提出、编制出版的国际编目规则，由早先的英国版和北美版两个版本合并而成。随后由 AACR 联合修订指导委员会负责其修订和维护工作。AACR2 自出版以来已作过多次增、删、改等修订，尤其是 1988 年、1998 年和 2002 年进行的三次重大修订，目的在于适应计算机文档和连续出版物的发展变化。AACR2 继承了 AACR1 的结构，不单依据文献类型，而主要根据著者对文献知识内容所承担的责任来选取标目，同时采用《国际标准书目著录》（ISBD）的著录格式，在传统文献的基础上大量增补了非书资料和计算机文献的著录规则。

迄今为止，作为国际性的通用编目规则，AACR2 已经在世界范围广泛地被使用了 30 多年，不仅在英国、欧洲其他国家、美国、加拿大、墨西哥、新西兰、澳大利亚等国被广泛使用，同时也在中国、韩国、印度尼西亚、马来西亚、菲律宾、新加坡、泰国、日本等多个亚洲国家的图书馆使用。除英语之外，还被翻译成 24 种语言文字。依据 AACR2 所编制的记录已达亿万条，仅 OCLC 就有大约 4800 万条记录，仅美国国会图书馆就有 600 多位编目员在遵循 AACR2 规则编制着各类文献记录。

二、AACR2 的局限性

AACR 建立在传统的纸质文献资源上，服务对象主要是图书馆员，而不是广大的读者群。由于 AACR2 产生于传统的卡片时代，在缩写、标点符号和空格的使用、多个著者的选取和省略等著录规则方面都受限于卡片的空间大小；而且只关注单一记录的描述，文献之间和记录之间的相互关系难以体现；在联机目录的环境下，可以任意检索各个著录单元的信息，但由于卡片目录的框架构成和理念，致使 OPAC 上的信息揭示和检索存在着很大的局限和不适；再加上由于数字时代的文献资源在种类和格式方面越来越复杂和多样化，新兴媒体如网络上的资源、mp3、DVD 等多种数字资源缺少可依据的著录规则。AACR2 的编目规则尽管在持续修订完善，规则也日趋复杂，但除了给编目员在掌握和应用规则上增加难度之外，远远不能满足对多种电子资源及其他非书资料的描述和揭示的需要，其理念上的严重滞后势必影响到读者服务乃至于图书馆事业的发展。

AACR2 是目前国际上影响最大的一部编目规则，1978 年正式出版以来，曾经过多次修订。但历次修订在编制思想和总体结构上没有根本的变化，所用术语保留着卡片目录时代的痕迹，而且过于偏重印刷型文献，主要适用于传统的图书馆资料，对于电子期刊、联机数据库等新媒体类型难以处理。虽然增加了电子资源和集成性资源的条款,但仍不能满足数字资源著录与检索的要求,因而有必要进行全面的修订。修订后的新规则应该是能够为各种内容和媒体资源提供著录与检索的完整的使用指南和方法,能够描述文本图形、图像、地图、电影、录音等各种信息资源,既可与现有的图书馆目录兼容,又可用于数字资源和将来的数据库结构,要实现这一目标必须引入新的概念模式。

三、RDA 的产生及发展

《英美编目规则》(*Anglo-American Cataloging Ruls*,AACR)的第 1 版出版于 1967 年,史称 AACR1,它是应国际编目标准化的需要,在贯彻"巴黎原则"的基础上编制的。1978 年,AACR 的第 2 版——AACR2 编制完成,并分别于 1988、1998 及 2002 年进行了重要修订。由于 AACR2 更适应计算机编目和各种载体的信息资源著录的要求,所以被世界各地的图书馆广泛采用。然而,随着数字资源的大量出现及新的网络技术和通信技术的应用与普及,AACR2 的编制理念及内容上的问题又凸显出来。1997 年,在加拿大多伦多召开了 AACR 原则与未来发展的国际会议,与会专家一致建议依据新的国际编目原则制定新版的 AACR。2005 年 4 月,在芝加哥举行的 JSC 会议上,决定将新版的 AACR 命名为:RDA,资源描述与检索。虽然新版的规则不再称为"AACR",但仍然以 AACR 及 AACR 依据的编目传统为编制的基础。

四、RDA 对 AACR2 的继承

(一)RDA 的总体框架仍然沿袭了 AACR2 的模式

AACR2 由正文和附录组成,正文分两大部分。第 1 部分:著录(描

述），主要是关于书、舆图资料、机读文件、缩微资料、连续出版物等十几种类型文献的著录规则；第 2 部分：标目、统一题名和参照，主要是关于标目与检索点的选择和形式规范的规则。而 RDA 的一个主体部分也分为两大块：第 1 大块为第 1－4 部分——描述，是关于资源属性的描述性规则；第 2 大块为第 5－10 部分——关联，主要也是关于检索点的选择和形式规范的规则，所以从总体框架上看，RDA 仍然是从 AACR2 脱胎而来。

（二）RDA 的许多具体规则仍然源自 AACR2

RDA 用于描述资源属性的许多具体规则或与 AACR2 相同，或在 AACR2 的基础上略作修改，同时，用 RDA 创建的书目记录可以与用 AACR2 创建的记录相兼容。采用 RDA 后，编目员基本不用进行回溯编目，这一点已被 RDA 的测试样例所证明。

五、RDA 的创新

（一）概念基础上的创新

RDA 的概念基础是 FRBR 和 FRAD 的概念模型，它应用 FRBR 的实体—属性—关系模型来构建自己的概念框架，全面支持 FRBR 的查找、识别、选择及获取等用户任务，而 AACR2 没有采用这一模型。AACR2 的 2002 年修订本是在 FRBR 的最终研究报告发表后 4 年才出版的，它是有条件采用这一模型的，但它没有采用。

（二）内容结构安排上的创新

AACR2 的第 1 部分——著录共分 13 章，除第 1 章为"总则"、第 13 章为"分析著录"外，其余 11 章都是按文献类型来划分和组织的。而 RDA 的 10 个主体部分及每个主体部分的内部在结构顺序的安排上，完全突破了 AACR2 的模式，与 FRBR 的概念模型相一致，亦即与用户对书目记录的功能要求相一致。

　　RDA 与 AACR2 在概念基础及结构安排上的区别，实质上反映的是二者在编目理念上的差异，AACR2 在 1978 年问世后虽经几次重大修订，但由于其仍然秉承滞后的编目理念，所以它的修订只能是局部的修补，只能是在外界出版环境、技术环境等不断变化的情况下被迫作出的调整，这种调整的作用只能是被动地适应变化了的环境，而不可能以高屋建瓴的姿态站在相应领域的前沿去预测周围环境的走向，然后统领潮流的变化。AACR 从 1967 年出版后的历次修订都没有注意弥补这一缺欠，这成了 AACR 的硬伤。而 RDA 则不同，它虽然以 AACR2 为编制的基础，但它摒除了 AACR2 的理念和模式，RDA 中体现得更多、更重要的不是继承而是创新，所以，有理由相信，比之 AACR2，RDA 更具生命力。

　　可以说 RDA 把知识世界看成是相互联系的各类实体的空间，这些实体对象有类型、有属性、有关系等，需要利用实体关系方法进行分析建模。AACR 的知识空间可以看成是一个硕大的平面结构，而 RDA 是相互联系的一个多维度的网状空间（参见图 7.1 和图 7.2），RDA 和 AACR2

AACR2 书目记录（b012345）

主要责任者：莎士比亚 著
题名：第十二夜
出版发行：上海：新文艺出版社，1955
载体形态：107 页：图：19cm
馆藏附注：译者签名本
其他责任者：曹未风译
分类号：I561.3

图 7.1　AACR2 的书目记录的平面结构示例

在文本结构上的不同也反映了它们不同的特点。

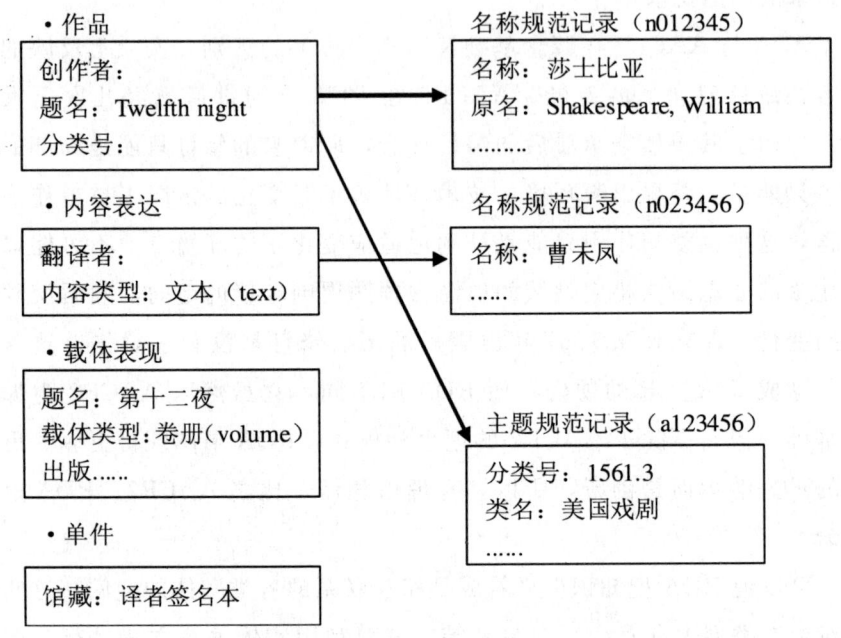

图 7.2　RDA 分层次的书目结构示例

RDA 应用了 FRBR 概念模型，改变了 AACR 以具体的资源类型（图书、舆图、手稿、乐谱、音像资料、图像资料、电子资源、三维艺术作品及教具、缩微资料、连续出版物等）分述编目规则的体例（参见表 7.1）。这些类型在 FRBR 中基本都属于载体表现层次。同时，所采用的术语发生了很大变化（参见表 7.2）。这样做的结果是改变了传统书目数据平面结构，并且使编目规则完全独立于数据编码和格式，尽管现在 RDA 还都是以 MARC 字段来论述。

Chapter 7

第七章 RDA 对编目规则的继承与发展

表 7.1 AACR2 与 RDA 体例结构的比较

AACR2 结构	RDA 结构
Part I Description ①General Rules for Description ②Books, Pamphlets, and Printed Sheets ③Cartographic Materials ④Manuscripts ⑤Music ⑥Sound Recordings ⑦Motion Pictures and Video recordings ⑧Graphic Materials ⑨Electronic Resources ⑩Three-Dimensional Artefacts and Realia ⑪Microforms ⑫Continuing Resources ⑬Alysis Part II Headings, Uniform Titles, and References ㉑Choice of Access Points ㉒Headings for Persons ㉓Geographic Names ㉔Headings for Corporate Bodies ㉕Uniform Titles ㉖References	FRBR/FRAD Attributes ①Attributes of Manifestation and Item ②Attributes of Work and Expression ③Attributes of Person, Family, and Corporate Body ④Attributes of Concept, Object, Event, and Place FRBR/FRAD Relationships ⑤Primary Relationships ⑥Relationships to Persons, Families, and Corporate Bodies Associated with a Resource ⑦Subject Relationships ⑧Relationships between Works, Expressions, Manifesta-tions, and Items ⑨Relationships between Persons, Families, and Corpo-rate Bodies ⑩Relationships between Concepts, Objects, Events, and Places

表 7.2 AACR2 和 RDA 主要术语的比较

AACR2 术语		RAD 术语	
Ared	著录项	Element	元素
Main Entry	主要款目	Authorized Access Point	规范检索点
Added Entry	附加款目	Access Point	检索点
Area	著录项	Element	元素
Uniform Title	统一题名	Preferred Title of Work	作品的首选题名
Heading	标目	Preferred Access Point	首选检索点
See Reference	见参照	Variant Access Point	变异检索表
Author, Composer, etc.	作者、作曲者等	Creator	创作者
Physical Description	稽核项	Carrier Description	载体描述
Chief Source	主要信息源	Preferred Sources	首选信息源

273

RDA 继承了 AACR2 的优点，RDA 记录除能与 AACR2 记录相兼容外，还能兼容如 MARC21、UNIMARC、XML、MODS、MARCXML 及 Dublin Core、EAD、VRA、MPEG7、ONIX 等多种标准数据格式，足以加强和改进书目描述和资源间的相互关系。

（三）RDA 将更容易理解和方便使用

编目员和其他元数据资源的创建者认为，现在使用的 AACR2 过于复杂，不便学习也不易使用。为此，修订后的新规则将减少冗余和重复，版面和格式更加体现"用户友好"的原则，容易理解和掌握。RDA 对于资源著录与检索的一般性指导是简单明了的，对于因具有某种特征而需要详细指导的资源则针对不同的内容类型、媒体类型和发行模式进行指导，并进一步提供其他资源著录与检索标准。

1. "3 原则"。英美编目规则历来规定，责任说明涉及 3 个人或团体时，3 个人或团体都要著录并做标目，超过 3 个人或团体时，只为第一个个人或团体做标目。对于印刷式卡片目录而言，限制书目记录中的检索点无疑是必要的，然而对于联机目录，这样的限制尽管可节约编目成本，但显然不利于用户检索。"3 原则"问题早在几年前就已提出，而且引起广泛讨论，此次修订将重新考虑这个问题。JSC 决定把"3 原则"列为可选择，允许设立更多检索点，即使著者顺序不在前 3 个的范围之内，也可以实现检索。

2. 职能标识。AACR2 的 21.0D 为选择附加的职能标识，在新规则中将进行扩充，而且可能会包含 AACR 所没有的资源，以便在更广的范围内使用，尽管现在只是限于书目记录中的标目，将来还可能成为规范记录的选择。

3. 特殊规则。AACR2 对音乐作品、艺术作品、某些法律作品、宗教作品和学位论文有较为详细的特殊规则，2005 年 10 月的 JSC 会议已经就这些规则的删除或简化进行了讨论。

4. RDA 标准适应性强，采用 RDA 编制的数据易于融入现有文件，特别是采用 AACR 及相关标准的文件，因而经济适用，可降低需要回溯的数量，节约编目成本。同时作为一个现代化的内容标准，还可与 MODS、Dublin Core 等多种标准兼容。

六、RDA 与 AACR2 在著录部分的对比

RDA 是继 AACR2 之后新的英美编目著录条例，也就是说，RDA 对 AACR2 进行了大幅度的修订并采用了新的名称。除了名称的改变之外，RDA 还包括新的概念和名词术语、新的字段以及著录方式的改变。新的名词术语，如从各个不同角度理解文献的 work、expression、manifestation、item；新的字段，如反映文献各种表现形式与载体的 336 content type、337 media type、338 carrier type 等，在著录上则采纳尽量反映文献原样的精神。

RDA 的出现，首先明显是为了满足数字时代信息载体的多样化和终端用户的检索，AACR2 毕竟是图书时代的产物；其次是力图从知识内容的角度来检索各种不同表现形式和载体的文献，所以 RDA 增加了一些字段和子字段来反映文献与文献不同表现形式及载体以及创作者与文献之间的各种关系；此外，RDA 也不再需要受限于卡片目录形式，比如采用简称以便将书目信息压缩在一张卡片内，同时由于 AACR2 已经在全世界内使用，英美倾向有必要尽量减少和避免。RDA 是从一个新的角度来描述文献以及提供对文献的检索的，它包括很多新的名词术语，虽然追究到各个著录细节，会发现有不少和 AACR2 其实是一样的，但 RDA 的条例章节以及叙述方式仍然与 AACR2 有很大的不同，RDA 记录的明显特征是头标区 008 字段的第 18 个字符是 i 而不是 a，表明依照 RDA 著录，040 编目来源字段的 $e 子字段是 RDA，其他明显特征还有 3xx 的三个新字段和全称如 pages、illustrations 等。

下面仅以普通图书的著录为例，就 AACR2 与 RAD 在描述性数据部分的不同进行对比介绍。

（一）转录的基本部分

1. 语种与文字

RDA 详细罗列了与之相对应的各著录单元，指出其语种与字体可根据信息源所出现的形式转录，如遇不能直接转录的文字，可著录其直译的形式，也可将这些信息的直译信息作为附加信息处理，除著者名称、题名和注释中的引语必须用文献所出现的语种、文字转录或直译之外，所有列举的著录单元均可依照编目机构所首选的语种及文字转录（见 RDA1.4）。

实例：

245：Plant physiology

500：Translation of Russian title.（在不能转录俄文字符时）

AACR2 1.0E：对文献的题名与责任说明、版本、出版发行、丛编等著录语种与字体进行了规定。

2. 错误信息的处理

题名中的单词错误拼写，不需要用方括号注明是错误的或添加正确的，按文献原样如实著录，在 500 字段加说明，如需要作为检索点，在 246 字段说明，标点符号也同样按文献原样著录，如有省略号和方括号，不需要像 AACR2 那样用横线和圆括号来代替，除非标点符号会对题名的理解产生歧义，这种情况下，省去标点符号。（见 RDA 2.3.6 e）。

实例：

245 Heirarchy in organization.（照实转录）

500 title should be read：Hierarchy in organization

246 Hierarchy in organization（视其必要性）

连续性资源的题名项在处理和更正错误时则有例外（见 RDA 2.3.1.4）。

AACR2 1.0F1：规定在对文献进行转录时，要按文献上所出现的拼写形式严格转录，如遇拼写错误时，在其后用"［sic］"或"i.e."标注（即："原文如此"或"即是"），改正的拼写形式应置于方括号内。

实例 1：245 The world ［sic］ of television

实例 2：245 Object oreiented ［i.e. oriented］ programming with C＋＋

3. 大写

RDA 附录 A 详细罗列了几个常见语种的个人名称、题名、称谓、宗教、机构、日期、节日、地名、事件等的大写规则。规定个人名称如包含 de、des、la、l'、della、von、von der 等非英语前缀时，按照有关前缀的使用习惯大写，如有疑问，大写见 RDA A.11.2。另外，皇族头衔或贵族称号需要大写，但 bart 除外，因 baronet 不属于贵族成员（见 RDA A.11.5）。

（二）题名的转录

在 RDA 中，标点符号总体来说是严格遵照文献照实著录，如添加标点能增强题名信息的清晰度，且认为确有必要添加时，允许编目员添加标点符号（见 RDA 1.7.3）。

1. 正题名

RDA 指出当信息源出现没有诸如发音符等有意义区分的符号时，可以依据标准的语言使用规则，转录时加上带有发音符的字词（见 RDA 1.7.4）。

实例：

245 Les Misrables

500 Source of information reads：Les miserables.

AACR2 1.1B1：规定在正题名转录时，标点和大写不一定严格照录。

RDA 中关于题名的格式著录，大小写可按文献原样如实著录，也就是说如果文献中题名单词全部是大写，可同样大写著录，但这是一个 option，也就是说，各个图书馆可自行决定继续按照 AACR2 著录题名的大小写，也可改依 RDA。

另外，当正题名含有标点符号"…"或"[ ]"，分别需以"—"和"（）"符号来替代。RDA 的题名部分没有专门涉及交替题名的转录及符号，应该遵循照实转录的总体原则（RDA 2.3）。

AACR2 1.1B1：规定了交替题名的标点和大写著录原则，如交替题名前的"or"或另一语种的对应词前后用逗号分隔。

RDA 中，著录有总题名和个别作品的题名时，将总题名按正题名著录，将个别题名按内容附注处理是可选择的，而非强制性转录（见 RDA 2.3.2.6）。

实例：

245 Three notable stories. （总题名）

RDA 指出信息源实际包含以下三个个别题名：Love and peril by the Marquis of Lorne；To be or not to be by Mrs. Alexander；and The melancholy hussar by Thomas Hardy. 即上述三个个别作品可选用按相关作品的题名著录（见 RDA 25.1）。

AACR2 1.1B10：规定既有总题名，又有个别作品题名的著录方式，即将总题名按正题名著录，个别作品的题名著录于内容附注中。

2. 并列题名

并列题名的著录是 RDA 的较大不同之处，首先，RDA 扩大了并列题名的出处，不局限于题名页，来源是整个资源本身；其次 RDA 对著录数目没有限制，各个图书馆可自行决定著录第一个或多个；RDA 没有涉及 AACR21.2D2 中提到的并列题名的转录问题。

AACR2 1.1D1：规定取自主要信息源中的并列题名按并列题名转录。

AACR2 1.1D2：在第二级转录时，转录第一个并列题名，并对其语种的转录顺序有所规定。

3. 其他题名信息

其他题名不是 RDA 的核心著录项目，也就是说是一个 option，各个图书馆可根据需要决定是否将其他题名列为著录项目。美国国会图书馆目前的做法是将副题名列为必须著录项目。

AACR2 1.1E6：其他题名信息部分，由于和 RDA 原则有冲突，未出现在 RDA 中，但其他题名信息可以应用在测绘制图资源（见 RDA 2.3.4.5）和影像资源（见 RDA 2.3.4.6）中。

（三）责任说明项的转录

RDA 将责任者分为三种：个人、家族和团体。RDA 对责任者说明的著录有三个不同之处。一是扩大了责任者说明的出处，包括题名页和文献本身，只有来自文献之外的责任者说明才需要加方括号注明。二是在著录时，按照文献原样著录责任者身份和责任方式，可以不省略任何文字。三是关于多个责任者的著录，一种情况是单个责任方式中包括多个责任者，可照文献原样全部著录。

在 RDA 中，除责任说明取自文献之外的外部信息源时（如附件、外包装、其他出版信息、外部参考源等）需要将其置于方括号之外，不再区分主要信息源和其他信息源（见 RDA 2.2.4）。

RDA 未对其责任说明项中的人数加以限制。当出现多个著者时，可选用著录仅第一个人作者或团体作者，而省略其余责任者的方式（见 RDA 2.4.1.5），但著录用词上有所不同。

实例：

245/｜cRoger Colbourne [and six others].

文献上出现是：Roger Colbourne, Suzanne Bassett, Tong Billing, Helen McCormick, John McLennan, Andrew Nelson and Hugh Robertson.

AACR2 1.1A2：规定责任说明项的规定信息源是题名页或代题名页，如果不是取自主要信息源，则应该著录在方括号之内。

AACR2 1.1 F5：在责任说明项中，个人著者或团体著者的著录有人数限制，具体来说三人以内和三人以上的著者在著录的方式上是不同的。如：Roger Colbourne，[et al.]。

RDA 规定除某些信息可选择性地省略外，一般均需照实著录（见 RDA 2.4.1.4）。

实例：

by Dr. Johnson

by Sir Ricchard Acland

by a lady of Quality

AACR2 1.1F7：罗列了不需在责任说明项中著录的信息类别，如头衔的缩写、称呼、尊称、荣誉称号、学术团体首字母、修饰词、创建年份、题词等。

RDA 规定将责任说明相连结的名词或名词性短语视作责任说明项的部分（见 RDA 2.4.1.8）。

实例 1：

245 Northern California travel guide /| cresearch and text by Barbara J. Braasch.

实例 2：

245 Characters from Dickens /| cdramatised adaptations by Barry Campbell.

AACR2 1.1F12：详细阐述了责任说明相连结的名词或名词性短语出现的两种情况：一是该名词短语是说明文献的性质，按副题名著录，二是该名词短语不是说明文献性质，其作为责任说明的部分处理。

Chapter 7
第七章 RDA 对编目规则的继承与发展

(四) 版本信息的转录

RDA 规定,除在信息源中出现缩写形式需使用缩写词外,其余情况不需使用缩写词,而是照实转录(见 RDA 2.5)。

实例 1:

250 Revised and updated by Alan Powers.

实例 2:

250 New edition, reset, and illustrated.

实例 3:

250 Revised and enlarged by David Hohnen.

AACR2 1.2B1:规定使用附录 B 的规定缩写词转录,不得自创和增加缩写词。如 ed., rev. enl. 等。

在版本项的数字著录上,RDA 列举了常用语言的序词形式,如英语 1s、2nd,法语 1er、2e、3e,德语 1.、2.、3.,意大利语 1a、2a、3a 等。对于中、日、韩等语言的序词,则以中文的转录形式为例。如:第 8 版,以 8th in [Chinese, Janpanese, Korean] 的形式转录,对于不能确定其语言的转录可以直接用 1、2、3 等数字形式转录(见 RDA1.8.5)。

(五) 出版发行项的转录

1. 出版、发行地

版本项著录的差别不大,只是不需要采用缩写,根据文献原样如实著录,文献中用全称就用全称如 second edition,文献中如用缩写,也原样著录成缩写如 2nd ed.,但要在结尾处要多加一个句点,表示字段结束。

实例 1:

260 Belfast :

500 Actually published in Dublin.

实例 2：

260 Lerpwl：

500 Published in Liverpool.

AACR2 1.4B4：规定使用附录 B 的缩写词。

AACR2 1.4B6，1.4C2，1.4C3，1.4C4 规定附加信息都需用方括号。

RDA 规定除在信息源中出现缩写形式需使用外，其余不需使用缩写词。并且按照信息源上出现和排印的顺序照实著录其出版信息，也就是出现几个，著录几个（见 RDA 2.7.2.4）。

AACR2 1.4C5：规定了一个以上出版地的著录规则。

RDA 规定在无出版地信息提供时使用［place of publication not identified］。

实例：

260［place of publication not identified］：World Publishing Co., c1999.

如果取自外部信息源，则用方括号对其进行著录，如果是推断不能确定，则用方括号加问号的形式，如［China？：World Publishing co.？］（见 RDA2.7.2.6，2.8.2.6，2.9.2.6，2.10.2.6）。

AACR2 1.4C6：规定在无出版地信息提供时，著录拉丁缩写形式"s. l."。

2. 出版者、发行者名称的转录

RDA 将出版、发行、生产说明列为核心著录项目。如出版者不明，要求著录发行者；如出版者和发行者都不明，则要求著录加工生产者，也就是说 260 字段没有任何出版信息的概率应该会是非常小。AACR2 中，发行者只在特殊情况下著录，加工生产者的著录是一个 option。

出版地的著录按文献原样著录，文献中是全称，用全称，文献中用缩写，就采用缩写，不需要特意缩写，也不需要在城市名之后用方括号

Chapter 7
第七章　RDA 对编目规则的继承与发展

加上州或国家名称，对于需要对出版地加以说明的，可在 500 字段加说明。多个出版地的著录，AACR2 最多允许著录两个，如果第一个不在编目者所在的国家，著录之后的所在国的出版地。RDA 要求必须著录第一个出版地，但也可按文献原样依次著录多个出版地，没有数量限制。各个图书馆可自行决定只著录第一个或多个全部著录。

实例：

260 London：[publisher not identified]，1857.

AACR2 1.4D6：规定在无出版者信息提供时，著录拉丁缩写形式"s. n."。

3. 出版、发行日期

RDA 规定如果无法确定文献的出版日期，则可著录发行日期、版权日期或生产日期。如果出版发行日期或生产日期都无法得知，可用推算的日期著录，如果对出版日期有疑问，其日期后允许加上"?"。RDA 给出了不同的日期推断模式。

AACR2 中，版权年并不是一个独立的著录项目，如出版年不详，才可用版权年替代。RDA 则视版权年为一个独立著录项目，也就是说，如果文献中既有出版年又有版权年，要求同时著录，比如，$c [date of publication not identified]，? 2009。版权年的著录用符号©或□，而不是字母。但如果没有版权年，RDA 并没有要求加任何的说明。出版信息不详的，用文字直接表达，而不是用代码，比如 [publisher not identified]，[date of publication not identified]。发行说明和加工生产说明的著录同出版说明。

实例：

[between 1846 and 1853?]；

[between 1840s and 1850s?]；

[not before 1854]，推算可能的最早出版日期；

[not after August 21，1492]，推算可能的最晚出版日期；

[between April 14,1854 and March 16,1858];

如果认定文献上出现的出版时间是虚构不真实的或不正确的,则在附注项中更正(见 RDA 1.9)。

如果无法推算出出版发行或生产日期,则可选用著录[date of publication not identified](见 RDA2.8.6.6)。

AACR21.4F6:规定如果出版日期未知,则著录版权日期或者著录印刷日期。AACR2 1.4F7:提供了出版日期项的著录模式。

RDA 著录日期的形式可由编目机构在两者中选择,既可依据信息源上的形式照实著录,也可转换成编目机构通用的形式来著录,但需要加方括号(见 RDA 1.8.2)。

AACR2 C.2B1:规定出版发布日期使用阿拉伯数字,而不用罗马数字。

(六)形态描述项

1. 形态描述项的缩写

RDA 用新的名词 carrier description 代替了原来的 physical description。载体形态项著录的主要不同是用全称来表述页码、图表以及其他特征。300 字段,RDA 并没有明确说明前言之类的页码是否要加 pages,比如"xvii pages,323 pages",但条例中有很多的例子是没有;由于已经有了 unnumbered 之类的文字,即便是数出来的页码数字,也不用加方括号了;关于 colour 或者 color 的拼写,RDA 没有相应的规定;RDA 通常使用公制单位,也可使用编制机构首选的测量体系。视厘米单位的"cm"为一种符号,其后没有"."结束符。除在描述载体或内容的尺寸时可使用缩写形式,如英寸"in."及描述时间时使用小时"hr."外,一般情况均不再使用缩写词,如"pages"、"volume"、"chiefly colred"、"some colored"等。

AACR2 测量描述体系通常由资源的类型决定。通常使用公制单位的缩写形式,如"cm."其结尾有"."结束符。AACR2 附录 B 含有在形态描述项中使用的缩写词形式，如页码"p."、卷"v."、插图"ill."、"col."。

2. 页码的著录

当整个文献都没有页码标注时，RDA规定可以任选下列一种方式著录，可使用"approximately"或"unnumbered"等词语对页码进行说明性的著录（见RDA 3.4.5.3）：

方式1：93 unumbered pages（能够快速计数的情况下）

方式2：approximately 100 pages

方式3：1 volume（unpaged）

当遇到部分标注页码、部分没有标注页码的情况，RDA规定可著录为：

8 unnumbered pages，155 pages

AACR2 2.5B7：当未有印刷页码时，需要编目员自己去计数或估计页码（双面或单面）。

AACR2 2.5B3：在著录未标记页码文献时，使用估计的页码数，在之前加"ca."表示大约，也可在方括号内著录精确计数后的页码数。如：ca.600p.，ca.300 leaves。RDA使用"（incomplete）"取代对缺失页码的描述（见RDA 3.4.5.6）。

实例：

xxiv, 179 pages（incomplete）

AACR2 2.5B15：如出版物的最后一部分有遗失，而无法确定完整册的页数时，使"+p."，表明有缺失页，如：xxiv, 179+p.

3. 错误页码的著录

遇页码印刷错误时，RDA使用"that is"给予纠正（见RDA 3.4.5.5）。

实例：

329, that is 392 pages（文献的印刷页码为329，而实际正确页码应是 392)。

AACR2 2.5B4：在修正错误页码时则使用"i.e."。如：329 [i.e.392] p.。

4. 卷册信息的著录

RDA 对多卷册文献的著录规定是，如果已经出齐或已知出版卷期，应著录完整的卷期，如：3 volumes；如果未出齐，或出版计划未知，只著录为：volumes（见 RDA 3.4.5.16，3.4.1.10）。

AACR2 2.5B18：规定当书目上的卷册数与所编实物的书目卷册数不一致时，著录书目上的卷数。

5. 装订文献的著录

RDA 只著录装订本封皮的尺寸，当认为有必要，可以在注释字段加著特定单册的尺寸大小。另外，也可用文字 height or height width of the binding 来著录，

实例：

20 x 8 cm in binding 22 x 12 cm.（见 RDA3.5.1.4.14）

AACR2 2.5D5 指出当不同尺寸的物理实体装订在一起时，只著录封皮的尺寸。

（七）丛编号的著录

RDA 规定除非语言因素，丛编的卷期号一般不用大写和缩写。卷期号可以使用著录机构选择的形式著录（见 RDA 1.8.2），但明确规定了卷期号（Numbering of part）如 no.（英语）、pt.（英语）、t.（法语）等需要缩写及 Heft（德语）、Band（德语）需要大写（见 RDA 24.6）。

AACR2 记录中，如果丛书和子丛书同时有丛书号，只能记录一个，通常是省去主丛书号，RDA 记录中可同时著录两个。

AACR2 1.6G1 附录 B 含有在丛编项中规定使用的缩写词形式，

Chapter 7
第七章　RDA 对编目规则的继承与发展

AACR2B.5B1 提到可以用缩写词替代的规则。

AACR2 C.2B1 规定在丛编号的著录时用阿拉伯数字替代罗马数字。

RDA 依照按文献原样著录的精神来著录信息以及以读者容易理解的方式。比如单词的大小写可按文献原样著录；文字中如有错误照样著录，另外加说明；文字不缩写，除非文献原样就是缩写；标点符号照原样著录，除非会产生歧义，可增加标点符号以帮助理解文字；不采用特殊符号如［S.l.］，用文字直接表达如［place of publication not identified］；关于特殊符号，美国国会图书馆规定如无法输入计算机，用方括号内加文字说明来取代。

（八）其他缩写词

RDA 附录 B 缩写词中并无月份的缩写形式，而是规定了可以由数据创建机构根据所使用的语言文字进行著录。AACR2 22.17 列举了英文词中月份的缩写词。

AACR2 对于缩写词"cent."、"ca."、"b."、"d."、"fl."也作了规范。RDA 附录 B 没有出现这些缩写词，"Century"需要完整拼写，"approximately"将取代"ca.",缩写词"b."、"d." and "fl."也不再是必须的。

（九）附注

RDA 对附注的大写和缩写作了规定，即每一句的首词或缩写词的首个字母需要大写。另外，根据语言的应用规则进行大写或缩写（见 RDA A.8）。

（十）其他

1. 早期印刷专著

AACR2 2.14E 规定了一些字母转录的特殊转换方式和大小写，如 I、

J、U、V、VV 转录为 I、I、u、u、uu，RDA 则无此规定。AACR2 2.17B1 对于在插图之后加"metal cuts"（金属版画）的使用作了规定，为避免对该词组的误用，RDA 则由"lithograph"替换。

2. 手稿的载体形态项

AACR2 4.5B1 规定著录单件手稿的叶数或页数，如果装订成册，则在其后加"bound"。

如：[125] leaves, bound。

RDA 3.4.5.14 和 3.4.5.20 对此有所指导，装订的手稿视作一个单卷，按照 AACR2 的著录规则加注叶数或页数，并不特别指明是否已装订。

RDA 的装订信息包含在 RDA 3.21.2（特殊载体特征）中。

（十一）RDA 新字段

RDA 用三个新字段取代原来 245 字段中的 $h 资料一般类型说明，首先是因为载体类型成为一个越来越明显的文献特征，其次是为了更好地支持 OPAC 的检索功能。虽然很多文献都用了 replace 一词，但取代的说法其实不完全准确，RDA 这三个新字段涵盖的内容是远远大于 $h 子字段的，它所能支持的检索功能也是远远超过 $h 子字段的。这三个新字段分别是：336 内容类型，337 媒体类型，338 载体类型。内容类型可以理解为内容的表现形式，比如文字、图像、音乐、二维活动图像等，媒体类型指的是用来阅读或播放该文献的媒体，比如视频、计算机、或者说无需媒体，载体类型很好理解了。AACR2 只要求对特殊文献进行类型说明，RDA 的这三个新字段在每一个编目记录中都会出现，也就是说，即使是普通图书，也要著录这三个字段。这三个新字段的著录并不难，RDA 提供了选择列表，从中选择相应的名词即可，如没有，也可补充。三个字段是可以重复的，也就是说，如果手中的文献涉及多种载体，就需要分别著录每一种，有两种著录方式，一种是重复三个字段；另一种是重复三个字段中的子字段。以下实例是一个简单的著录图书的例子。

实例：336，337，338 新字段（图书）

336 $ a Text.

337 $ a Unmediated.

338 $ a Volume.

除了以上三个具体的、能和旧内容联系上的字段，RDA 还包括其他新字段来更加细致地辨别文献。

第二节 RDA 与 MARC21

一、MARC21 的产生及发展

机读目录（简称 MARC）产生于美国，1966 年美国国会图书馆成功开发了最早的机读目录格式 MARCI，以后又对 MARCI 进行改进，开发出了图书馆适用的 MARCII。继美国之后，许多国家和地区纷纷研制和开发本国的 MARC 格式。1976 年国际图联主持制定了 UNIMARC，用于国家书目编制机构之间机读书目数据的交换，UNIMARC 分别于 1980 和 1994 年进行了修订。1999 年，美国图书馆协会机读书目信息委员会和加拿大机读目录委员会又推出了新一代的 MARC 格式——MARC21。目前 MARC21 在许多国家和地区被广泛采用。MARC21 共有 5 种并列格式：书目数据的 MARC21 格式、规范数据的 MARC21 格式、分类数据的 MARC21 格式、团体信息的 MARC21 格式和馆藏数据的 MARC21 格式。

二、RDA 与 MARC21 的合作

首先,基于 RDA 的数据能够与 MARC21 的数据实现最大限度的整合。RDA 和 MARC21 是两种不同的标准,MARC21 是使用诸如 RDA 这样的资源描述标准来创建编码数据的规范,所以 RDA 的实施需要得到 MARC 的支持,因此,JSC 在 RDA 的编制过程中,十分注重与 MARC21 的沟通与合作,力图使基于 RDA 的数据和用 MARC21 产生的数据能够实现最大程度的整合。在有关会议上,澳大利亚编目委员会和加拿大编目委员会讨论了 RDA 和 MARC21 之间的映射问题,确定 RDA 和 MARC21 之间映射的字段以及 RDA 中出现的新元素如何实现。RDA 的附录 E 给出了其与 MARC21 规范数据格式的对应表,从这个对应表中可以看出规范格式的 MARC21 中的字段和子字段在 RDA 的关联中都能找到相对应的数据元素,由此可以看出,RDA 与 MARC21 是协调一致的。其次,MARC21 同样也需要通过支持 RDA 或者说与 RDA 合作来保持直至扩大自己的国际影响力。2008 年 1 月,在大英图书馆、加拿大国家图书档案馆和美国国会图书馆的共同努力下,成立了 RDA/MARC 工作组,成立这个工作组的目的在于确定 MARC21 需要作出哪些修改以便于与 RDA 保持一致,并确保在未来能够实现数据的有效交换。全球最大的联机编目中心 OCLC 2010 年 6 月 15 日发布的"关于测试期 WordCat 采用 RDA 编目的政策声明"明确表示:OCLC 已经实现了 MARC21 格式完全支持 RDA 的转换。综上可以看出,RDA 与 MARC21 实际上是形成了一种联动机制,通过二者的相互支持和合作,最终达到相互促进、共同发展的目的。

RDA 的发展预示着 MARC21 可能会发生相应的改变,这是因为它们需要继续保持甚至增强一致关系。这些改变包括一般资料标识(GMD)和特定资料标识(SMD)在 MARC21 中的处理方式,如在字段中把 RDA 作为

一个"值"加进来,以表示创建该元数据所采用的编目规则;也包括更为复杂的修改,如著录出版发行元数据的子字段等。RDA/MARC 工作小组早期的成果是机读书目信息编审委员会的一篇讨论论文。该小组的其他建议和决定仍在进行。例如:RDA 区分单行资源两种不同的出版模式,"独立单元"和"多部分单行资源"。MARC21 对"单行资源"和"多部分资源"进行著录时采取两种方式,一种是将"单行资源"分为两个部分著录;另一种是将著录在不同位置的两条数据值合二为一,目的是增强与 RDA 的一致性。然而,MARC21 在内容和载体分类方面的重要修改已经获得了认可。修改后,MARC21 对媒体类型、内容类型和载体类型的著录"将取代目前 AACR21.1C 在 245 字段,＄h 子字段对一般资料标识的著录"。上面所论述的各种关系可以形成链形关系和关系网,如图 7.3

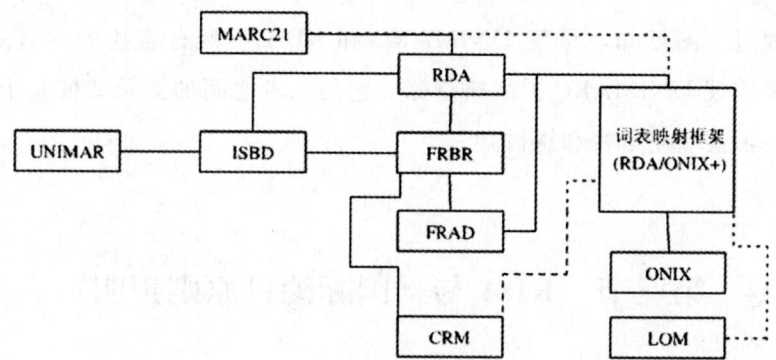

图 7.3 基于 RDA 的 MARC21 关系图

通过 ISBD,UNIMARC 与 RDA 存在间接关系,如图 7.4 所示:

图 7.4 UNIMARC 与 RDA 的间接关系

UNIMARC 和与 RDA 有关的其他元素也存在直接的一致关系。图

7.5 显示了 2001 年新版本修订前 UNIMARC 与 MARC21 之间的影射关系。但是目前，MARC21 已经依据 RDA 做出了相应的修改，再加上其他的研究进展，它们两者的关系还有待于进一步探讨，见图 7.5：

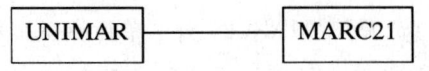

图 7.5　UNIMARC 与 MARC21 之间的映射关系

图 7.6 显示了通过 MARC21，UNIMARC 与 RDA 的间接关系：

图 7.6　UNIMARC 与 RDA 的间接关系

通过上图可知，尽管 UNIMARC 和 RDA 不具有直接的一致关系，但是要实现 UNIMARC 的战略目标，它们二者之间的关系如何是十分重要的，需要重新审视和探讨。

第三节　RDA 与《国际编目原则声明》

一、《国际编目原则声明》的产生和发展

20 世纪初，许多国家都编制出版了自己的编目规则，但各国的编目规则之间差异较大，不利于书目情报的国际交流。为了对各国的编目规则进行商讨和统一，编制出一部国际通用的编目规则，1961 年 10 月在 IFLA 和 UNESCO 的共同推动下，在巴黎召开了国际编目原则会议，会

议上通过了包括 12 条 55 款的《原则声明》,该声明包括目录的结构和功能、款目的种类、不同种类款目的功能、统一标目的选择、个人著者、团体标目等核心内容,形成了一个完整的编目原则体系,使各国的编目工作在编目原则上相互接受和融合。

50 多年来,随着出版物载体和类型的增多、随着新的信息技术和通讯技术的应用,尤其是 FRBR 和 FRAD 的问世,使巴黎原则逐渐显现了它的历史局限性。因此,自 2003 年起,国际图联编目组筹划并组织了一系列国际编目规则的专家会议,对 1961 年的《巴黎原则》进行确认、更新和扩充,在此基础上,最新的《国际编目原则声明》于 2009 年 2 月正式出版。《国际编目原则声明》旨在指导编目规则的发展,目的是为各种书目资源的描述性编目和主题编目提供一种一致的方法。这些原则适用于书目记录、规范记录以及当前的图书馆记录,同时,也适用于图书馆、档案馆、博物馆创建的书目记录和数据文档,内容包括范围、总原则、实体、属性和关系、目录的目标和功能、书目著录、检索点、查找功能的基础等七个方面。新的原则声明替代并拓宽了《巴黎原则》,主要体现在由只涉及文字著作扩展到各种资料类型、由只涉及款目的选择和形式扩展到书目记录和规范记录的各个方面这两点上,使它更适用于联机图书馆目录和其它领域,并为目录用户提供便利。

二、RDA 对《国际编目原则声明》的贯彻及思考

(一) 贯彻

RDA 的变革之一是不再标榜"英美编目条例",而力求成为国际通用的编目规则。这同国际图联希望在国际编目原则的指导下制定一部国际编目规则的意图不谋而合。RDA 的编制与《国际编目原则声明》的修订几乎是同步进行的,RDA 与《国际编目原则声明》的开发成员互有交叉,

双方互通信息，RDA的0.4.1"目标与原则"中明确表明：RDA编目原则的确立自始至终受着《国际编目原则声明》的指导和影响，或者说RDA的编制全面贯彻了《国际编目原则声明》的原则和精神，这也是RDA之所以能成为一部国际性资源描述与检索的标准的重要原因之一。

《国际编目原则声明》的"规范检索点"章节开宗明义地指出："当一个名称以几种语言和/或文字表达时，规范检索点的语言和文字应当首先依据以原语言或文字表达的作品的载体表现中出现的信息；但是，若原语言或文字并非在目录中正式使用的语言或文字，则规范检索点可依据载体表现或参考来源中出现的、以最适合目录用户的一种语言或文字表达的形式。"该表述延续了《巴黎原则》的语言选择原则，而且更加准确全面。

RDA的有关章节细述了这一规定，并指出"名称"就是"个人、家族或团体的选用名称或名称形式"、以及作品的"常见题名"，RDA用"首选检索点"代替"规范检索点"，两者涵义基本相同。

（二）思考

FRBR作为一个概念模型，着重显示不同书目实体的属性及其内在关系，而《国际编目原则声明》作为编制编目规则的指南，着重于检索点形式以及基本检索点的选择，以有效实现目录的职能。FRBR作为一个抽象的资源整合模型，并不考虑各国语言文化的差异，而《国际编目原则声明》考虑到这一差异，强调检索点要采用目录的语言/文字，以适合于读者的习惯。因此，在不同文化背景下的编目实践中要完美实现FRBR模型是不可能的。一般而言，在西方国家通行的集成目录体系中，特别是在英美目录体系中，FRBR模型尚能在较大范围内实现，但在分立目录体系中，由于一个名称有不同语言/文字的检索点形式，FRBR模型在不同语言/文字的目录中必然是并行的分裂状态。解决这一问题的前景是采用"并列标目"形式，所谓"并列标目"，就是同一实体名称根据不同编目规则形成不同语言交替规范形式，以便在不同语言/文字目录间建立连接。

1. 不同编目规则适用于不同目录体系。一般而言，AACR2 和 RDA 面向所有语言/文字资源，适用于以拉丁文字排列的集成目录体系，国内的分立目录体系面对的是不同语言/文字资源，因此需要以 RDA 为底本编制不同编目规则，以适合于分立目录体系，例如《西文文献著录规则》仅面向西文资源而不是所有资源，因而不存在将非拉丁文字团体名称罗马化问题，又如，《中国文献编目规则》仅面向中文资源，不应当简单照搬国会图书馆的西文规范形式。也就是说，在编目实践中，应避免过分追求 FRBR 的理想化而盲目照搬不同编目规则的个别规定。

1961 年制订的《巴黎原则》只考虑到西方各国语言都使用拉丁文字，因此仅用"语言"一词代表西方各种语言，忽视了世界其他语言和文字之间的复杂关系，《国际编目原则声明》和 RDA 改用"语言/文字"表述，添加"文字"一词，表明更多地考虑到了世界各种语言和文字的复杂历史和现状。

2. 国际化要和本地化相结合。"国际化"就是国内编目规则要积极采用《国际编目原则声明》和 RDA 提出的概念、结构和方法；"本地化"就是国内目录体系的设置、著录和检索点语言/文字和习见形式要适合本国读者的习惯，也就是将"读者便利"放在第一位，无论检索点采用什么形式，首先要考虑读者方便，而不是给读者制造麻烦。美国编目大师卡特主张"目录用户的方便要大大高于编目人员工作上的方便"，目录要适应"读者的习惯看法"，即使是在当今编目工作已实现全球资源共享也是如此。

3. 建立全国性的权威性编目协调机构。国内各行业各部门图书馆应积极响应 2006 年第一次全国编目工作研讨会提出的《武汉宣言》的呼吁，对现行编目标准或规则中已有的规定应当贯彻采用，避免政出不一，各行其是。一切重大问题需通过专家认证和广泛而公开的讨论，并经过权威机构认可，而不是以"长官意志"行事，以利于国内编目资源共享，为融入国际目录体系打下良好基础。《国际编目原则声明》和 RDA 编制中的民主化决策和经验是值得我们认真思考的。

于 2010 年 6 月问世的 RDA 是最早贯彻《国际编目原则声明》的一部国际性编目指导规则,它全面采用了《国际编目原则声明》的新概念,明显的例子是它采用了媒介类型、载体类型、内容类型代替 AACR2 的一般资料标识和特定资料标识;RDA 还创立了将创作者/作品相结合的"首选检索点"概念(相当于《国际编目原则声明》的"基本检索点"),以替代"主要款目"概念,等等。

第四节 RDA 与中文编目规则

编目界翘首以待的编目规则 RDA 于 2010 年 6 月 22 日以工具套件(toolkit)的形式正式在网上颁布,如从 2005 年英美编目条例修订联合指导委员会(JSC)决定将新的编目规则改名为 RDA 算起,RDA 的制定历时五年;如以该委员会在 1997 年着手将 AACR2 修订为 AACR3 为起点,那么新编目条例的问世已经历漫漫十余载了,而这十多年恰恰是信息技术蓬勃发展、编目事业面临严峻挑战的时期。1997 年国际图联发布了重要文件《书目记录的功能需求》(FRBR)。FRBR 在阐述制定背景时,提及"编目原则和标准实施的环境发生了引人注目的变化"。这些变化包括信息技术给文献编目技术带来的变革、随着信息资源激增而来的经济与工作压力,"人们越来越需要改造编目规则与实践,使它们适应新形式电子出版物的出现以及信息资源网络存取方式的降临所带来的变化","已经认识到有必要更有效地满足日益广泛的用户期望和需求"。FRBR 有两项重大成果:一是制订了以用户需求为基础的书目记录框架,二是确定了基于用户任务的基本级国家书目记录。这两项成果对于应对编目事业

第七章 RDA 对编目规则的继承与发展

面临的挑战具有重要的现实意义。FRBR 问世之时恰逢 RDA 着手修订之际,这绝非偶然。正是 FRBR 的两项重大成果给 AACR2 的修订者,也即 RDA 的制订者带来了"灵感"。RDA 的整体结构彻底摒弃了以文献物理形态为依据的传统模式,采纳 FRBR 的多层次书目框架作为描述与检索资源的基础,以求最终解决描述与检索依据之间的基本矛盾,摆脱文献物理形态对编目规则的束缚,从而适应信息资源传递与存取形式的新变化。RDA 根据 FRBR 的用户任务(user tasks)定义"核心元素",使书目记录更好地符合经济性、合理性的原则。

RDA 的正式发布标志着一种全新的编目规则迈出了成功实施的第一步,尽管 RDA 在经历测试后不少国家的编目界已开始考虑在本国应用的可能性。2010 年 8 月,欧洲编目界在丹麦召开了"RDA 在欧洲"会议,讨论 RDA 的国际化问题;结合本国的编目规则,探讨翻译与推广 RDA 的前景。FRBR 产生的背景就是 RDA 诞生的大环境,也是我国图书馆界,尤其是编目界所处的大环境;RDA 的制订者关心的问题,也是我国图书馆界尤其是编目界关心的问题。中国的编目规则何去何从,可以从 RDA 中得到启发。

一、中文编目规则的变革路向

(一)"国际化"与"民族性"

自 ISBD 颁布以来,国际标准化已成为编目工作发展的主流,"国际化"已使信息资源的共享范围从某一地区、某一国家扩张到全世界。信息资源单纯从其技术层面分析,很容易纳入"国际化"的规范。然而信息资源作为社会信息交流的产物,其文化内涵又使它带有深深的"民族"烙印,这种民族性的特质常常会与国际化的规范发生冲撞。比如,题名与责任者一般可以分开,所以我们能够为某一文献规定单独的题名检索点。但在某些国家,出版物中责任者与题名通常是紧密结合在一起的,这里如果强调建立单独的题名检索点,那么几乎每一出版物的题名都需经过规范。我国早在上世纪 80 年代便开始推行编目工作的国际标准化,但国内主要编目中心在执行中文编目规则方面仍有不小的分歧,我国编目规则同国际编目原则与国际标准之间仍存在诸多差异。在这些分歧与差异的背后,我们能够轻易地发现这种"国际化"与"民族性"的冲撞。例如,版本项规定信息源的分歧,就在于有人认为我国出版物版权页记载的版本事项比题名页更完整、准确。当然,对于"民族性"首先要通过充分的讨论与调查分析来确定其存在的合理性,即这种"民族性"是实情而非假象。比如我国出版物版权页记载的版本事项是否真的比题名页准确?因为有些作品明明是修订版,题名页也标明是修订版,而版权页记载的却是第一版。其次,国际标准确定信息源的本意在于著录的客观性,即通过规定特定信息单元的著录来源来达到著录信息的一致,而不是由编目员主观地判断哪些信息更完整、更准确。如果某种"民族性"的特征是确实存在的,那么首先应从用户任务的角度判断这种特征引起的书目记录的差异对用户利用目录的影响程度。

RDA 依照 FRBR 与《国际编目原则声明》,把用户利用目录的目标归纳为查找、识别、选择和获取所需的资源。FRBR 把描述资源特征的逻辑属性与关系按照其对实现上述查找、识别、选择和获取功能的重要性,赋予"高"、"中"、"低"三个值。我们可以根据产生差异的书目特征所对应的 FRBR 逻辑属性或关系,判断其对用户利用目录的影响程度。如果其影响的值是"低"的,则可以"忽略"这样的差异,即不必计较或"纠缠"于这样的差异。如果其影响值是"高"或"中"的,则有必要在我们编目规则中加以规范,同时应向国际编目界与国际书目标准的制订机构反映我们的"民族性"特征,以期在国际原则或国际标准中体现我们的"民族性"特征,使我们的"民族性"最终融入"国际化"。我们注意到,RDA 为了不仅适用于西方大部分国家地区,而且能够适用于全世界，在规则的措词、实例的选择等方面尽可能体现文化背景上的多样化。《国际编目原则声明》在拟定过程中曾倾听了全世界各大洲编目专家的声音。从国际性的编目原则到国际性的规则，如果容纳的"民族性"的东西越多，"国际化"的程度就越高。这是"民族性"与"国际化"相协调的唯一正确途径。

（二）FRBR 化

FRBR 颁布至今已 15 年，对 FRBR 的研究几乎遍布了编目工作的各个领域。从元数据研制的角度来观察编目工作，编目工作的流程可分为概念模型、编目规则与书目系统三个阶段。FRBR 建立了全新的书目工作概念模型，那么进一步的工作应是制订 FRBR 化的编目规则，为全面实现 FRBR 化的书目系统作好准备。一项关于 FRBR 研究前景的专家调查也指出，制订符合 FRBR 的编目条例是当务之急。RDA 的问世正是顺应了编目工作发展的这一要求。从整体结构来看，RDA 已经摆脱了传统编目规则的束缚，不再以文献类型为线索来阐述著录规则，而以 FRBR 的用户任务为出发点，依照 FRBR 概念模型的第一组实体与第二组实体及其属性与关系来说明描述与检索信息资源的具体过程与方法。这样的架构 RDA 可以从容地处理各种类型的文献资料，而且对资源的描述与检索与具体的表现方式相分离，以便 RDA 能够用 ISBD、MARC、DC 等多种元数据进行编码，适应信息资源以多种方式进行传递的要求。

FRBR 无疑是中文编目规则应对其面临的种种挑战的有力武器。中文编目规则的 FRBR 化可以有两种途径，一是"拿来主义"，即直接采用像 RDA 那样基于 FRBR 的国际性编目规则，直接采用的方式有利于通盘考虑中外文编目规则的一体化，使各类型、各文种的文献置于统一的编目规则框架之内，避免书目控制因文种不同而造成"多头分治"的局面。当然拿来的国际性编目规则也要"汉化"，所谓"汉化"就是要针对那些影响用户任务的"民族性"的书目特征制订规范，通过编目实践的检验

与修正,最终使"民族性"的规范融入"国际化"的编目规则。二是"另起炉灶",即借鉴 RDA 的方法与经验,采用 FRBR 概念模型来改造我们的中文编目规则。我们的修订工作可以与国际图联同步展开,通过与国际同行广泛的沟通与交流,最大限度地保证我们的编目规则与国际规则的一致性。在原有中文编目规则的基础上实行编目规则的 FRBR 化可以维持中文编目工作的延续性,使中文目录体系能相对平稳地过渡到新的架构中去。

RDA 的问世将推动国内编目界的观念变革,今后国内编目界应当积极采用 FRBR 的基本概念和结构,向《国际编目原则》靠拢。在这一变革过程中,既不能片面强调"中国特色"而固步自封,也不能片面理解"与国际接轨"而盲目照搬国外的一些具体作法。在指导思想一致的基础上,应努力实现中外文编目规则的统一。考虑到国内目录体系按语言分立的情况,这种统一应是基于 RDA 的统一,并非意味中外文编目规则必须合并。RDA 篇幅庞大,详尽全面,但它考虑到不同语言和文化的差异,必须为本地化政策留出选择性空间(比如它强调编目工作语言和检索点语言应采用编目机构使用的语言/文字),这是 RDA 表明作为一部国际性的"编目指导方针和指南"而不称为"编目规则"的重要原因之一。任何编目规则都与一定语言和文化相联系,在编目机构根据 RDA 制定适用于本地的编目规则时,首先应考虑"读者便利"的最高原则,而读者是有民族性的。RDA 的问世有利于克服国际化和本地化之间的矛盾,在不同语言文化的读者之间架起桥梁。

二、对修订《中国文献编目规则》的意见和建议

RDA 试图改变目前编目工作的方法,使用简单的、兼容不同类型内容和媒体的原则,以培养编目员的鉴赏力。这种标准将以目录设计原则声明和国际认可的书目控制原则为基础,有利于实现资源的查找、识别、

选择和获取，促进 FRBR 的应用。RDA 的基本指导思想是注重解决数字环境、多种格式、各种类型资源的编目，更加注重最终用户的资源发现、识别、选择、获取等问题。RDA 的另一个重要思想是融入 ISBD，已成为全世界不分语种以及文献资源类型、可用于一切文献信息服务机构的编目规则。RDA 打破语种、文献类型限制的这一思想对国内中文文献的编目实践具有重大的指导意义，尤其是使国内中西文编目各自采用相应的规则这一现象有所改变。RDA 对规范控制的清晰定义和描述可指导编目的理论与实践，也给《中国文献编目规则》的制定和应用带来影响，促进了中文资源特别是网络中文资源的编目。

（一）开放性与民主化

为了顺应信息资源数字化和编目工作网络化的发展趋势，1997 年英美编目条例开始酝酿新的版本，并于 2005 年定名为 RDA（Resource Description and Acces）。RDA 的制订充分利用网络作为宣传、交流、发布的平台——通过网络阐述制订新的编目规则的必要性与迫切性，颁布新编目规则的大纲与草案，听取编目界与其他利益相关方的意见，并最终出版了 Web 版的编目规则。RDA 的整个编制过程因网络的介入而达到了最大程度的开放与透明；公众借助网络充分发表对新编目规则的意见，使编目规则的制订工作实现了前所未有的民主化。负责 RDA 编制工作的联合指导委员会（JSC）从一开始便通过官方网站公布了 RDA 的内容说明书（Prospectus），并设立专栏，介绍 RDA 的背景、范围和原则、当前动态、回答有关 RDA 的常见问题、公布修订草案、提供演示、组织网上讨论。人们可以浏览 JSC 的历次会议文件、RDA 的各版草案、了解编目规则的修订过程、重大事件与决策、掌握编目规则的修订脉络。最为重要的是，JSC 通过网络平台发布征求意见通知与调查问卷，及时了解编目界与其他利益相关方对新编目规则的意见与建议。譬如对 Web 版的 RDA，规则制订者通过视频演示与问卷调查、获取有关编目规则查阅方

式、编目工作流程、编目规则定制、编目工作指导、编目规版本、界面、功能等方面的建议。网络交流的开放性与民主化使 RDA 的整个制订工作从一开始便置于公众的视线之下,公众的广泛参与使 RDA 所体现的不再只是少数专家的意志与意见,而公众意志与意见的体现则是规则得以推广、普及的基本前提。

我们以前制订编目规则与标准一般只限于专家的小圈子,这种小圈子是为了完成任务组建起来的临时性机构,只负责编撰,这种短期行为容易造成其后续工作无人问津;由专家组成编制委员会或小组负责起草规则或标准,再邀请专家对规则或标准进行审议,极少广泛地征求业界一般群众的意见与建议;使用者积极性不高,关注度不够;编修工作无资金支持,规则或标准长期得不到修订,被边缘化。如此制订的规则与标准有种种与实际脱节的规定或始料未及的反应也不足为奇。鉴于编目工作的专业性,专家起草与审议相关规则与标准是极有必要的,但"智者千虑必有一失",广泛倾听编目工作人员的意见可避免制定的规则与标准脱离编目工作的实际,少犯以至不犯某些"低级错误"。

随着信息技术的发展,编目工作不再局限于图书馆,编目事业已经延伸到出版、档案、博物馆等其他信息工作领域。编目规则的制订已非图书馆一家之事,倾听利益相关方的呼声,听取他们的意见,照顾他们的利益,也应是制定规则的题中之意。《中国文献编目规则》的修订应通过适当的管理机制与技术手段,充分征求国内编目界与文博、档案、出版等利益相关方对所修订的编目规则的意见与建议。全国情报文献工作标准化技术委员会或中国图书馆学会标引与编目专业委员会应该担负起组织领导的责任,统一领导,集中力量,充分发挥组织优势;常设一个专门的修订机构,有利于协调各部门、各环节和各方面的利益,有助于维持规则修订的新颖性、连续性及权威性;组成人员的构成应具有代表性,并且来自于各级图书协会组织;建立编目规则编修网站或专门网页,出版专刊或指定期刊,及时反馈对编目规则修订报告、修订进度的意见和建议；国家设立专项资金支持，逐渐向市场化过渡；编修原则真正做到用户至上、与国际接轨，注重可操作性、先进性。如果说以前因条件所限，不便或不能大规模地征求编目界与其他利益相关方对所制订的编目规则或标准的意见与建议，不便或不能使我们的规则或标准制订工作公开化、透明化，那么网络技术的发展为我们提供了一个开放性的民主化的交流平台，RDA的制订为我们树立了一个很好的榜样。

（二）先进理念的指导

RDA脱胎于AACR2而最终未称AACR3，力求使英美编目条例成为国际编目规则固然是其理由，然而更重要的还在于指导思想的根本转变。如前所述，信息资源的数字化与编目工作的网络化是促使AACR2进行修订的重要因素。随着数字资源的诞生，以传统文献为主要对象的编目条例以及在传统文献基础上发展起来的机读目录都受到了很大冲击。面对互联网，人们不禁会问：编目的对象到底是什么？传统的编目条例以"手头"的文献为依据，那么远程存取的网络资源又以什么为依据？与传统文献的固定形式相联系的版权概念如何适用于"变幻无常"的网络信息？机读目录如何反映数字资源的特征？是用传统的MARC还是其他新兴的元数据作为书目信息的编码形式？传统的书目信息过于繁琐，是否有精简的可能？要解答这些疑问，传统的编目理念已无能为力。国际图联推出的FRBR模型以及其后颁布的《国际编目原则声明》为应对编目工作在数字化、网络化时代的新局面提供了全新的观念、原则与方法。

RDA的目的与范围是完全依据FRBR的用户任务来确定的。它明确声明，利用RDA创建的资源描述数据是为了协助用户完成FRBR所阐述的四项任务——查找、识别、选择与获取；利用RDA创建的描述资源相关实体（即个人、家族、团体、概念等）的数据则是为了协助用户完成FRBR的扩展模型FRAD（"规范数据的功能需求"）所规定的用户任务。

作为编目规则的总纲，RDA规定了四大目标与九大原则，其中开宗明义的第一条便是"对用户需求的响应性（Responsiveness to user needs）"，即编目数据应能有效地满足用户查检目录的需求，这与《国际编目原则声明》倡导的"用户第一"原则是一脉相承的。在 RDA 规定的目标与原则中，有不少与《国际编目原则声明》的总原则是一致的，如：成本有效性（Cost eficiency）、充分性（Suficiency）、表达性（Representation）、准确性（Accuracy）、通用性（Common usage or practice）、一致性（Uniformity）。

从 RDA 的结构可以看出，RDA 是一部实践 FRBR 化的编目规则。根据 FRBR 理念，编目规则首先在编目对象问题上突破了传统的"手头"文献的局限，从"作品"、"内容表达"、"载体表现"、"单件"四个层次，选择描述编目对象的基本特征，使编目工作能更好地适应新的资源形态与传播方式的特点。FRBR 模型采用的实体关系分析方法使编目规则在确定编目系统的相互关系时能抓住最本质的东西。

RDA 是先进理念指导下产生的数字化与网络化时代的编目规则。它的问世启示我们，编目工作要成功应对新形势的挑战，必须更新观念，"工欲善其事，必先利其器"。编目规则是编目工作的"利器"，而"利器"的锻造离不开先进的观念、方法、原则的指导，这是我们在制订新的适于新时代要求的中文编目规则时需充分考虑的。《中国文献编目规则》的修订须以 FRBR 模型（包括其在规范领域的扩展 FRAD 模型）为基本架构，以国际编目原则为基本依据，在编目工作的观念、原则与方法上借鉴 RDA，使新的编目规则能适应新的信息环境下多种资源类型、多种信息传输与显示方式的需求。

由于我国传统分立目录的影响根深蒂固，致使图书馆按语种、文献类型分别创建数据库，而且不同数据库又在使用不同的元数据，有的采用 CNMARC，有的用 MARC21，还有的采用 DC 元数据，这一切都不利于资源共享，不利于加强 OPAC 的查找、识别、选择以及获取功能，更不利于全面地揭示作品、内容表达、载体表现和单件之间的层次关系，不利于用户查找特定的信息资源。为了实现 FRBR 用户任务，强化 OPAC 功能，控制数据库质量，避免现有的编目规则可能导致数据库建设的缺憾，笔者建议：

1. 摆脱中国传统分立目录的束缚，将《中国文献编目规则》和《西文文献著录条例》合二为一，统一中西文文献编目规则。

2. 加强联机数据的质量控制和规范文档建设工作，为实现 FRBR 用户任务做好基础工作。

3. 以 FRBR 书目实体模式为目标，开发基于 FRBR 模型、深度揭示信息资源的 OPAC。

只有这样才能进一步加强信息资源编目的标准化，促进检索点的规范化，加强数据库建设的整体化，最终达到实现 FRBR 理念、完善 OPAC 功能、共建共享信息资源的目的。

（三）完善的组织管理机制

英国、美国、加拿大等国修订 AACR 时成立了"英美编目条例修订联合指导委员会"（JSC），作为主持整个修订工作的指导机构，其职能是指定编者、探讨修订意见、决定编撰方针、批准规则框架、颁布最后文本。AACR2 正式出版后曾经历多次重大修订，JSC 成为听取、搜集修订意见、主持修订工作的常设性机构。在决定将英美编目条例改名为 RDA 之后，联合指导委员会也改称"制订 RDA 联合指导委员会"（Joint Steering Committee for Development of RDA），其成员扩充为 6 个，即美国图书馆协会（AIJA）、澳大利亚编目委员会（ACOC）、英国图书馆（BL）、加拿大编目委员会（CCC）、皇家特许图书馆与情报专业协会（CILIP）、美国国会图书馆（LC）。

从 AACR2 的制定、修订到 RDA 的研制，JSC 功不可没。像英美编目条例这样的大型编目规则，涉及复杂的资源类型与广泛的用户对象，牵扯众多的利益集团，没有一个统筹全局的管理机构是难以想象的。无

论是 AACR2 的编制、修订，还是其后 RDA 的制订，JSC 都做了大量的组织、指导与协调工作，或指定编者，或征求意见，或组织研讨，或宣传报道。尤其在 RDA 的制订过程中，JSC 通过设立专门的网站在制订者与用户之间建立沟通渠道，及时报道 RDA 的研制进程与成果，听取反馈意见。这种通过完善的组织机制沟通、兼顾各方利益，使编目规则真正具备开放性与兼容性的举措是值得我们借鉴的。

《中国文献编目规则》的制订与修订都只有临时性的编辑委员会，编目规则一经颁布，编委会也就完成其历史使命。至于编目规则的实施推广、使用中疑难问题的沟通解答以及反馈意见的搜集分析等，都缺乏有效的组织管理机制。由于没有常设的指导机构，《中国文献编目规则》在实施中遇到问题得不到及时、权威的解答，用户意见没有正常反馈途径，最终造成编目规则在实际应用中的不规范、不统一。任何编目规则都不可能完美无缺，只有通过实践才能逐步完善，因此设立常设性指导机构，建立完善的组织管理机制是保证编目规则顺利实施的重要措施。另一方面，为使编目规则在制订过程中尽可能全面反映各方的意见与利益，常设性指导机构的沟通、协调、管理作用必不可少。解决编修机制问题的关键在于有没有真正树立用户至上的观念，想用户之所想，急用户之所急。所以多考虑规则的直接使用者——编目工作者及其所在单位、团体，多听听用户的声音，多考虑其需求，问题也就会迎刃而解。为顺利实施《中国文献编目规则》的修订工作，应由全国信息和文献标准化技术委员会或中国图书馆学会信息组织专业委员会牵头，建立制订编目规则的联合指导委员会，其成员应来自公共、科研、高校等各系统图书馆，须具有广泛的代表性。该委员会的总任务是长期协调、管理《中国文献编目规则》的修订工作；当前的任务是跟踪 RDA 的发展，筹划《中国文献编目规则》的修订，具体包括：评估《中国文献编目规则》在新的信息环境下的功能、初步确定修订原则、征求修订方案与意见等方面。

（四）讲求实效

美国国会图书馆"书目控制的未来"工作小组在 2008 年的研究报告中对 RDA 的可行性表示担忧，认为 RDA 的实际效用对工作流程与支撑软件的影响未作充分的评估，质疑 RDA 对电子资源的适用性及其便捷性，因而建议暂停 RDA 的制订工作。尽管在美国三家国家图书馆——国会图书馆、国家农业图书馆、国家医学图书馆的支持下，RDA 的制订工作未受阻碍，但为了消除"书目控制的未来"工作小组的担忧与质疑，三家国家图书馆还是决定对 RDA 在业务运作、技术与经济层面的可行性实施为期 6 个月的测试，根据测试结果来确定是否采用 RDA。测试工作由国家图书馆专门成立的指导委员会负责，并制定了测试方法，编写了培训材料。

测试者与测试的资源对象都具有广泛的代表性，测试者除了提供规定数量的数据外，还要参与问卷调查，就编制记录的时间与难易程度、对工作流程的适应程度、遇到的障碍等作出回答。RDA 无论在理念与结构上都是史无前例的，它的实施是对现有编目工作流程的考验，也是对现有编目系统的考验，更是对编目人员业务素质的考验。

RDA 的创新性决定了其实施过程的不确定性，增大了其实际应用的风险，进行严格的测试是理所当然的。另一方面，对编目规则进行缜密的测试也使我们不仅关注编目规则的制订过程，而且关注编目规则的实施过程。我们以往制订编目规则基本上是围绕目录的职能展开的，对编目规则的操作可行性、技术可行性与经济可行性并不十分重视。以这种观念制订的编目规则在实施过程中遭遇种种障碍也就不足为怪了。一部编目规则缺乏可行性，在其他方面做得再完美也是没有意义的。因此，《中国文献编目规则》的修订，应该落实编目规则的测试工作，注重编目规则的实际效用，测试新的编目规则能否达到预期的目标，评估其对现有工作流程与编目系统的影响程度，通过测试对编目规则进行完善，以期达到最佳效果。

（五）充分利用网络环境

当今的信息交流有相当大的部分是在网络环境下完成的。网络不仅传播信息资源本身，而且传递书目信息。网络环境使我们能将信息资源与其书目信息有机地整合在一起，使编目人员能够方便地与信息、与用户互动。我们已经看到，RDA 在制订过程中发挥网络的作用，构建了开放性、民主化的交流平台，使编目规则的制订者可以广泛听取编目界与其他相关方的意见与建议。作为编目规则本身，RDA 也以联机版的形式颁布。这意味着编目人员可以联机查阅编目规则，或者说编目规则可以提供联机指导。随着编目规则的机读化、网络化，可以开发出一系列编目辅助工具，实现与 MARC、DC 等不同元数据集的兼容、与不同数字书目信息源的互操作、与联机化工作流程的无缝衔接。编目规则可以按不同需求进行定制，可以提供数字化的教育环境，并能协助编目人员生成书目著录，确定检索点，构成规范标目，进行规范控制等。编目规则的数据单元应按元数据规范的要求在网络上进行开放性的注册。

网络化的编目环境需要网络化的编目规则和编目工具。随网络环境而兴起的新型信息资源使编目规则面临挑战，而网络提供的交流与传播空间也是编目规则发展的机缘。因此，在修订《中国文献编目规则》时应借鉴 RDA 的经验，在利用网络沟通意见的同时开发网络版的编目规则及其辅助工具，用以提高编目工作的效率与效益。

（六）标准化与"用户至上"

自上世纪 80 年代推广应用 ISBD 以来，文献工作标准化是我国编目工作的主旋律。"没有规矩，不成方圆"，正是在文献编目国际标准化的大背景下，出台了《中国文献编目规则》，使中文编目有了全国性的统一的"规矩"。经过二十多年的努力,规范化、标准化的思想已在我国编目界深入人心,标准化对我国编目事业,包括中文编目工作的促进作用是显而易见的。《国际编目原则声明》将一致性与标准化列为指导编目规则制订工作的总原则之一。RDA 实践《原则声明》的基本原则,也把一致性规定为它的原则之一,认为描述资源或资源相联系的实体的数据应有一致的表达形式。但《原则声明》在列举其总原则时,把"用户的便利性"确定为最高原则,这里的"用户的便利性"是指:在对著录以及用以检索的名称的受控形式作出抉择时应该考虑到用户。RDA 在声明其目标时也把"对用户需求的响应性"列为第一位,即书目数据应该能响应用户"查找"、"识别"、"选择"、"获取"资源的基本需求。因此,规范化、标准化是以满足用户需求为前提的。

以前制订编目规则,对于编目原则很少述及。《中国文献编目规则》第二版对制定规则的目的及其原则也只提及规范文献著录,便于书目信息交流,有效实现信息资源共建共享。由此可见,制订中文编目规则的基本出发点仍着眼于规范化、标准化,尽管就规则对编目行为实行规范的本意而言无可厚非,但忘却了《原则声明》视为最高原则的"用户的便利性",不能不说是一种缺憾。RDA 与 AACR 条例的明显差别之一就是在引言部分以大量篇幅阐述了编目规则的基本目标与原则,把满足用户需求列为编目规则的第一目标,这可以看作编目规则从"标准化"向"用户至上"的回归。美国编目专家卡特(Charles Ammi Cutter)早就指出:公众(即目录用户)的便利性应始终置于编目员的方便之上。他甚至认为规则的严格一贯性及其执行的一致性有时会与公众看待事物的习惯做法相冲突;当这些习惯普遍存在且根深蒂固时,编目员对此置若罔闻是不明智的,哪怕这些习惯要求牺牲系统性与简便性,这是触及制订编目规则的根本目的是什么这样一个看似简单的问题。规范化、标准化是为了便于书目信息交流,有效实现信息资源共建共享,其根本目的还在于满足用户对信息资源的需求,而用户便利性是用户有效利用书目资源，满足信息需求的最起码的条件。很显然，如果我们按照标准化要求编制的书目工具不能满足用户的需求，不受用户的欢迎，那么这样的书目工具是没有任何意义的。

2006年中国图书馆学会标引与编目专业委员会制定了《中国图书馆编目工作原则声明（草案）》，把编目工作的原则确定为标准化、统一化和用户至上。其中标准化原则，就是无论在实际编目工作中还是在编制编目规则或条例中，凡是已有相应标准的，就应按照标准处理。统一化原则，就是当中文文献出现的现象在国际标准和国家标准中都没有相应规定时，应采取全国一致的处理。用户至上原则就是无论在实际编目工作中，还是在编目规则、主题词表和/或分类法中，都要考虑用户的实际需求和检索情况。这三项原则的提出，尤其是把"用户至上"确定为编目工作的原则，无疑是正确而适时的，有利于处置目前中文编目工作中种种不统一、不规范的做法。我们还需把"用户至上"确立为编目工作的最高原则，因为标准化、统一化的归宿还是满足用户需求；在"用户至上"面前，不规范、不统一的分歧之处有了正确的衡量标准，使我们得以在"用户至上"的大前提下，达成新的统一与规范。因此，《中国文献编目规则》的修订应全面贯彻标准化、统一化和用户至上三原则，并以"用户至上"为最高原则，在服务于用户的前提下，追求最大范围内的标准化与统一化；对编目规则实际应用中的不规范、不统一，须依据用户任务作出评估，求大同存小异，使标准化真正转化为用户的利益。

自编目领域的国家标准《文献著录总则》颁布以来，我国文献编目工作标准化已走过了二十余年的历程。编目工作标准化促进了我国文献资源的共建共享，促进了我国联机合作编目事业的发展。新时期中文编目事业的历史在某种程度上也是编目工作标准化的历史。令人遗憾的是，在标准化的大潮流中仍有不统一、不规范的逆流，这阻碍了文献资源的共建共享，阻碍了合作编目事业的健康发展。我国编目工作中的不统一、

第七章 RDA 对编目规则的继承与发展

不规范主要表现在中文编目规则对国际编目原则与标准的认同上，是国际化与民族性的矛盾在编目领域中的体现。

RDA 的变革之一是彻底摒弃"英美条例"的束缚，力求成为国际性的编目规则。这种"国际性"并非对"民族性"的摒弃，而是使其体现文化背景的多样性。一部国际性的编目规则越能容纳"民族性"，就越"国际化"，RDA 正是朝这一方向努力的。RDA 的问世恰与国际图联编制一部国际性编目规则的意图相吻合，这给中文编目规则融入国际性编目规则提供了一个难得的契机。由于历史原因，国内的中外文编目长期以来采用不同的编目规则，造成所谓"一馆两制"甚至"一馆多制"的状况，这对书目数据库的统一建设与统一管理是不利的，尤其对实施书目数据的 FRBR 化制造了人为障碍。因此，国内一些图书馆界专家呼吁摆脱中国传统分立目录的束缚，统一中西文文献编目规则。前文中曾提到"拿来主义"的选项，即通过 RDA 的"汉化"，吸取 RDA 的 FRBR 化先进理念，同时在"用户至上"原则的指导下，平衡"国际化"与"民族性"的关系，这是中文编目规则变革的较为理想的途径之一。

RDA 为中文编目规则的制订提供了值得借鉴的经验。开放性的编辑方式可以充分听取编目界与利益相关方的意见，吸取各方面的智慧，避免制订的规则与编目工作的实践相脱节。这种广泛吸取"民意"的民主化决策方法是使编目规则有生命力的重要前提。以 FRBR 模型为基本架构，以国际编目原则为基本依据，这是编目规则得以成功应对网络化时代诸多挑战的重要保证。通过完善的组织管理机制，对编目规则实施长效管理，是使编目规则具有延续性与生命力的关键。而对编目规则制订工作的管理不仅在于规则的制订阶段，而且在于规则的实施阶段；只有对规则的可行性进行实际应用的测试，才能真正保证规则具有实际效用。身处网络化时代，应该充分认识网络的重要作用；将网络作为沟通交流工具与编目工作的媒介，可以使编目规则的制订与使用达到事半功倍的成效。诚如《国际编目原则声明》所言，制订编目规则的最高原则是用户的便利性。RDA把响应用户需求列为第一目标，也体现了用户作为书目工作主体的定位准则。如果说以前中文编目规则专注于"标准化"，那么现在应该以用户需求的尺度来衡量"标准化"，使我们的编目工作回归"用户至上"的基本原则。

第八章 基于 FRBR 和 RDA 的编目学未来发展的分析

第一节 MARC 的未来

MARC 的出现对图书馆计算机编目的发展可谓功不可没，是编目史上的一个里程碑。MARC 自 20 世纪 60 年代产生于美国国会图书馆以来，已经历了近 50 年的时间。这期间，由于书目数据的制作和应用环境发生了很大的变化，比如数据库技术、计算机技术和网络技术的高速发展，文献数量的迅速增加以及网上资源的大量出现，图书馆的文献组织方式与服务手段都发生了根本性的变化，使 MARC 在实际运行过程中遭遇了来自方方面面的不同声音。2002 年罗伊·坦南特（Roy Tennant）曾在图书馆杂志（Library Journal）上发文号召废止 MARC，引发了 MARC 是废除还是保留的一场大讨论，如"MARC 已经过时"、"继续采用 MARC 标准将阻碍图书馆事业的发展"之类的观点。近年来，在图书馆专业 BLOG 中也出现了"愿 MARC 永垂不朽"、"MARC must die"、"Murdering MARC"等观点，所有这些都说明 MARC 遇到的挑战是自其诞生以来前所未有的。

一、传统 MARC 的缺陷

网络化数字化环境下传统 MARC 越来越明显的缺陷使 MARC 站在发展的十字路口,具体表现在以下几个方面。

(一)受制于卡片目录的思维

MARC 是计算机功能有限时期的产物,始于上世纪 60 年代,从时间上来说,先有卡片目录,后有机读目录,MARC 是以卡片目录为基础而发展来的,脱胎于卡片目录。因此在编制机读目录格式时,首先考虑的是如何保证文献目录的卡片格式。由于这一原因,导致 MARC 编制从一开始就深深地打上了卡片目录的烙印。如中文 MARC 字段中 200 字段的编制,完全是为了打印卡片目录格式和如实反映文献题名页而设计的,从实际效果来看存在着重复与臃肿。然而,实践证明,从用户利用 OPAC 目录数据的检索行为、利用方式上看,手工卡片目录与计算机目录有着明显的实质性不同,为解决图书馆目录功能需求与用户满足之间的矛盾,就应该突破 MARC 卡片本位的思想,从用户需求角度提供详尽的数据。

(二)MARC 存在着结构繁杂、字段设置重复的弊端

MARC 繁杂的规定在实际运用时导致理解上的差异,反而削弱了 MARC 详尽编目的优势。我国目前两大 MARC 数据制作中心 CALIS 编目中心和国图,各家有各家的道理与说法,标准极不统一,这正是由于对 MARC 字段理解各异造成的,严重影响了著录的规范化。由于规范化工作是环环相扣的,只要有一个环节出了问题,就可能导致整个规范化工作前功尽弃。繁杂的规定还要求图书馆系统的编程人员必须是 MARC 专家,必须精通 MARC 中每一个位置上的字符的不同含义,才能发挥

MARC 的检索与显示功能，这势必会把编程工作的重心转换到程序员对 MARC 复杂格式的理解、熟悉上。可想而知，程序员对 MARC 的理解也各有差异，这一差异更加削弱了 MARC 详尽编目的优势。以 CALIS 联机编目软件为例，就缺少了 091 统一书刊号检索点，而我国出版的大部分行业标准、部门标准类图书都只有统一书刊号而没有 ISBN 号，缺少 091 统一书刊号检索点导致行业标准、部门标准类图书失去了最简便、快捷的标准号检索点。

（三）MARC 的传统编码格式的局限性

由于 MARC 始创时受当时计算机功能的限制，其编码格式遵循国际标准 ISO2709 磁带格式，规定了头标区、目次区、数据区和记录分隔符等，这种头标区、目次区、数据区的三段式设计结构造成了存储数据空间的极大浪费。虽然 MARC 数据区的字段长为不定长，但是 MARC 记录容量最大不能超出 10 万字符，而许多现存的其它数据库检索目录都比它大，因而 MARC 不能实现对这些检索目录的转化，成为阻碍 MARC 发展的瓶颈。

受习惯性思维影响，MARC 自诞生起就在图书馆内使用，目录检索服务不可能延伸到图书馆之外，鉴于当时制定的时代，图书馆专家们也根本不可能想到计算机与网络技术发展到现今的程度，因此，MARC 只能是图书馆系统的专用格式，是无法与外部数据库系统相互操作的封闭性系统。MARC 必须在图书馆专门的软件中著录，MARC 数据的管理与检索也必须在图书馆专有软件中进行，用户只能进入图书馆系统的 OPAC 或 Z39.50 客户端才能进行 MARC 记录查询，MARC 资源无法直接面向 WWW（万维网）开放，无法通过搜索引擎向因特网用户提供链接。此外，MARC 只是对纸质文献编制的，当时没有预测到电子产物的出现，更没有联想纸质文献与其电子版之间交互式链接。此外，MARC 字段也是封闭的，在所规定的字段和字节外不可能随意添加字段与内容。

(四) 编目对象的单一化

最早的 MARC 是单机保存并通过磁带或者打印出卡片向其它馆进行传递的。尽管受到基本条件的限制，但在近代图书馆的现代化过程中树立了不可争议的里程碑。随着计算机的存贮空间的提高与互联网的出现，图书馆进入了大发展阶段。图书馆的 MARC 不需要经过磁带或卡片进行传递与规范，而是通过互联网就可以适时传递。1981 年美国图书馆界开展了"连接系统计划（Linking System Project，简称 LSP）"，再后来的图书馆联机联合编目的实现都说明了这一点，MARC 的实现已经步入了一个崭新的时代。

二、机遇与挑战

随着计算机技术和通信技术的发展，网络已深入人们的生活，图书馆已不是人们唯一的去处，用户可以通过专业的网络搜索引擎（Google、百度等）查询到自己所需的信息，网络似乎无所不能也无所不在。虽然图书馆的文献信息组织与服务手段也已经发生了一些变化，人们可以不到图书馆就能借阅到自己所需的图书，不到图书馆就能咨询到自己所需要的信息，看起来似乎只要点点鼠标就能看到自己所要看的图书，但是，受阻于文献信息的组织手段，其中最大的阻力来源于 MARC 局限，图书馆的文献信息服务手段还不能像网络搜索引擎一样方便与实用。为了满足网络时代用户日益具体而个性化的需求，MARC 一直在努力自我完善，与此同时，机遇与挑战并存更是不争的事实。

（一）OPAC 的发展

MARC 最终是通过 OPAC 来显示结果的，伴随着信息技术的不断发展，图书馆 OPAC 呈现着新的发展趋势：增加任意关键词搜索入口，为用户提供更多的检索途径；提供相关度分级及确切的题目匹配，提高检索结果的准确性；提供多种浏览方式，用户可以自行定制搜索结果的显示方式；提供个性化服务功能；可以解决多语种输出；可以通过掌上电脑、手机等来使用，等等。OPAC 的发展必然推动着 MARC 的改进。

（二）FRBR 对 MARC 的冲击

国际图联推出的 FRBR 报告是国际编目原则和编目思维模式上的重大突破。FRBR 认为编目对象不能停留在传统的平面层次上，应根据用户的需求将编目对象分成若干层次，它揭示了隐匿在编目对象中的深层次关系，形成一个立体的元数据模型，已经成为人们设计、考察和评估元数据的一个研究框架。MARC 数据区虽然设置并定义 46－多层次字段来反映条目等级关系的连接，但这种连接是线性的、平面的，虽然 MARC 本身的结构复杂，但对复杂的层级关系的适应性却较弱，MARC 只是描述性元数据，难以适应 FRBR 的多层次等级立体新框架，FRBR 的提出将使 MARC 面临巨大挑战，其冲击将是深远的。

（三）元数据的冲击

元数据算不上一个全新的概念，它是英语 Metadata 的中文译法，有人也译为描述数据，台湾学者译为诠释数据。一般都认为元数据是"关于数据的数据（data about data）"，或者说是"关于信息的信息（information about information）"。迄今为止，人们对该术语的翻译和理解尚不统一。元数据的广泛应用和迅速发展主要是为应对来自信息资源形式的数字化、数字资源整体的网络化、网络资源处理的自动化的挑战。MARC 本身就是元数据，这是不容置疑的，但应用于网络系统的元数据更具有灵活性、方便性和易操作性，与 MARC 相比更易于被用户所接受和掌握，因此，在图书馆实践中，元数据的应用在近年来取得很大的进步。图书馆数字化、数字化图书馆、网络导航等文献信息组织方案中大量使用元数据，甚至很多图书馆学专家和图书馆在进行 MARC 数据向元数据转换研究与实践。MARC 运用的空间进一步缩水，其运用的前景堪忧。

（四）网络图书搜索的冲击

各商业性图书贸易公司为了扩大更多的营销途径，利用网络的优势在网络不仅发布该书的 MARC 数据，而且还提供图书的封面信息，并将有关图书的作者信息、书评信息、读者反馈信息、购买信息等一并发布在网络上，便于图书馆进行选购，采用和谐的平台、友好的交互界面展示给读者，使读者在了解该图书信息时，还能与公司进行互动。而图书馆的 OPAC 受限于 MARC 数据的不完整或不开放性，决定了图书馆的 OPAC 展示的不和谐性和不友好。

（五）电子图书的冲击

2004 年末，全球最大的搜索引擎 Google 宣布，将在互联网上建立数字图书馆，准备以扫描的方式将哈佛、牛津、斯坦福、密歇根大学和纽约公共图书馆的藏书以及各大出版商发行的图书数字化，互联网用户在登录后即可对感兴趣的书目进行检索。该计划不仅提供书目的检索，而且还提供每本书的章节检索，甚至提供全文检索。中国目前经营数字图书的企业例如书生、超星、北大方正和中国数字化图书有限公司等，在图书馆文献服务过程中担当着越来越重要的角色。毫无疑问，传统图书馆的管理模式已不能满足现在人们对知识的渴求，而对图书馆最大的挑战是来自它们的搜索新概念，即不仅提供目录检索，而且还提供章节甚至是全文的检索，这对 MARC 提出了新的挑战。

三、MARC 的未来

虽然 MARC 历经近 50 年而长存，但其间多种质疑的声音也一直不

第八章 基于 FRBR 和 RDA 的编目学未来发展的分析

绝于耳，这种声音甚至在 20 年前就已出现。随着图书馆信息环境的变化，对 MARC 这一图书馆专用标准的质疑声浪越来越大，曾经在国内引起热烈讨论的"让 MARC 安乐死"就是集中体现。如前所述，MARC 并非一成不变，而是一直在与时俱进，那么未来 MARC 会怎样，或者说，MARC 有没有未来？一切都还没有定论，业内根据目前的状况所做的大致推测观点如下：

（一）RDA 没有抛弃 MARC

最新数字化技术的广泛应用促使大量新型资源的产生，这一事实给馆藏资源的著录和检索带来很大的变化。RDA 的开发就是为了更好地适应这些新出现的数据库技术，并充分利用这些技术所提供的在数据获取、存储、检索和显示等方面的有效性和灵活性。RDA 为此提供了灵活而又可扩展的框架，它既能满足此类数字资源的技术著录和内容描述的需要，又能满足图书馆整理其传统资源的需要。RDA 的目的在于取代已有三十多年历史的 AACR2。MARC 作为一种数据结构标准，各著录项的内容由如 AACR2 这样的编目规则规定，所以，AACR2 对 MARC、ISBD 对 UNIMARC 的影响是不容忽视的。作为 AACR2 替代品的 RDA，希望适应各种元数据方案，因此 RDA 的研发一直被认为对 MARC 极为不利。然而，在已经发布的 RDAToolkit 的附录中，包括 MARC21 描述数据记录句法（附录 D）和 MARC21 检索点控制数据记录句法（附录 E），同时，RDA 与 MARC 的映射（RDA Mappings）提供了 RDA 与 MARC 的数目和规范记录双向对照。因此，RDA 对 MARC 的出乎很多人预料的支持或许从一个侧面说明 MARC 仍有其生命力。

（二）要求更丰富的可重用书目信息

MARC 需要不断改进，但对 MARC 的质疑却是来自不同角度的，有时看似互相矛盾，似乎难以成为改进 MARC 的依据。如，一方面，对比亚马逊网上书店，基于MARC数据的OPAC被指过于简陋；另一方面，MARC格式又被指过于复杂，字段、子字段太多，而ONIX作为出版业通行的书目信息标准，其复杂程度相比MARC可谓有过之而无不及。由此看来，复杂并不是MARC格式面临的主要问题，问题的真正所在是：MARC格式只允许严格的书目数据，如不能增加评论、原始形式的索引、图像和声音文件；用于强化目录的补充信息，不能按标准形式进行交换，不能直接用于图书馆环境之外的环境交流。互联网的发展意味着不同部门的数据比以往更可见、可访问，自然的结果是部门间边界被摧毁了。未来的书目记录需要包容更多非文本信息，须向外部世界开放，图书馆可与其他部门共享标准和数据，书目记录应当不只是被图书馆利用，也应易于其他机构的重用。

（三）直接利用外部数据

在对MARC的质疑中，数据冗余也是重要的一点，因为其中用到一些代码（如语种、出版国），同时在其他字段有用于显示的文字描述形式。早年使用这些代码是为了检索或限定检索，直到现在仍因为一致性高而被使用。MARC开发之初还曾考虑过使用出版地代码，后来因为维护代码表成本高昂而作罢，而现在图书馆界可以不必自行维护代码表，因为网上有如geonames.org这样的地图服务可以利用。

20世纪90年代初，MARC引入856字段提供外部链接，现在外部世界有更多可利用的资源，应该有更通用的方法在编目时直接使用。MARC是机读目录，但到目前为止，却基本上是纯手工打造。书目来源多样化是未来的趋势，OCLC在2009年上半年推出的为出版社强化ONIX元数据服务，第一步就是直接利用出版业的ONIX数据，转换为MARC，然后以WorldCat大量书目数据分析为依据，由机器加入主题、分类、规范控制等，再转换回ONIX反馈给出版社。通过这一服务，OCLC可以同时获取大量新出版物的MARC数据。在未来很长一段时期内，直接利用外部数据转换为 MARC 将会越来越普遍。

（四）XML 格式

对 MARC 的很多质疑其实都指向 2709 格式，因为其必须经过专门的转换程序才能在网上利用。现在图书馆界已经有了基于 XML 这个互联网上资源编码、交换与处理方面事实标准的 MARC 格式，即 MARCXML 和 MarcXchange。目前新一代 OPAC 系统普遍采用 XML 格式进行索引等处理，并直接呈现书目信息。此外，LC 还推出了 MODS（元数据对象描述方案）和 MADS（元数据规范描述方案），其元素既比 DC（Dublin Core：都柏林核心元素集）丰富，又比传统 MARC 简单，MODS 的 20 个元素的定义是由传统 MARC 字段组合、精简而来，它能兼容现有的 MARC21 记录数据，还能创建原始资源的描述记录，MODS 成为网络数字环境下的一个新型元数据候选方案。国会图书馆对书目元素集的 MODS 创新、对图书馆进行 MARC 变革有极大的启发。未来 MARC 采用 XML 格式是一种趋势，但究竟是如 ISO 25577 那样以更具有普遍性的数字、字母命名字段、子字段，还是用自然语言标签作元素名，目前仍不明朗。

（五）书目记录的功能需求（FRBR）

IFLA 于 1998 年出版《书目记录的功能需求（FRBR）》，提出"作品—内容表达—载体表现—单件"概念模型，这是对文献间衍生关系的深层揭示。表现这种文献间关系是对书目系统的新要求，目前所谓的"FRBR 化"是指通过转换书目记录集，使之符合 FRBR 的要求，单一书目记录本身不能实现 FRBR 显示，因为 MARC 书目记录基于"载体表现"，不能有效地表达其上位的"内容表达"及"作品"，仅仅把 2709 格式改成 XML 格式不能解决这一问题，需要对平面、线性的 MARC 做根本性的改变。

(六) 回归书目数据交换格式

随着出版业的电子化进程，未来书目信息可以更多地通过机器获取，需要人工干预的内容将越来越少，MARC 替代品的出现或将在那时水到渠成。MARC 当年是作为一种数据交换格式成为标准的，但后来常常直接被当作了元数据标准，今后或将回归到交换格式。由于 MARC 包含大量字段、子字段，语义丰富而明确，可以成为不同元数据转换的中介。LC 曾经做过不少尝试，通过专门设计的样式表，一种元数据格式可以方便地转换为 MARCXML，再转换为另一种元数据格式。

MARC 曾经是图书馆人最引以为豪的作品，但任何产品或标准都有自己的生命周期，MARC 也不例外。为了方便处理与发布书目数据，图书馆界最终彻底放弃 2709 格式是可以预期的，但 MARC 内容标识符的前景则不明朗。无论是 LCMARC 还是 UNIMARC，最初都是作为一种数据交换格式而开发的。MARC 丰富的语义作为一种基本无损的书目信息格式间交换中介，至今仍受到推崇。显然，在数据库技术、网络技术和计算机功能大大提高的今天，我们应当突破传统 MARC 卡片本位思想，摒弃传统 MARC 结构繁杂、字段大量重复的缺陷，融合 FRBR 多维元数据模型，应用 XML 标记语言，大胆创新，对传统 MARC 实行变革和发展，从用户需求角度提供简洁、精确的数据，探索网络数字环境下切实可行的元数据发展模式。

第二节 OPAC 的未来

OPAC（Online Public Access Catalogue，联机公共检索目录）是图书馆最早建设的数字资源之一，其本身也是图书馆最基础的数字资源。

第八章 基于 FRBR 和 RDA 的编目学未来发展的分析

目前 OPAC 的主要功能是实现用户对图书馆馆藏资源的远程检索。用户利用 OPAC 可以查询图书、期刊目录及各种电子资源信息，如清华大学图书馆的 OPAC 增加了 1995 年之后的大部分媒体资源和部分电子期刊。OPAC 给用户提供了题名、作者、主题、出版者、分类号、ISBN/ISSN、索取号等检索途径，用户得到的检索结果是一个列表式清单。除了包含图书、期刊等资源的一般信息外，还有馆藏信息，包括馆藏地点、馆藏状态（在馆、只供阅览、借出、在编）等。每条记录还可用作者、分类号等做关联检索，使得相同作者的作品、相同出版社的作品、丛书的分卷以及相同作品不同的版本、作者、出版者得到一定的聚合。

OPAC 生命周期从 20 世纪 70 年代开始，80 年代末发展，90 年代中期成熟，当前正在开始新的循环。OPAC 从单一图书馆馆藏索引发展成为图书馆的联机馆藏检索系统，其功能在长期的发展过程中得到了一定的完善，但是在信息量激增、数据类型多元化的网络时代，与部分其他信息查询工具相比，OPAC 依然存在一定的局限性，主要表现在信息查询和浏览方面，例如，只能查询已知项目，只能查询图书和期刊文章等等。因此，OPAC 未来发展必须学习其它信息查询工具，更加关注用户的信息需求，丰富和完善图书馆目录，形成更为开放的管理模式。

一、OPAC 的发展趋势

伴随着信息技术的不断发展，OPAC 呈现出以下发展趋势。

（一）增加任意关键词搜索入口

由于用户的检索习惯，多数用户希望图书馆 OPAC 增加任意关键词搜索入口，目前仍有一些 OPAC 系统不提供关键词检索，为此，用户在检索之前必须了解确切的书目信息，但由于大多数用户较少使用规范的主题词进行检索，因此易于导致检索的失败。自然语言标引和检索正在引起更多关注，检索技术的不断进步将使检索领域出现新的革命。

（二）提供相关度分级及确切的题目匹配

图书馆OPAC系统能够提供与搜索引擎相似的检索结果的相关性分类，例如，采用"相关搜索"或"搜索更多同类"等按钮为用户提供更多熟悉的相关条目。图书馆系统可以提供基于用户标准的相关性排序算法，对出版时间、主题词等进行相关性排序，并对用户偏好和词频进行统计。

（三）浏览功能的创新性研究

浏览功能是信息查询问题的一种自然有效的解决方法，操作简单，不需要用户付出很多努力和拥有高深的专业知识。长期以来，OPAC研究主要集中在检索方面，包括对检索点的选取和检索方式方法等方面的研究。目前，OPAC已实现综合资源整合，用户不必登录各个数据库或OPAC系统。当前，应该对OPAC浏览功能重新认识，以便能够找出浏览族性和特性检索的结合点。例如，可以把可伸缩的分类主题树引入OPAC，采取可视化检索机制，系统能够自动对应学科名、主题词、关键词和分类号之间的各种关系，在浏览过程中用户可以随时增加限制条件来优化检索结果。

（四）注重用户研究，提供个性化服务功能

OPAC发展越来越面向用户，检索方法和界面设计等方面的发展都开始以用户需求为导向。OPAC可以参照搜索引擎，通过个性资料及检索习惯的信息提取，分析用户习惯、检索行为，并对其加以指导和监控，实现自动优化用户检索效果等人性化和智能化的检索服务。目前，NCSU（北卡罗莱纳州立大学）图书馆的新目录已经能够为用户提供与搜索引擎一样的速度与灵活性，OPAC系统的成功将使OPAC目录向更加快捷、更符合人类思维的方向发展。

Chapter 8

第八章 基于 FRBR 和 RDA 的编目学未来发展的分析

（五）解决语言障碍

语言问题是 OPAC 发展中的障碍，为此，许多图书馆、信息中心和系统开发公司都在进行实验并提出了一些解决办法，其中 OCLC 的 CJK OPAC（CJK：Chinese，Japanese，Korean Scripts）是一个全球性的多语言 OPAC，但是，多语种版本的线上选择、语言翻译机制的融入、书目信息通过语言选择机制的自动转化等问题还需要进一步研究。

（六）设备软件和硬件界限的模糊

由于网络的高度发展，计算机现在已经不是唯一可以联网的机器，平板电脑、手机等都可以上网，因此，为了进一步发展与普及用户，OPAC 系统现在要能够适应各种联机设备和操作系统，开发适应各种设备的检索界面。

（七）整合 Web3.0 技术

Web3.0 是 Web2.0 进一步发展的结果，其最常见的解释是网站内的信息可以直接和其他网站相关信息进行交互，能通过第三方信息平台同时对多家网站的信息进行整合使用；用户在互联网上拥有自己的数据，并能在不同网站上使用；完全基于 Web，用浏览器即可以实现复杂的系统程序才具有的功能；其核心软件技术是人工智能，能够进行语义的智能学习和理解。简言之，Web3.0 就是在 Web2.0 的基础上对于网上互动的进一步引伸。Web3.0 的网络应该是基于语义搜索＋开放式 Tag＋智能匹配的新门户；应该是广域的、广语的和广博的，是跨区域、跨语种和跨行业的；是下一代互联网发展的核心。作为图书馆自动化集成系统（ILS）的子系统，OPAC 的功能设置体现了图书馆的服务能力和业务水平，影响着图书馆服务质量与资源绩效。基于网络的 OPAC 将为用户提供内容更为丰富的信息服务，更加有效地满足用户信息查询的需要。在新的网络环境下，OPAC 系统应该利用 Web3.0 技术与理念，更新和完善系统功能，提高图书馆资源的利用率。

二、基于 FRBR 模型的 OPAC

OPAC 作为一种揭示与利用馆藏资源最基本、最直接的手段，随着 Google 时代的到来，因其受到书目结构扁平单调与缺乏内容层面的相关性连接等方面的限制，这种曾经最为读者熟悉、最常用的检索工具逐渐受到人们的质疑和冷落。FRBR 的出现为图书馆新一代 OPAC 的诞生创造了条件，使基于 FRBR 模型的 OPAC 检索系统在功能、结构和服务方面产生质的飞跃，从而更加便捷、高效地满足了用户的需求。近年来，国内外同行就 FRBR 对 OPAC 可能产生的影响纷纷发表见解，一些书目情报机构也开始尝试并实施了基于 FRBR 的 OPAC 应用，效果显著。但由于 FRBR 仅是一个抽象的概念模型，不利于具体的操作，使得 OPAC 的 FRBR 化进程受到阻碍。

如前所述，FRBR 根据三组实体确立了目录使用者的四项任务：发现（find）、识别（identify）、选择（select）和获取（obtain），相应的书目记录则必须具备这四项功能。IFLA 及世界许多国家已经在开展关于 FRBR 模型的实践研究，其中 FRBR 化了（FRBRized）的 OPAC 力图为用户提供一个最佳的检索工具和信息表达方式。

美国 VTLS（Delivering Visionary Technology in Library Solutions）（http://www.vtls.com）图书馆目录将文献汇聚在作品层，为用户提供了一个由简到繁逐级展开的树状目录。图 8.1 为我们显示了作品 BeauGester 的一条完整的 FRBR 记录，它包含三个实体：作品、表现形式、实现形式，单件信息（馆藏信息）加载于实现形式之上。用户通过一次检索便可获得更多有关作品的信息，如作品的不同表达形式和所有实现形式，实体之间的关系一目了然。

Chapter 8

第八章 基于 FRBR 和 RDA 的编目学未来发展的分析

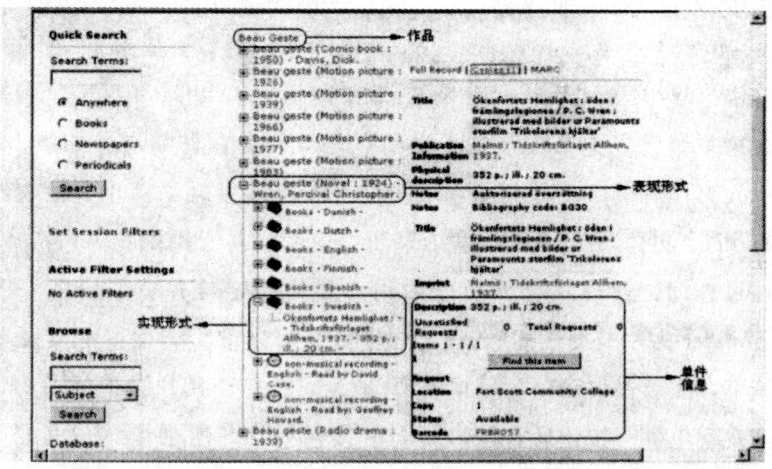

图 8.1　FRBR OPAC 显示

RLG（RedLightGreen）（http://www.redlightgreen.com）联合目录是一个具有二十多年历史的书目数据库，拥有超过 4200 万的不同的题名记录。RLG 联合目录采用了 FRBR 模型，显示作品和作品的不同实现方式。

Humphry Clinker FRBR 化（FRB Rization）是 IFLA FRBR 项目中的一个运用研究案例，其目的是组织书目记录所代表的实体（对象），并不是简单地组织记录。确定如果两条记录为同一个表现方式（expression），记录所代表的实体是否具有同样的内容，而不是记录的相似处。研究人员选择了托拜厄斯·斯莫利特（Tobias Smollett）的作品《汉弗莱·克林克远征》（*The Expedition of Humphry Clinker*），1771 第 1 版）作为样例，从 WorldCat 中把所有与汉弗莱·克林克（Humphry Clinker）相关的记录收集起来，得到 179 笔记录，经过 FRBR 化确立了作品的 48 个不同的表现方式（8 种译本＋除未经编辑的译本之外的 39 个增订本）；114 个实现方式（8 个来自译本，43 个来自未经编辑的译本，63 个来自增订本）。尽管不可能跟踪到由作品发源出的所有单件，研究人员还是确定了18个缩微胶片，51个印刷本和副本。OCLC的Fiction Finder（http//：www.fictionfinder.oclc.org）是一个基于FRBR的原型系统（Prototype system），用来查询和浏览WorldCat中的小说书目记录，这个系统已经把250万的小说书目记录聚合在作品层。如以Michael Crichton为作者的395笔记录，在这个系统的检索结果清单里呈现给用户的只有17个实体，OPAC检索结果变得简明而易于浏览。

通过查询、发现两个环节之后用户最终要定位并获取资源OCLC的FictionFinder为用户提供拥有该资源的图书馆数量、类型、主页及其所在州、城市，并通过自动侦测用户的IP地址，链接距用户最近的图书馆；当点击"发现单件"按钮后，用户便会链接到VTLS图书馆"图书定位管理（BookLocator Administration）"页面，在这里用户可以看到馆藏布局图。

FRBR作为一个文献的描述模型，可以引导元数据之间的互影射，自动提供不同图书相关内容的链接。我们可以引入FRBR的思想和概念来改造书目的结构，探索描述书目记录之间的联系，并将这种联系显示给用户，使OPAC可以基于书目内容关系显示检索结果。另外，可以增加可视化技术，形象地显示信息主题与相关对象之间的关系，如荷兰Medialab Solutions公司推出的AquaBrowser Library可视化OPAC系统，利用树形图来表示，用空间定位体现书目信息之间的关系，用空间节点的邻近度与布局来表达主题词相关度，节点上主题词的大小表示包含主题词的书目信息数量。

综上所述，FRBR的作品是一个有价值的概念，它提供了一个聚合书目记录的途径，简化了书目数据库的组织与检索；FRBR作为一个文献的描述模型，可以帮助用户辨别检索结果中各实体之间的关系，因此基于FRBR模型的OPAC在资源的组织、功能、界面等方面都较传统的OPAC有了很大的改善：

（一）FRBR化的OPAC尽可能地将相关资源聚合在一起，更好地反映了知识之间的相互关系。

（二）书目记录将从文献单元上升到表现形式，增加书目记录的内容

第八章 基于 FRBR 和 RDA 的编目学未来发展的分析

信息，强化记录之间逻辑关系，以协助读者辨识及选择所需资源。

（三）检索界面友好、简明，结果易于浏览，支持用户任务（发现、识别、选择、获取）。

相信随着时间的推移，各图书馆将会采用这一新的思路来组织馆藏资源，FRBR 化的 OPAC 也将取代传统的 OPAC。

三、图书馆 OPAC 的 FRBR 实践

（一）FRBR 结构显示的必要性

图书馆 OPAC 经历了 40 多年的发展，在其功能、结构和书目情报服务方面都取得了较大的发展。但目前多数图书馆 OPAC 是根据与用户检索词的匹配程度来显示检索结果，结果集往往是对单独书目的罗列，对书目关系的揭示明显不足，很难了解同一作品有多少种版本或载体形式。这种情况在高产作家作品以及文学名著、音乐作品、宗教文献中表现得尤为突出，给用户获取文献带来了极大的不便。

FRBR 以作品、内容表达、载体表现逐层聚集书目的理念表明，图书馆目录已不再是简单罗列文献及其复本或其他版本的清单，而是由作品、内容表达、载体表现、单册和属性、书目关系构成的一组实体信息的情报网络。其核心就是将文献形态进行分面分类，分解成不同的层次，从而建立一种能够准确描述数字环境下文献多种形态的有效方法。FRBR 的这种模式是革命性的，它打破了传统书目记录概念的单一性和平面性，使其已形成的情报网络可以揭示出同一作品的不同实体之间的关系以及不同作品的实体之间的关系。由此，我们设想，基于 FRBR 模型的 OPAC 可以以作品为聚合点，进而提供作品的不同版本和译本，以树状结构进行区分，按作品进行集中和浏览，并关联相关作品与主题，从而对资源及其关系进行清晰的揭示。在基于 FRBR 模型的 OPAC 系统检索

书目时,用户不仅能查询到特定检索条件下所需的资源,还能查询到馆藏中显示出的其他有关的版本及有关某一著者、某一主题或某一种载体的所有资源。因为 FRBR 的每一个著录实体都是基于作品内容的相互关联。如印第安那大学 FRBR 试验项目"Scherzo",在目录中用检索词"Franz,Liszt"查询,在众多的检索结果中,通过 FRBR 的几组实体的内在属性进行组织并提供导航链接,从而使用户执行一次检索就可以获取所有相关资源,这些资源按照作品聚合的形式呈现,便于用户能在海量数据中识别和选择资源。如图 8.2、图 8.3 所示。

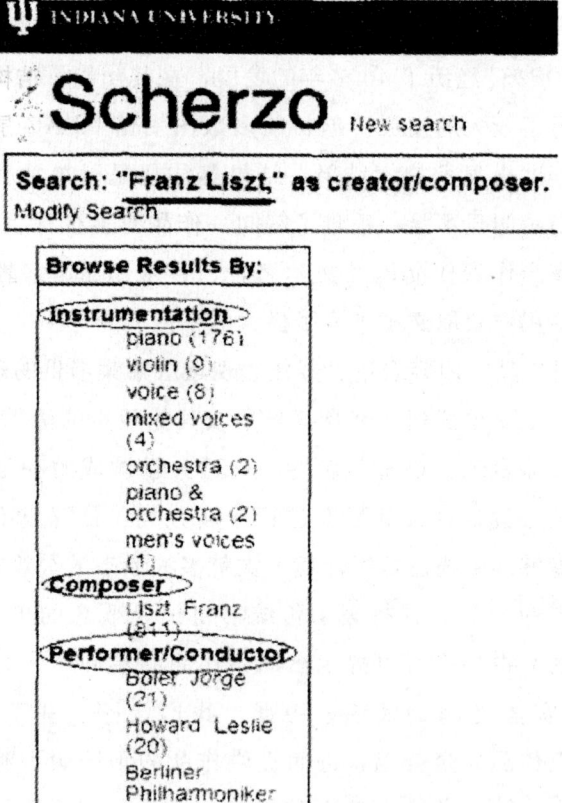

图 8.2 基于 FRBR 相关实体属性组织的检索结果

Chapter 8 第八章 基于 FRBR 和 RDA 的编目学未来发展的分析

> 368 work results for "Franz Liszt," as creator/composer
> 1. Liebestraume, piano. Nr. 3. **Liszt, Franz** (1811-1886).
>   show...
> 2. Années de pèlerinage, 2e année. **Liszt, Franz** (1811-1886).
>   show...
> 3. Années de pèlerinage, 1ère année. **Liszt, Franz** (1811-1886).
>   show...
> 4. Sonata, piano, B minor. **Liszt, Franz** (1811-1886).
>   show...
> 5. Nuages gris. **Liszt, Franz** (1811-1886).
>   show...

> 811 results for "Franz Liszt," as creator/composer
> 1. Faculty recital. 1997.
>   Contents: Pièces harp. Suits of lessons No. 5. Pièces de clavecin 3e livre. No F minor Liebestraume, piano Nr. 3. Pour le tombeau d'Orphée. Variations sur Variations on a chant
>   People: Loeillet, John; Salzedo, Carlos; Couperin, François; Liszt, Franz; Khach., Marius; Szmyt, Elzbieta; Scanatti, Domenico; Orrego Salas, Juan
>   Copies: See Catalog
> 2. Années de pèlerinage. Deuxième année Italie ; Venezia e Napoli / Liszt.
>   Contents: Années de pèlerinage 2e année. Années de pèlerinage 1ère année
>   People: Liszt, Franz

图 8.3 基于 FRBR "个人" 实体属性组织的检索结果

(二) FRBR 结构的显示途径

FRBR 化的 OPAC 显示，因能较好地弥补传统 OPAC 的缺陷而成为信息组织领域的研究热点之一。目前，国外一些 FRBR 化或类似 FRBR 结构的 OPAC 系统已开发成功并提供信息服务。总体看，OPAC 实现 FRBR 化的途径包括前组聚类方式（pre-coordinated clustering）和后组聚类方式（post-coordinated clustering）。前组聚类方式需要在内容表达层编制书目数据，在文献编目的实际操作中难度较大，成本也较高。因此，图书馆的编目机构普遍认同后组聚类方式。后组聚类方式要求编目员编制较低层次（即载体表现层）的 MARC 记录，系统管理员利用转换程序按 MARC 字段自动抽取有关文献内容的共性部分，并生成作品和内容表达层记录。再进一步讲，就是系统运用特定的运算法则，按照 FRBR 第 1 组实体的 4 个层次，对其中的书目内容按作品—内容表达—载体表现三个层次或简化的作品——内容表达两个层次进行了区分和层次关系构建。其中，运算法则是 FRBR 实现分层组织的核心，国外开发的运算法则中，"FRBR 显示工具"（FRBR Display Tool）和"FRBR 作品聚焦算法"（FRBR Work－Set Algorithm）具有相当的代表性。"FRBR 显示工具"由美国国会图书馆网络发展办公室和 MARC 标准办公室联合发布。该工具由 XSLT 语言编写，具体操作流程就是运用运算法则，把原有的 MARC 记录聚集成作品、内容表达、载体表现三个层次。

1. 作品层以"责任者"和"题名"为匹配条件

表 8.1　MARC21 与作品层的匹配

实体层级	匹配条件	MARC21 提取项目
作品	责任者/题名	100 $a $b $c $d; 110 $a $b $c $d; 111 $a $c $d $n $q
		240 $a $d $k $m $n $p $r; 243 $a $d $m $n $p $r; 245 $a $g $k $n $p;
	缺少责任者，则以题名为匹配条件	130 $a $d $k $m $n $p $r; 240 $a $d $k $m $n $p $r; 243 $a $d $m $n $p $r; 245 $a $g $k $n $p

2. 内容表达层以"记录类型"和"语种"为匹配条件。MARC21 提取规则为头标/06 字符位（记录类型）和 008 字段/35—37 字符位（语种代码）。

3. 载体表现层的显示。在载体表现层，匹配条件无需另外分配，只需将内容表达层聚集的书目记录按 008 字段中的第 07—10 字符位的出版时间进行排序，并按照以下元素进行显示。

250	$a $b	（版本项）
245	$a $b $n $p	（题名项）
245	$c	（责任说明项）
260	$b $c $g	（出版发行项）
300		（载体形态项）
020	$a $c $z	（ISBN项）或 022 $a $y $z （ISSN项）
028	$a $b	（出版号项）
030	$a $z	（CODEN码）
533		（复制品附注）

"FRBR作品聚焦算法"与上述算法则有所不同，它引入了LC的规范文档，利用LC名称规范建立"责任者/题名"规范信息，再抽取书目记录中的"责任者"和"责任者/题名"与规范信息进行匹配后，建立作品集信息标识。

目前OPAC实现FRBR化的基本原理都是将书目记录和规范记录中的相关记录以"FRBR树结构"形式反馈给用户，因此，高质量的书目数据和规范数据正是真正实现FRBR化的前提。众所周知，书目质量控制是图书馆编目工作的灵魂，其内容范围涵盖编目规则的制定与应用、书目文献的查证与补正、复本控制、相关书目关系的建立以及规范控制，尤其后两者在OPAC的FRBR化显示中的作用十分重要，其带来的互动关系也相当微妙。只有认识和领会RDA的思想与方法，才能建设高质量的书目数据库和规范数据库，进而有效地构建基于FRBR模型的OPAC检索系统。

四、关于RDA对OPAC影响的思考

RDA是替代AACR2的新规则，它在很大程度上继承了AACR2，同时又汲取了当今信息组织领域最先进的思想，极大地丰富和发展了

AACR2，成为数字时代的编目规则。RDA组织文献资源的理念更新，涉及的内容和范围更宽，它承载了图书馆人整序资源、传递信息以及获取知识的理想。作为一部充分体现FRBR概念和结构的新的内容标准，它的诞生不仅会对书目记录的结构和关系产生深远的影响，也将为OPAC的革命性变革提供有力的支持。

FRBR仅是一个概念模型，它对文献信息的转录、信息源、著录语言、大小写、缩写等均无任何规定。如此，我们做个比喻，FRBR就好比一个"球"，究竟是足球、排球还是篮球，球场的大小、球员的人数以及球赛规则都无从知晓。而RDA所做的正是制定规则，按照FRBR的实体、属性和关系做出一系列的指南和说明，从而有效地支持了FRBR的用户任务（发现、识别、选择和获取）以及FRAD的用户任务（发现、识别、情景化和论证）。RDA继承了AACR2的优点，除能与AACR2记录兼容外，还能兼容如MARC21、UNIMARC、XML、MODS、MARCXML及DC、EAD、VRA、MPEG7、ONIX等多种标准数据格式，足以加强和改进书目描述和资源间的相互关系。RDA增加的最核心的内容就是"书目关系"和"规范控制"，这既是对FRBR模型的具体运用，同时也为OPAC实现进一步的FRBR化提供了充分的条件。

（一）强化书目关系是核心

RDA的结构分为两大部分外加附录。第一部分覆盖第1—16章，包括载体表现和单件的属性，作品和内容表达的属性，个人、家族和团体的属性，概念、实物、事件和地点的属性等四小部分；第二部分覆盖第17—37章，包括主要关系（检索点选取的一般原则），与资源相关的个人、家族和团体之间的关系，作品的主题关系，作品、内容表达、载体表现和单件之间的关系，个人、家族和团体之间的关系，概念、对象、事件和地点之间的关系等六小部分。上述各种关系均体现了FRBR、FRAD中表达的关系。RDA附录I—L中则描述了书目记录与规范记录中

第八章　基于 FRBR 和 RDA 的编目学未来发展的分析

实体间的关系类型，见表 8.2：

表 8.2　RDA 附录 I—L 与 FRBR、MARC21 的关系

名称	附录	内容	与 FRBR 的关系	在 MARC21 字段中的实现方式[5]
关系标识：资源和与资源相关的个人\家族及团的关系	附录 I	作品：创作者、其他；内容表达；无特指；载体表现：制造者、出版者、发行者；单件：拥有者、其他	FRBR 第 1 组与第 2 组实体相互关系	1) 启用书目记录中 1XX, 6XX, 7XX, 8XX 字体的子字段 $e 或 $4；2) 启用规范记录中 1XX, 4XX, 和 5XX 字段
关系标识：作品、内容表达、载体表现、单件间关系	附录 J	相关、衍生、描述、整体、部分、附属、连续、等同关系等。	FRBR 第 1 组实体内部关系	1) 标识号：启用大量的 $o, $u, $x, $w, $o 子字段及 856 字段；2) 附注：启用书目记录中字段 5XX 和规范记录中 6XX；3) 结构化著录：启用书目记录中字段 76X—78X；4) 结构化检索点：启用书目记录中 7XX 字段和规范记录中 4XX 和 5XX 字段。另外，在书目记录 7XX, 76X—78X 字段和规范记录 4XX, 5XX 字段中启用关系术语 $i
关系标识：个人、家庭、团体间关系	附录 K	雇员、赞助者、后裔、家庭、雇主、前辈等（该部分还在不断修订中）	FRBR 第 2 组实体内部关系	在规范记录的 4XX 和 5XX 字段启用 $i
关系标识：概念、对象、事件、地点间关系	附录 L	等发布	FRBR 第 3 组实体内部关系	暂缺

说明：

附录 I—L 所列出的关系标识，分别用于对应第 6、第 8、第 9 和第 10 章中的关系元素。

附录 J 在书目记录中的样例：

245 00 $ aTriumph：$ bfor concert band/ $ cby Michael Tipett.
500 ♯♯ $ a "A paraphrase of music from The mask of time." ISWC T—010.304.108—2.

700 1＃＄iparaphrase of (work) ＄aTippett, Michael, ＄d1905—1998. ＄tMask of time.

附录 K 在规范记录中的样例:

010　＄an79036327
110　20＄aI. M. Pei&Partners
500　1＃＄aPei. I. M＄d1917—＄ifounder

(二) 充实规范控制规则

规范控制是手段,借此某种特定实体的多个款目被汇集在一个单一、统一的标目形式下,检索将从多种变异形式指向规范形式,实体间的各种关系将被表达。一旦我们提供对书目资源的规范控制,读者便能更容易、更精确地检索到所需要的资源。

FRAD 是 RDA 中检索点和名称规范的理论基础。RDA 中描述的数据元素反映了 FRAD 中定义的个人、家族、团体、地点等实体的属性,还反映了名称、标识符、受控检索点和规则等实体的属性。另外,RDA 涵盖了 FRBR 中不具备而 FRAD 中所定义的作品的一些属性。RDA 细化了规范记录元素的属性,增加了家族属性,以个人名称规范为例,FRAD 模型中定义的"个人"实体之属性包括生卒年、称谓、其它名称、性别、出生地、死亡地、居住地、所属单位、传记/历史等。

个人名称的相关参照关系包括笔名、归属、合作、兄弟、父母/儿女关系,个人与团体、个人与家族的成员关系,以及与个人有关的单纯参照关系,如实名、笔名、俗名、教名、职务名称、旧名称、新名称、交替语言形式、其它变异名称关系等。通过在规范记录里将这些复杂的关系进行细化,并通过符号的形式表达清楚,无疑有利于提高信息资源查全率和准确率。

RDA 规则充实了书目规范控制的内容,对规范记录的创建作出了必要的指导,这是 AACR2 所不具备的。它指导编目员判断何时文献题名为新作品或内容表达,如何在作品或内容表达层面创建标目,如何提供作品、内容表达、个人、家族、团体的选用检索点及其变异形式。RDA 还沿用了 AACR2 关于统一题名的功能,它指出,代表作品和内容表达的首选检索点(统一题名)可以用于各种目的,并为下列目的提供了实现方法:

1. 当作品的各种内容表达或载体表现以不同的题名出现时,应著录统一题名汇集和反映体现作品的所有资源;

2. 知名作品的题名不同于所著录资源的正题名时,统一题名可用于识别该作品;

3. 区分以相同正题名发行的两部或多部作品;

4. 当资源体现作品的各种内容表达时,可为资源组织有层次的显示;

5. 为相关作品(RDA 第 25 章)或相关内容表达(RDA 第 26 章)命名。

值得一提的是,MARC21 也为适应 RDA 在规范记录中的应用新增了以下字段:046/特殊编码日期、336/内容类型、370/相关地点、371/地址、372/活动领域、373/关系、374/职业、375/性别、376/家族信息、377/相关语言字段、380/作品形式、381/作品、内容表达的区分字符、382/表演媒介、383/音乐作品的数字标识等。当然,RDA 还开发了主题关系,为主题规范控制的实现提供了有效的指南。

(三)文献类型标识的新表达

RDA 是一种为数字环境设计的资源描述与检索新标准,它在设计上利用了新的数据库技术,在数据获取、存储、检索和显示方面具有有效性和灵活性。一般资料标识的变化是 RDA 的亮点之一,它为解决多文献类型、多元化、动态的资源描述提供了崭新的方法,解决了文献类型多元化与线性描述之间的矛盾。

RDA 引入了一种全新的方法,从技术和内容方面对资源进行了分类,它采用三元素替换了一般资料标识(GMDs),三元素分别为内容类型、媒介类型和载体类型，它们是用户发现资源、限定检索的重要切人点。

表 8.3　文献类型标识三元素

RDA 元素	MARC21 字段	说明
内容类型	336	应用于 FRBR 的内容表达层
媒介类型	337	应用于 FRBR 的载体表现层，可自动从内容与载体类型产生
载体类型	338	应用于 FRBR 的载体表现层

例 1：印刷型图书

245 10 ＄aQianlong chao ben bai er shi hui Hong lou meng gao.

300 ＃＃ ＄a12 volume； ＄c30 cm

336 ＃＃ ＄atext ＄btxt ＄2rdacontent

337 ＃＃ ＄aunmediated ＄bn ＄2rdamedia

338 ＃＃ ＄avolume ＄bnc ＄2rdacarrier

例 2：不断更新的网络资源

245 04 ＄aThe Oyez Project ： ＄bU. S. Supreme Court media.

300 ＃＃ ＄al online resource.

336 ＃＃ ＄atext ＄btxt ＄aspoken word ＄bspw ＄2rdacontent

337 ＃＃ ＄acomputer ＄bc ＄2rdamedia

338 ＃＃ ＄aonline resource ＄bcr ＄2rdaearrier

在图书馆 OPAC 的显示中，RDA 中新的资料标识元素比 AACR2 中的 GMDs 更具灵活性：界面显示可采用按钮、图标等更直观的方式来表现资源的一个或多个类型；MARC 字段可以从公共显示中屏蔽；336—338 字段中的信息可用于资料类型的限定检索。

五、RDA 对图书馆 OPAC 构建的启示与思考

RDA 是具体化的 FRBR，作为一种全新的资源组织标准，由 RDA 指

Chapter 8　第八章　基于 FRBR 和 RDA 的编目学未来发展的分析

导创建的书目记录注重了各个实体之间关系的客观揭示，注重了书目规范控制的实施，每一个著录实体都基于作品内容的相互关联形成了一张覆盖各种相关作品的网络，为文献资源编目、OPAC 的检索服务以及数据显示带来诸多启示。

（一）继续探索文献层次的划分问题

FRBR 本身是一个概念模型或参考模型，而不是数据模型，它在实践中还有不明确、不完美之处，它为每个实体所定义的属性在多数情况下都过于一般化，它既没有表明如何架构数据单元，也没有说明如何显示数据单元。于是，在文献层次划分方面，FRBR 的操作性能还具有一定的局限，而 RDA 在文献的层次划分方面做了大量的工作，采用大量的样例进行说明，力图使 FRBR 中的抽象概念明确化。

（二）强化书目关系的建立

实现 FRBR 结构的 OPAC 显示，书目关系的建立至关重要，它必应遵循如下的原则：

1. 易识别性。书目记录应该能够识别目录中编目实体和其他实体之间的关系。

2. 方便连接。书目记录的数据元素应方便连接，书目记录应提供足够的信息识别关系和建立连接。

3. 用户至上。

4. 多层描述。编目规则应提供一个实体不同层次的独立描述，包括抽象的作品、载体表现和特定单册，这些层属间的描述应彼此连接。

5. 一致性。书目关系的识别和连接应本着一致性原则，打破文献载体的界限，即不同文献类型的处理采用相同的方式，包括应用中的一致性和使用统一题名。

(三) 加强书目规范控制的实施

规范控制的核心是书目控制，其目标是实现目录系统中的精确查找和同类实体的汇集，达到准确查找目录中某一特定文献、同一著作的所有版本、特定责任者的全部著作、特定主题的全部资源等目的。为达此目的，必须通过建立规范形式的名称、主题和题名来实现，通过单纯参照、参见参照或连接款目的形式连接。名称可汇集相同责任者的不同作品，题名可汇集相同文献的不同题名、相同文献的不同语言版本、相同文献的不同载体版本、相同文献的不同印次等。规范控制的应用实际是在目录中构建了书目实体之间隐含的书目关系，即通过名称、题名和主题汇集、区分作品，并在作品间建立导航。

(四) 持续的实践投入

实践应用表明（如 OCLC 支持的"FRBRisation"实验项目），依据当前编目规则所编制的书目记录，还不能完全满足不同层级数据间的匹配，书目记录中还需要著录大量的通用性元素，这仍有待于我们进一步的实践与拓展。

(五) 提高用户检索的全面性

关系标识的广泛使用和规范控制的加强，不仅能够有效划分作品、内容表达、载体表现和单件的层次，还能细化实体间的关系，提高用户检索的准确性。用户检索的关注点是作品及其内容表达，而传统书目记录都是针对"载体表现"进行的，在这种情况下，同一个作品可能有多条记录，例如小说、录音带和唱片等，而传统的编目规则又不能系统揭示这些记录之间的关系，因此很难满足用户对检索全面性的要求。RDA 转向以作品为基础来创建书目记录，使相关记录以"作品"为核心聚合在一起，执行一次检索就可以获取所有相关资源，提高了检全率，同时

Chapter 8
第八章 基于 FRBR 和 RDA 的编目学未来发展的分析

也为数据库节省空间，提高检索效率。

（六）增强图书馆 OPAC 的导航功能

RDA 通过揭示实体关系的内在、外在联系，有利于增强 OPAC 的导航功能。从编目效率看，在相对开放的网络环境下，使 OPAC 向 Web-PAC 转化，对纷繁复杂的信息进行迅速揭示和有效组织变得更加困难，由此，提高编目效率就成了实现转化的关键。FRBR 使书目信息可以被同一作品的不同载体表现直接利用，这将在很大程度上节省编目开支，提高编目效率和质量。从查询方式看，将图书馆的 OPAC 纳入搜索引擎的检索范围，如 Google 中的图书搜索，既可扩大用户的检索范围也可以提高图书馆的利用率。图书馆中的 OPAC 系统和 Web 上的搜索引擎是两种查询方式，这对于只进行一次搜索的用户来说不太方便，所以，增强图书馆资源在网络中的可见度成为 OPAC 的革新方向。而基于 FRBR 的这种方式刚好为这种革新提供了便利，用户可以按照关键词进行检索，结果则可以按照 FRBR 中的作品内容和相关度进行排序，并附加提供馆藏地址信息。而除了 MARC21，它还可以与 MODS、Dublin Core、ONIX 等格式兼容，有利于 OPAC 向 WebPAC 方向发展。

（七）加强对多载体、多种类型的文献资源的整合

图书馆资源的来源包括自建、外购、缴送、网络采集等多种渠道，因此，资源类型复杂多样、元数据格式同样复杂多样是多数图书馆的现状。为保证元数据在组织、管理与检索中的质量，必须建立元数据组织结构模型，以统一的机制管理图书馆元数据。组织模型需要重点解决以下问题：

1. 确定核心元数据集，用于元数据交换与整合；
2. 确定元数据映射规则，用于不同元数据间映射；
3. 确定元数据唯一标识符，用于元数据管理。

同时，在元数据的组织结构中，更要关注元数据的等级关系、元数据之间的关联关系以及元数据的识别机制；在数字环境下，还要特别注重元数据与对象数据的关系，探索通过元数据连接与揭示、对象数据唯一标识与元数据唯一标识建立关联、同一内容不同载体的对象数据要有明显的识别信息并有联接关系等。

（八）一站式检索界面设计的思考

一站式检索界面需要从以下几点入手设计：

1. 文献类型及语种多样化。除了被大家重点整合的数据库、电子期刊外，还应增加电子图书的整合，特别加强不同语种资源的分类，使读者可按需要获得中外文文献资源。

2. 要求用户入口统一化。一次登陆即可按需要有目的的浏览不同主题、不同类型的文献。

3. 要求检索界面一体化。读者在同一个检索界面上，可以检索所有类型的馆藏资源，如印刷型文献、非书资料、电子期刊、电子图书和中外文数据库等，若读者没有特别指定文献类型时，则会根据主题同时提供满足要求的数据库、期刊和图书，并可直接浏览。

4. 要求显示信息丰富化。不同类型文献的揭示程度与显示内容应有所区别。如普通图书只需显示著者、题名等基本信息，电子资源除基本信息外，更注重 URL 的显示，而馆藏特色资源、学术资源等则更需要目次、提要等详尽信息。

此外，RDA 所具有的兼容性与新资料标识元素的应用可为界面显示丰富的信息提供强大的灵活性。

基于 FRBR 模型的 OPAC 检索系统的特点以及 RDA 对图书馆 OPAC 可能产生的积极影响和变革，可以预见，RDA 势必会对 OPAC 的改进升级提供强有力的支持，我们拭目以待。

第八章 基于 FRBR 和 RDA 的编目学未来发展的分析

第三节 编目的未来

一、编目的价值

纵观图书馆目录的目的与功能的发展,编目从单纯的抄录缮写到具体描述作品实体与内容的馆藏诠释,再进而成为利用馆藏的指引和导航。在现代信息环境下,目录亟待被重新思索与定位,编目亟需回顾历史、前瞻未来,发掘其更深层次的潜在价值。

编目工作是以读者对信息的检索利用为核心的服务工作,是对人类智慧创作的有效组织与永久记忆,唯有了解社会需求、了解读者群特性、了解信息内涵,才能为人类记忆与记忆的寻求者做更高效益的媒介。随着书目记录功能的重新思考,编目工作价值被重新认识:目录不再仅仅是读者获得图书馆文献资源的一种方法,书目控制的效益通过合作也可通过设计扩大到更大范围的信息资源,包括图书馆的所有文献资源、多元化的读者以及多样化的信息检索点。馆藏目录对馆藏内容的诠释功能让读者可以在最简洁的描述中判断资料内容与找寻主题的相关程度。馆藏通过书目控制功能构建为一个经纬分明的知识网络,因此有人倡议在新时代新思维下,应将图书分类更名为知识分类。知识组织和整序工作在数字化信息时代作为图书馆的核心竞争力,是未来编目工作最应该承担、也是最适合承担的内容。首先,将"知识组织系统"(包括分类法、叙词表等的 KOS)的规范体系转化为 Web 可以读懂和处理的格式;其次,为进行更多的主题编目,从事资源的主题标注、批处理或互操作开发工作;再次,被称之为"元数据编目员"的编目员如今的工作可能更多的是进行元数据标准规范及著录规则的制定、流程设计、培训推广、质量控制等,需要支持自动或批量的元数据编目。另外,由于所有的标准规范或方法工具最终都将体现于元数据编码中,所以制订、审核并应用各类元数据编码方案也应是重要内容。

二、编目面临的挑战

早在20世纪初美国国会图书馆开始发行印刷目录卡片,使很多编目员发挥才能的机会大为降低,就有学者认为编目的黄金时代已经过去了。到20世纪30年代末、40年代初,美国国会图书馆待编文献大量积压,编目效率下降问题突现,而为合作编目所制定的标准化编目规则造成的编目条款激增则是导致这一问题的重要原因。由此1940年国会图书馆的图书馆员委员会(Librarian's Committee)首次提出了编目危机问题,次年澳大利亚人Andrew D. Osborn(奥斯本)在《图书馆季刊》上又发表著名的《编目危机》(*The Crisis in Cataloging*)一文,引发其后编目界对修订编目条例的不同观点。

图书编目经历了上千年的历史,存在的时间比图书馆还要久远,曾经发生过若干次翻天覆地的变化,虽然每一次变化过程都面临着困难和鸿沟,经历了困苦和挣扎,但它不断适应时代潮流,一次次从量的积累升华为质的飞跃。

随着以Google为代表的搜索引擎——一种随着完全依靠网络机器人自动全文索引互联网资源,以计算机算法对被搜索资源排序输出的网络查询工具成为主流,不但通过编目对互联网资源进行书目控制的想法受到极大挑战,甚至编目工作本身也由于图书馆在所谓"Google时代"产生被替代的危机而受到极大质疑。1998年在美国加州大学召开了祝贺编目理论家柳别茨基诞辰百年的会议,2000年会议录出版,题名《编目的未来》。虽然针对编目未来的思考只占了书中最后的一小部分,沿续的也

第八章　基于 FRBR 和 RDA 的编目学未来发展的分析

仍是上个世纪的思考，但这是在新千年首次提出"编目未来"问题。2005 年初，美国国会图书馆副馆长迪安娜·马库姆（Deanna B. Marcum）在美国图书馆协会冬季会议上再次提出编目未来问题。马库姆（Marcum）将背景放到了"Google 时代"，她认为，图书馆在编目上花费大量财力，而读者即使查询研究资料也会选择搜索引擎，而很少用图书馆目录；亚马逊的书内搜索（Search Inside）以及 Google 大规模数字化图书馆馆藏的图书搜索，其全文搜索所达到的检索效果令图书馆目录望尘莫及。Marcum 提出了四个关键问题，对编目的理论与实践提出全面质疑：

第一、如果普通书刊可联机访问，我们是否应当视搜索引擎为主要访问工具？

第二、一般图书馆仅致力于编目本馆独特资源而非一般书刊，是否更明智？

第三、我们（注：指美国国会图书馆）向全世界图书馆引入了我们的编目规则与 MARC 格式，如何才能使我们做重大改变不致造成混乱？

第四、在已经改变很多的环境下，我们是否还需要 AACR3？

由于马库姆（Marcum）的特殊地位，她的报告引发图书馆界对编目未来的深层思考。从 2005 年末到 2006 年初，陆续出现了一些极具影响力的研究报告，如《加州大学书目服务再思考》、《印第安那大学书目未来白皮书》及《改变目录性质、与其他发现工具集成》。这些报告重新思考图书馆的现行编目工作与书目服务，开始设计未来的目录服务。2006 年末，国会图书馆又成立了"书目控制未来工作组"，期望通过调查在不断变化的信息与技术环境下，编目工作如何有效支持图书馆资源的管理与访问，最终向图书馆界推荐能共同实现这一远景的方法。

21 世纪，新技术环境下的人们的思想和行为都发生了重大转变。网络从原有的信息单向发布的 web1.0 发展为鼓励用户互动的 Web2.0，继而在探索 Web3.0。原有的信息组织方式已显落后，用户不再满足于被动地接受信息，而是积极参与到信息的收集、组织、加工和传播等各个环节。在这样的大环境下,图书编目再次遭遇来自各个方面的质疑和挑战,这些挑战主要针对以下三个方面。

(一) 职能定位——搜索引擎的挑战

近现代图书编目的职能以"致用"为先,为用户提供图书馆资源的指南。OCLC 2005 调查报告——《图书馆与信息资源的理解》显示,"84%的用户使用搜索引擎开始信息检索,1%的人从图书馆网页开始信息检索"。搜索引擎在上世纪 90 年代末崛起,迅速替代图书馆主页成为用户信息检索的主要入口,并大有取而代之之势。这不禁让我们思考,目录"致用"的思想在新时代是否合乎时宜?图书馆人是应该继续与商家争夺用户,还是对目录职能作重新思考?

(二) 组织方式——用户的挑战

图书馆员组织目录、用户使用目录是自古以来的惯例。然而在 Web2.0、Web3.0 时代,用户的思维模式发生了重大转变,盲从于单一信息源已成为历史,群体智慧备受推崇。网络上源于用户的声音冲击着图书馆,他们对独占方式的编目提出质疑。虽然图书馆员精通图书分类法且熟悉编目格式,但现代学科发展趋于多元化,交叉学科层出不穷,图书馆员单一的专业背景显然难以对每一个学科都深入了解,因此现有的编目模式有失偏颇。面对群体智慧的质疑,值得我们思考的是,独占式编目真的是最佳方式吗?单一信息源难道不会存在缺憾吗?编目活动是否应该考虑向用户开放?

(三) 目录格式——元数据的挑战

自 1969 年美国国会图书馆发行计算机可读目录(MARC)以来,MARC 作为目录格式,四十多年来一直垄断着整个编目行业。在元数据蓬勃发展的今天,MARC 遭遇到前所未有的挑战。现代网络用户需要摒

Chapter 8
第八章 基于 FRBR 和 RDA 的编目学未来发展的分析

弃信息孤岛，打破系统鸿沟，对数据进行无障碍地互操作。这就强调元数据的标准化、开放性和可扩展性。而 Web3.0 包含的"知识服务"、"语义网"、"本体"等概念又对于元数据提出了描述语义和数据间关系的新要求。不可否认，MARC 存在着如格式繁琐、语法孤立、语义模糊等先天缺陷，如果不变革则有可能禁锢编目的发展，因此图书馆界对 MARC 是否应退出历史舞台曾经展开比较激烈的讨论。

三、信息技术对编目的影响

计算机编目技术的应用、MARC 格式的著录、主题标引、书目数据库建设、数据共享标准与规范等接踵而来，以往搜索引擎的信息组织对象一般是普通的网页，这对图书馆不构成致命的威胁，而今有些搜索引擎已经转向学术搜索领域，并用自己的先进技术与其他信息机构合作，这使图书馆真正到了"狼来了"的时代。面对网络的发展，编目工作的变化不仅体现在把网络资源纳入图书馆目录，还体现在编目工作及目录组织的各个方面：实物、程序、产品及编目运作机制等。

（一）实物

随着网络与信息技术的发展，信息内容也更加复杂，资料类型从传统印刷型态发展到非印刷型态；从纸本到视听媒体、多媒体，再到电子文献、网络文献；馆藏范围由实体资料扩大到各种虚拟信息；馆藏的拥有扩大到信息的获取。馆藏作为图书馆赖以提供读者服务的基础，在数字化信息时代被赋予新的意义：图书馆购买的资源、允许读者获得的资源、开放获取资源、个体图书馆的孤本资源。过去一直是以馆藏为编目对象，以馆藏实体为编目依据，而馆藏定义不同，工作对象也随之改变。随着资料类型与数量的扩增，编目工作的复杂性与困难度也相对增加。熟悉各种新兴媒体、了解其特性，才能适宜地编目处理；不仅在编目规

则尚未修订的过渡时期,思索如何在现有规则条文下,以最合适的方式处理这些新兴的媒体,更重要的是要考虑媒体特性,去修订现有规则以求标准规范的适用性,或者重新编订规则。例如面对电子书的兴起,编目馆员必须了解其特性、格式、甚至阅读软件等才能给予电子书完整且正确的描述。编目理论与实践已经围绕不同的资源类型发展起来,包括书刊、档案、杂志以及博物馆的物品和图像,这些资源逐渐可通过网络获得,因此书目控制逐渐成为著作、名称、概念及物体描述之间的一种跨区域的管理关系。任何单一环境中描述的一致性,如图书馆目录,变得没有使环境连接起来的能力重要,其中图书馆仅仅是网络连通中的一个节点。

(二) 程序

编目工作包括对文献信息的著录、标引和目录的组织。文献著录是根据著录规则对文献的形式特征和内容特征进行描述。文献标引包括分类标引和主题标引,分类标引是揭示文献内容特征的学科系统;主题标引是揭示其内容特征的研究对象,把同主题不同学科的文献集中在一起。编目工作既具体、繁杂、细致,又要求有很强的系统性、一致性,是一项富有科学性和技术性的工作,也是图书馆的基础业务工作,包含查重、分类标引、主题标引、MARC著录和规范控制等程序。比较图书馆传统与现代编目工作的差异,原始编目工作在减少,在联合编目、书目共享理念下,各馆仍必须贡献原始编目;编目政策趋于标准化、一致化;书目记录等级层次趋于详细因而更具适用性;逐渐摆脱繁杂的人工操作方式,新信息技术的应用大大改变了编目的理念、工具、形式,提高了自动化程度和工作质量,扩大了编目工作的内涵。

(三) 产品

书目的控制与检索一直是编目工作的主要任务,图书馆目录的编制

第八章 基于 FRBR 和 RDA 的编目学未来发展的分析

与维护是编目在图书馆的主要工作，书目质量控制是编目工作的灵魂。目录功能的改变带动着编目馆员角色扮演的转变。16 世纪以前目录一直是典藏清单；17 世纪，目录在款目中标示一些符号，以指示所在的书架位置，使得目录可以作为查询清单；19 世纪编目规则与卡片目录相继出现；20 世纪卡片目录普遍被使用，目录更具备描述实体、聚集相关作品、提供检索点与指示书架位置的意义与功能。二战后机读目录应运而生，MARC 计划提出，之后 OPAC 将卡片目录完全取代；20 世纪末，由于网络信息技术的进步，如 1993 年互联网技术、1995 年 Z39.50 协议、都柏林核心元数据及信息组织、连结与展示工具的发明扩大了图书馆目录的范畴。图书馆目录、期刊索引与馆际互借的整合大大提高了读者服务的绩效；激增的信息量带来检索、维护与使用的严重问题，也使得目录功能受到挑战；搜索引擎的发展、网络资源的成长、不同形式的电子资源的出现以及使用者对信息系统与查询功能的需求提升，使得图书馆必须重新思考 OPAC 在范围上仅是单一的馆藏索引与查询工具的基础上扩大功能，进一步成为读者赖以寻觅整合知识宝库的钥匙。2003 年 12 月召开的 IFLA 第一次国际编目规则专家会议公布了《国际编目原则声明（草案）》，认为目录应具备发现、识别、选择、获取（Acquire）、浏览五大功能，和 FRBR 中根据书目记录功能确定的书目记录的四大功能是一脉相承的，有意思的是同样是"获取"，两处的英文表达却不尽相同。

（四）运作机制

编目工作的环境已不局限于图书馆，而扩及如博物馆、信息中心、出版业等各种不同的相关信息领域。正如《书目控制未来报告》所描述的那样：馆藏使用的数据，读者贡献的数据，任何电子数据的收藏，从图书馆目录到全文本作品的收集，能通过自动化方法来挖掘信息。信息技术改变了以往的编目运作机制，吹响了跨行业书目共享的号角，中国国家图书馆也在积极推动这种编目机制：通过部分业务外包方式，集中精力做应该图书馆做的目录组织工作；介入各项相关规则的制定，以提高跨业书目共享的可能性；逐步将上游各个环节有重复建设的数据信息前移，接触网络书目运营商，尝试合作模式，搭建试验平台；积累经验，逐步推进，最终力争借助中间机构，渗透到出版源头，搭建为书找人和为人找书的平台。如果这样一种跨行业的合作机制最终得以实现，既可以提高新书目上传速度，上游机构又可借助图书馆的专业编目队伍，得到更准确完善的配套书目数据，吸引更多的书商用户，实现双赢，进而减少编目环节，节约社会成本；还能够引入商业机制，使得图书馆编目工作能够持续得到商业驱动力的支持，建立起一种长效可持续发展机制；同时也更有利于编目数据规范控制和编目标准的统一。

四、互联网时代编目的四大趋势

互联网时代图书馆面临着更多的问题，对编目所面临的"危机"或编目未来的思考，主要不是对于编目条例的不同学术观点，而更多地显示出对编目工作的内容与前景的方向性认识。就目前来说，对于基于MARC格式的编目工作的未来有着两种截然不同的看法。一方认为编目工作可以从容应对，像以往处理其他载体文献一样处理网络资源；另一方则认为编目工作需要作根本性的改变，甚至是放弃传统的编目方式。其中反映的是图书馆管理者与图书馆专业人员的分歧，也反映出对经济层面与用户利用方式的考虑。然而，不论对编目的未来有着如何不同的看法，编目工作已经发生的一些变化或者一些发展趋势，则已经相当明朗。

自1960年代开始，机读编目格式、自动化操作系统、各种计算机和多媒体技术与网络的发展运用，对编目工作带来冲击和挑战促使图书馆转型。面对网络的发展，图书馆的编目工作其实已经发生了很大变化。这种变化不仅体现在图书馆把网络资源纳入图书馆目录，还体现在编目

Chapter 8
第八章 基于 FRBR 和 RDA 的编目学未来发展的分析

工作及目录组织的各个方面。就目前而言，以下四个方面的发展趋势相当明显：即编目格式简单化、编目外包普遍化、数据来源多样化及联合目录本地化。

（一）编目格式简单化

出于编目成本效益的考虑，编目界一直在探索如何在满足用户需求的前提下，适当地简化编目。机读目录时代，这种探索的主要成果体现在制定出一些新的 MARC 记录级别，目的在于在标准化的前提下，减少 MARC 数据中的冗余及非必备信息，提高编目效率。

在这方面较早出现的是核心级记录（Core Level）。核心级记录概念始于 20 世纪 80 年代，90 年代多个核心级记录标准正式推出。以 PCC（合作编目项目）的核心级记录为例，在保证检索点受规范控制的前提下，要求更少的附注、主题标目及附加款目。核心级记录标准的推出增加了联机编目合作馆的参与积极性。

进入 21 世纪，为应对远程访问电子资源编目的需求，美国国会图书馆于 2004 年又推出了访问级记录（Access Level），在进行规范控制、提供主题检索途径的前提下，进一步简化 MARC 记录，并计划将访问级记录标准逐步应用到其他类型文献。2006 年 PCC 项目属下的 CONSER（连续出版物联机合作编目项目）推出《连续出版物访问级记录工作 2008 年第 3 期组最终报告》，访问级记录开始应用于网络资源之外文献。

由此可见，MARC 记录级别的简化是互联网时代的必然选择。

（二）编目外包普遍化

外包部分甚至全部编目任务给图书馆以外的机构，成为很多图书馆的选择。目前从事外包的编目机构包括：专业编目公司，美国有 TLC、MARCIVE 等，我国有春晖、同济图联等；联合目录，如 OCLC；书商，国外有亚马逊图书馆加工业务等，我国有人天书店、翔华图书等；甚至连出版社也加入编目外包行列,如我国的机械工业出版社。

以往选择编目外包较多的是缺乏编目专业人员的中小图书馆。随着联合编目的发展,套录在编目工作中所占比重日益增加,需要较高专业知识与经验的原始编目减少,外包逐渐扩展到大型图书馆,如中山大学图书馆、北京大学图书馆等也在近年开始编目外包。早在 2000 年,时任哈佛大学编目部主任的简·帕德海姆·奥德柯克(Jane Padham Ouderkirk)撰文认为,留给编目员的工作已经很少,这些工作将留给外包机构。美国加州大学图书馆在 2006 年底的《加州大学书目服务再思考》中也提出,将外包大部分 MARC 编制工作。

外包普遍化的趋势可以从一些调查统计数据中看出。在澳大利亚编目委员会 2007 年举办的研讨会上,珍妮·沃伦(Jenny Warren)发表了就编目未来对澳大利亚与新西兰图书馆的编目主管所做调查的结果,关于编目外包的相关数据是:完全没有外包的占 38.2%,外包 50% 以上的占 30.9%,同时有超过 57% 的主管希望增加外包。而凯伦·卡尔霍恩(Karen Calhoun)在 2007 年 OCLC 成员会上提供的数据认为外包将增加的更达到了 72%。

(三)数据来源多样化

面对不断增长的外包趋势,不免使人产生疑问,如果大家都选择外包,那么原始编目由谁来做呢?在网络环境下,数据来源的多样化正是解决这一问题的良方。洛卡恩·登普西(Lorcan Dempsey)总结图书馆中使用的描述性元数据有四种,分别是专业的、贡献的、程序获取的以及收集用户使用数据而来的。一般而言,由用户使用而获得的数据在书目中只能作为辅助数据;其余三种正是编目数据的重要来源。

1. 专业书目数据

专业书目数据无疑是编目数据的主要来源,但不应该局限于图书馆界的 MARC 数据。在英美出版界,ONIX 格式的出版物机读信息是通行

第八章 基于 FRBR 和 RDA 的编目学未来发展的分析

的标准,我国则正在编制新闻出版行业标准《中文图书标识数据》,希望从出版这个源头提供书目信息。这些已经或将要出现的书目数据,图书馆界完全可以经转换后拿来使用。美国国家农业图书馆就利用出版社的基本元数据记录作为标引的基础,通过编目员增加检索点的方式提高其质量。RDA 也考虑到与出版社书目信息的协调,与 ONIX 负责机构协作,成立了 RDA/ONIX 创新项目,开发了适用于所有载体的资源分类共同框架,可以支持图书馆与出版业的需求,方便在资源描述数据方面相互间的转换与使用。

以往编目员不屑于使用采访的书目数据,觉得数据太简单、不合乎标准。在图书馆界与出版界在元数据标准方面有更多合作以后,必将形成采访、编目书目数据合一的状态,从而大大丰富书目信息的来源。

2. 贡献书目数据

贡献书目数据是 Web 2.0 兴起后,由用户参与书目建设的一种方式,这种用户参与的编目工作被称为"社会编目"(Social Cataloging)。目前互联网上已有数十家社区型的社会编目网站,如国外的 Library Thing (www.librarything.com),国内的豆瓣(www.douban.com)等。网站通过从网上获取现有书目信息让用户只需输入少量信息,即可方便地获取自己拥有、喜欢或正在阅读的图书、声像资料等的书目信息,在网上建立个人虚拟图书馆;在未能获取完整书目的情况下可以选择自己输入,也可以补充、修正现有书目信息。用户还可以对网站上的图书等进行点评(review)、评级(rank)、加标签(tag),提供书评、作者信息,上传图书封面等,进一步丰富书目信息;同时通过网站提供的服务找到与自己兴趣相近的用户,从而成为社会网络的一份子。以 Library Thing 为例,目前已收录图书近 260 万种,虽然与世界上最大的联合目录 WorldCat 的近亿种相距甚远,但从一些数据比较看,Library Thing 也收录了不少 WorldCat 所没有的图书,尤其是非美国版图书,以及图书馆收藏较少的平装书。

除了社区型书目网站外，2007年出现的OpenLibrary（www.openlibrary.org）是另一类社会编目网站。它是开放内容联盟（Open Content Alliance）庞大的数字化全文内容的入口，采用开放方式建立其书目记录，任何人都可以修改已有信息，也可以为其中未收入的图书建立元数据，还可以建立独立的作者介绍页面，上传电子书等等。

从社会编目网站的兴起与发展可以预测，今后用户贡献的书目数据将会越来越丰富。

3. 程序获取书目数据

用程序获取书目数据将是另一个具有成长性的编目数据来源。前面提到的美国国会图书馆"互联网资源书目控制"行动计划的第四项提出："开发自动工具，抽取、创建、收割与维护元数据，以改善对经选择的互联网资源的书目控制。由简·格林伯格（Jane Greenberg）等所作《"自动元数据生成应用"计划最终报告》于2005年2月提交，综述了元数据自动生成的各个方面。

元数据自动生成的对象并不限于互联网资源。一方面，越来越多的数字对象（如数码相片、MP3音乐等）本身嵌有元数据可以自动获取；另一方面，非数字对象的信息也越来越多地出现在网上，这些都是编目工作中可以利用的数据。

对图书编目来说，图书搜索、网上书店的图书信息，都是可以通过程序获取的，如Charles Ledvina编制了一个使用亚马逊商品的XML数据创建MARC记录的工具"Amazon to MARC Convert"（http://chopac.org/cgi-bin/tools/az2marc.pl），只需输入ISBN，程序就可返回一个相当完整的MARC记录，并且还可以将亚马逊的编者评论作为摘要，强化书目记录。

（四）联合目录本地化

相比较前面三个发展势头明显的趋势，联合目录本地化则是最新出现的一个发展方向。

第八章 基于 FRBR 和 RDA 的编目学未来发展的分析

以联合目录取代本地 OPAC 的可能性始见于《加州大学书目服务再思考》，按报告的计划说明书中"激进的计划"，将以 OCLC 为自己的书目库，仅为流通及财产清单而导入书目记录到本地系统。其后凯伦·卡尔霍恩（Karen Calhoun）在她为美国国会图书馆所写报告《改变目录性质、与其他发现工具集成》中，同样提出放弃本地服务，直接采用联合目录，并设定目标在五年内实现。

之后，由包括卡尔霍恩（Calhoun）在内的美国重要学术图书馆相关负责人参与的 Taiga 论坛发表预测"未来五年"的声明，其中第 5 条再次确认这个观点，声明指出：大量图书馆将不再有本地 OPAC，我们将步入数据合并的新时代，无论是共享目录还是整合进发现工具的目录。电子资源管理系统与图书馆集成系统将合一，而发现工具将外包。

一年后，这个预言进入实施阶段，2007 年 4 月 OCLC 宣布正在与多个图书馆合作试验本地联合目录（WorldCat Local）。这些图书馆采用不同的集成系统，通过定制让 WorldCat 成为本地文献查询与传递服务的解决方案；除具有 WorldCat.org 的所有功能外还能与本地的流通、资源共享及全文解析器互操作，向终端用户提供无缝的体验；未来还将以逾 3000 万篇论文信息以及用社会网络服务强化 WorldCat Local，也就是说，它不只是一个设定本馆馆藏优先显示的联合目录，而且可以完全替代本馆 OPAC，并且比现有 OPAC 做得更好。不到一个月，第一个试验机构——华盛顿大学图书馆的 WorldCat 本地服务上线，具有 WorldCat 拥有的新型 OPAC 的各种功能，从而使联合目录本地化有了一个很高的起点。

联合目录本地化不但要求图书馆是联合目录的成员单位，而且还要求图书馆的所有馆藏信息都提交给联合目录，这对联合目录及其成员馆都是一个很大的挑战。除此之外，本地化对联合目录的技术支持能力也有很高的要求，可以料想真正普遍化将需要相当长的时间。

美国上个世纪 40 年代因联合编目规则导致编目效率下降的问题在新千年随着我国联机联合编目的兴盛而再现，已经对图书馆参与联机编目的积极性产生了一定的影响。现在是我们采取标准化的方式简化编目格式，推出标准化的 CNMARC 的核心级、访问级记录，积极采用 MARC21 核心级记录、访问级记录的时候了。未来的联合目录不但是套录数据的来源、编目外包者，还可能成为图书的垂直搜索引擎，因而需要在编目政策方面具有前瞻性，吸引更多的图书馆参与。

同时，随着用户对一站式检索的依赖，联合目录本地化或者通过联合目录检索本地馆藏，甚至直接通过 Google 等搜索引擎检索本地馆藏也会成为一种不可避免的趋势。图书馆应当对此有充分的准备，提前规划自己未来的书目服务方向。

五、基于需求重新定位编目职能

为了适应新时代的步伐，摆脱编目当前遭遇的困境，就必须对编目职能进行重新定位。根据需求驱动的历史发展观，用户需求是定位职能的标尺。用户的上网习惯、检索习惯以及追求的深层目的都是需要探究的重要问题。图书馆只有真正了解用户，才能从根本上把握编目发展的脉搏。目前看来，用户在图书馆的需求有三个层次：寻找图书、阅读图书和获取知识。前两者是铺垫和基础，获取知识则是终极目标。可根据这三个层次的需求设计如下编目职能：

（一）寻找图书——人性化的资源导航

图书馆的藏书数以百万千万，寻找图书是用户的首要需求。找书需求通常可分为两类，一类有明确的检索目标，用户要找具体某本书。另一类则检索意图不明确，但用户会有潜在倾向性。针对需求的差异性，编目可更加人性地组织资源导航。

对于第一类需求，现有目录的职能——"图书馆资源的指南"已基本可满足。编目可做的人性化改进有：

第八章 基于 FRBR 和 RDA 的编目学未来发展的分析

1. 适应用户习惯，改善检索策略，如提供 Google 式的单入口多途径检索。

2. 升级检索算法，提高检索速度和效率，平衡查全率和查准率。

3. 改良集成接口，减少多系统登录对用户造成的困扰。

第二类需求虽然不够明确，但为编目往人性化方向发展预留了广阔空间。可从用户的个性需求延伸出目录的人性化功能：

1. 热点关注。提供热点排行、检索排行、借书排行、阅读排行、评价排行、评论排行等。让用户对现阶段的热点一目了然，具有启发作用。

2. 阅读反馈。及时记录用户反馈信息，当用户的使用统计和评论、评分积累到相当数量时，将成为非常有用的选书依据。

3. 结合个人兴趣推荐图书。将用户的阅读习惯、浏览行为、点击日志等做加权算法，来针对用户兴趣推荐图书。还可对推荐书目进行后分类，突出人性化效果。

4. 自定义组件。用户可以根据自身的使用习惯和偏好自主添加目录中的应用组件，如"到书提醒"、"新书通报"、"个人荐购"、"个人收藏"等。以 Web3.0 的方式自由组织界面和功能，实现目录的人性化自定义，帮助用户更方便地查找图书。因此，图书馆目录将从"图书馆资源指南"发展成为"张扬个性、倡导人性的资源导航"。

（二）阅读图书——智能化的全文获取

找书之后，获取并阅读图书成为进一步需求。而当馆藏不足以满足用户需求时，集成化的文献保障服务则作为补充，帮助用户获取全文。如电子版图书、期刊的全文下载；联合目录结合馆际互借、原文传递的服务；区域内图书馆通借通还；Open URL 技术支撑的其他开放链接等。这些服务目前都已实现，但使用效果却不是特别理想。主要是因为服务系统各自为政，难以流畅地协同合作；数据格式不统一，共享效果不好；用户必须多次注册、登录并徘徊于各个系统之间；多系统的复杂性让集成化的全文服务难以大规模地普及应用。要解决上述问题，就必须采用统一的元数据标准和支持扩展的系统架构，让系统间做到数据的封装传递和功能的无缝对接。值得庆幸的是，这类技术如统一的元数据格式、标准的 Web 服务协议（SOAP、WSDL、UDDI 等）和面向服务的架构 SOA（Service—Oriented Architecture）都已经在很多领域成功运用，它们将成为智能化全文获取的技术支撑。如果全文保障系统全部采用这些技术，图书馆将会打破现有的集成化流程，改变繁复的用户体验困局，遵循"由近及远，由易到难"的原则，以最优化的方式提供全文。用户无需多次注册和登录，无需关心全文获取途径，无需来回往复于多个系统。他们仅仅需要点击"全文获取"按钮，智能化的全文服务就会直接提供全文，或反馈"某时、某地以某种方式获取全文"的信息。如图 8.4 所示，如今，物联网的普及应用使智能化的全文服务如虎添翼，更多高科技手段，如射频识别（RFID）、红外感应、全球定位系统、激光扫描等为用户提供"泛在式"的全文服务，用户可随时随地发出需求，文献全文将通过物联网实现载体的迅速置换和传递。"智能化"已成为新技术条件下全文获取的最大特征。

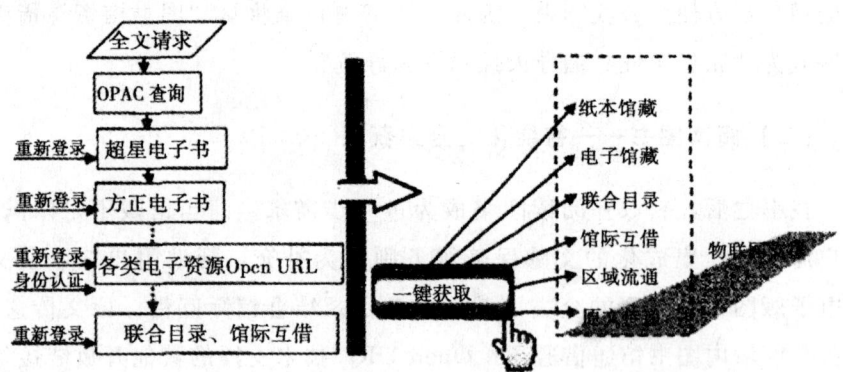

图 8.4 全文保障服务由集成化向智能化转变

（三）获取知识——学术化的知识空间

用户的最终目的是获取知识。知识的传递不仅通过阅读全文，也存在于浏览和检索目录、查找和遴选图书的过程中，这正是编目与用户直接产生知识关联的过程。目录提供的知识包含显性和隐性两种：

1. 显性知识来源于目录内容本身。检索型目录的传统款项：题目、著者、分类号、出版信息等显然过于简单。现代目录可以为用户提供更多更丰富的信息和知识：如文摘、封面、全文片段等文献客观内容；引文网络、引证关系等文献关联图谱；甚至是与版本学、校雠学相关的深层次学术知识。目录不再局限于简单的客观信息描述，而可以扩展为更有参考价值的学术知识。

2. 隐性知识存在于人脑之中，虽然没有被明确地表述出来，但具有很大的挖掘价值。编目可以进行的隐性知识挖掘有：

（1）用户行为挖掘。包括访问日志分析、使用习惯追踪、兴趣趋势预测等；

（2）标签信息挖掘。个性化标签（Tag）作为用户自我信息的储备，可以为他人传递信息片段，打破传统分类模式，形成目录体系的补充；

（3）用户聚类挖掘。相似内容的信息聚合和相似兴趣的用户聚合，可以让物以类聚、人以群分，用户彼此可挖掘出知识传递和学术交流的潜在可能，用户之间的知识吸引使得目录成为具有独特磁场的知识空间。

在信息井喷的时代，用户困惑于繁杂的信息海洋，而人脑为信息去伪存真的功能则显得更有价值。中国古代崇尚目录的学术价值在近现代被西方的"致用"思想所取代。值得思考的是，中国传统的学术风尚在当今信息环境下是否可以挖掘出新的价值？如果寻找和阅读图书的需求保持了编目的"致用"职能，那么获取知识的需求将为编目的学术职能开辟新的天地。编目在新时代的学术职能不仅是提供客观知识，而且提供用户之间的主观学术知识，正是需求驱动力决定了编目的学术职能卷土重来的新局面。综上所述,新时期编目的职能是由个性化向人性化发展的资源导航、由集成化转变为智能化的全文服务、由实用工具提升为实用与学术并重的知识交流空间。

六、基于新职能设计编目的未来形态

用户需求作为源动力,千百年来推动着编目向前发展。编目职能作为核心因素决定着编目形态的变化方向,新技术则在每一次变革的过程中发挥着推波助澜的作用。编目的发展就像一组精密相连、丝丝入扣的齿轮,随着时代的变迁向前运动,见图8.5。

图 8.5 需求驱动的编目发展规律示意图

明确了编目职能以后,编目形式的发展便有据可循。结合新职能和现代网络技术,我们设计了编目的未来形态:

(一)Library2.0 改变组织定式

自 web2.0 被引入图书馆领域并提出 Library2.0 以来,一些有真知灼见的图书馆一直在尝试用各种 2.0 技术来改变用户与图书馆的关系。OCLC 自 2005 年开始了 Worldcat Wiki 项目,用维基(Wiki)技术发动用户来共同完善世界联合目录。OCLC 还运用混搭(Mashup)技术进行跨界合作,促进图书馆与搜索引擎等网络应用的融合。英国的伯明翰大学图书馆、美国的俄亥俄大学图书馆、中国的厦门大学图书馆都在 2.0 技术应用上率先做出了尝试。

但总体来说，目前 Library2.0 在应用方式的多样化和深度、广度上还有待提高。事实上很多 2.0 技术都可以引进目录的组织活动，改善图书馆与用户的关系，如个性化标签（Tag）可发挥用户随心所欲不受分类法束缚的信息行为，体现人们的信息活动片段，发掘可贵的隐性知识。SNS 社区可以让用户之间建立深层次联系，形成用户黏性，体现目录知识空间的新职能。目录内容本身还可以和很多网络应用进行 Mashup，如 Google 地图可以让馆际互借以图形化的形式呈现；非书资料可以和网络上的相关元数据混搭；非全文资源与网络购书密切关联等等。Library 2.0 的深层次应用可以使目录活动成为开放式、多途径的组织模式。

（二）Web3.0 创新载体形式

Web3.0 虽然在学术界尚无定论，但和很多技术名词密切相关，如泛型数据库、人工智能、语义网、本体、RDF、OWL 等。Web3.0 将在 Web2.0 的基础上把群体智慧开放至应用级别，赋予普通用户自主创建发布平台的权利，实现互联网工具的再解放，这一切则有赖于元数据的统一变革。目前国际计算机协会制定了 RDF 和 OWL 标准；W3C 公司制定了 SPARQL 检索语言标准；微软公司于 2006 年发布了连接服务框架（CSF，Connected Services Framework 3.0）。种种迹象表明，Web3.0 将是一个标准化、语义化描述元数据的时代。

图书馆现有的目录格式 MARC 存在诸如字段定义不明确、模糊难懂、数据冗余的缺陷。为了适应时代的发展，图书馆同仁们正在努力做出变革尝试。美国图书馆学会曾经制定 MARC XML，把 2709 格式的 MARC21 变成支持 Web 服务的元数据，但仍然难以推广。以 MARC 数据为基础构建文本文献本体的研究尚处于起步阶段，MARC 能否生存下去最终将取决于是否能够适应 Web3.0 的数据需求，当前，变革已成为不可逆转的趋势。无论 MARC 是否继续沿用，在 Web3.0 时代，"支持标准、支持互操作、支持扩展"将成为编目工具的新特征。

（三）SOA 云延伸知识传播空间

2006 年 Google 首席执行官埃里克·施密特在搜索引擎大会上首次提出云计算的概念，随后各行各业争相响应。亚马逊推出了云存储服务；微软启动了 Azure 项目；IBM 对企业开放了数据中心；Google 则开发了基于云计算的 Chrome 操作系统，云计算带来了又一次科技领域革命。面向服务的架构（Service-Oriented Architecture，SOA）则提供了基于网络服务创建、封装、架构和传播微服务的系统方法。SOA 与云计算的有效结合将实现云端标准化的应用级别用户共享。

在 SOA 云环境下，任何用户开发的标准化目录应用都可在网络上为大众服务。当应用级别的共享达到一定规模时，占据物理地域优势的服务可连接成云；相似性质的服务可聚合成云；指向共同目标的服务也可以形成云。SOA 云编目将最大程度降低书目数据的冗余，提高书目使用效率。本地目录因地域、数量的局限而逐渐萎缩，云端联合目录成为主流。书目控制将依托于 SOA 微服务的规范标准，通过网络用户评价、使用和下载频次自然产生优胜劣汰机制。目录知识的传播将打破学科的藩篱、地域的限制和时间的局限，达到空前融洽的互通局面。编目已不再局限于图书馆本身，而是集合图书馆、商业组织、用户为共同创作主体，达到人、知识和网络间的松散耦合。为知识共享、知识传播提供了无限扩展空间，如图 8.6 所示。

未来的编目将集合 Library2.0、Web3.0、SOA 架构、云计算等多种技术因素，形成以 SOA 微服务为基本单元，以自动聚合的云端服务为主要形式，以优胜劣汰为自动控制机制的编目形态。体现了目录的人性化、智能化、学术化，不仅满足用户的新需求，而且使用户成为编目主体的一部分，充分体现群体智慧的价值。

第八章 基于 FRBR 和 RDA 的编目学未来发展的分析

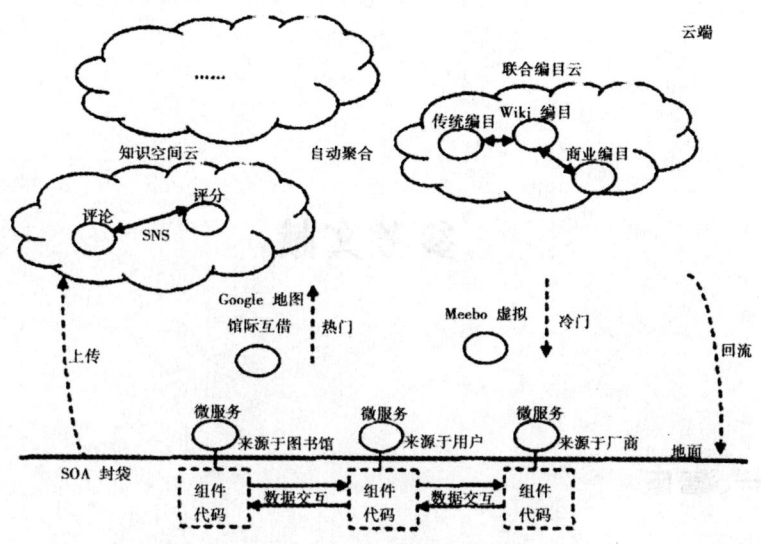

图 8.6 未来编目形式示意图

编目在新环境下受到来自各个方面的挑战和压力，这正是编目又一次从量变到质变的契机。我们期待着编目能在职能定位、组织方式和载体形式上再次产生飞跃，更好地为用户服务。事实上面对挑战的不仅仅是编目，图书馆各项传统业务的发展都急切地需要变革。数字图书馆在现代技术环境下的发展方向、运行机制和可持续性都和传统业务的转型密切相关。

参考文献

一、著作

1. 杨玉麟：《信息描述》，高等教育出版社 2004 年版。
2. 孙更新：《文献信息编目》，武汉大学出版社 2006 年版。
3. 高红：《编目思想史》，北京图书馆出版社 2008 年版。
4. 段明莲：《信息资源编目》，北京大学出版社 2008 年版。
5. 金敏甫：《图书编目学》，正中书局 1946 年版。
6. 吴龙涛、叶奋生译：《最新详解〈英美编目规则〉》（第二版，1998 修订本），上海科技文献出版社 1998 年版。
7. 吴龙涛等：《最新详解英美编目规则》（第二版，2002 修订本），北京图书馆出版社 2006 年版。
8. 谢宗昭：《文献编目概论》，南京大学出版社 1990 年版。
9. 张慧铢：《西洋图书馆目录目的与功能发展之研究》，台湾大学 2002 年版。
10. 姚名达：《中国目录学史》，上海世纪出版集团 2005 年版。
11. 王重民：《中国目录学史论丛》，中华书局 1984 年版。
12. 曹之：《中国古籍编纂史》，武汉大学出版社 1999 年版。

13. 乔好勤：《中国目录学史》，武汉大学出版社 1992 年版。
14. 王欣夫：《文献学讲义》，上海世纪出版集团 2005 年版。
15. 刘苏雅：《中文文献编目》，书目文献出版社 1994 年版。
16. 黄俊贵：《文献编目工作》，北京图书馆出版社 2000 年版。
17. 纪陆恩、庄蕾波：《境外合作编目理论与实践》，海洋出版社 2007 年版。
18. 黄宗忠：《图书馆学导论》，武汉大学出版社 1998 年版。
19. 于良芝：《图书馆学导论》，科学出版社 2003 年版。
20. 吴慰慈：《图书馆学基础》，高等教育出版社 2004 年版。
21. 傅椿徽：《图书馆文献编目》，武汉大学出版社 1989 年版。
22. 李晓新、杨玉麟、李建军：《文献编目教程》，南开大学出版社 1995 年版。
23. 吴龙涛等译：《国际标准书目著录（ISBD）》，华艺出版社 2002 年版。
24. 中国图书馆学会《西文文献著录条例》修订组：《西文文献著录条例（修订扩大版）》，科学技术文献出版社 2003 年版。
25. 国家图书馆《中国文献编目规则》修订组：《中国文献编目规则（第 2 版）》，北京图书馆出版社 2005 年版。
26. 谢琴芳：《CALIS 联机合作编目手册》，北京大学出版社 2000 年版。
27. 国家图书馆：《新版中国机读目录格式使用手册》，北京图书馆出版社 2004 年版。
28. 王作梅等：《西文文献编目》，武汉大学出版社 1997 年版。
29. 王松林：《信息资源编目》，北京图书馆出版社 2003 年版。
30. 编目精灵：《编目的未来》，国家图书馆出版社 2010 年版。
31. 中华人民共和国国家标准《普通图书著录规则（报批稿）》，《文献著录标准化学习参考资料汇编》，1984 年。

32. 王松林：《现代文献编目》，书目文献出版社1996年版。
33. 《FRBR对RDA的影响初探》，21世纪的信息资源编目：《第一次编目工作研讨会论文集》，北京图书馆出版社2006年版。
34. 谢琴芳：《FRBR用户对CALIS联合目录编目实践的影响》，中国图书馆学会编：《以人为本　服务创新》，北京图书馆出版社2007年版。
35. 张晓林：《元数据研究与应用》，北京图书馆出版社2002年版。
36. 熊光莹：《文献编目规范工作》，北京大学出版社1999年版。
37. 徐引篪、霍国庆：《现代图书馆学理论》，北京图书馆出版社1999年版。
38. 肖珑、申晓娟：《国家图书馆元数据应用总则规范汇编》，国家图书馆出版社2011年版。
39. 浮萍、刘晓玲：《中文书目规范控制的理论与实践》，北京图书馆出版社2004年版。
40. Seymour Lubetzky. Ideology of bibliographic cataloging：progress and retrogression. In：Maurice J. Freedman, Michael Malinconico ed. *The nature and future of the catalog：proceedings of ALA's Information Science & Automation Division's 1975 and 1977 Institutes on the Catalog*. Mansell/London：Oryx Pt. ，1979
41. Dorothy May Norris. *A history of cataloguing and cataloguing methods 1100—1850：with an introductory survey of ancient times*. London：Grafton & co. ,1939
42. Seymour Lubetzky. *Cataloging rules and principles：a critique of the A. L. A. rules for entry and a proposed design or their revision*. Washington：Library of Congress，1953
43. American Library Association. *Catalog Code Revision Commit-*

tee(1949). *ALA cataloging rules for author and title entries.* Chicago:American Library Assn. ,1949

44. Wynar B S. *Introduction to Cataloguing and Classification.* 7th ed. Littleton, Colorado:Libraries Unlimited, 1985

45. Furrier, Betty. *Understanding MARC Bibliographic*:*Machine Readable Cataloging.* Washington, D. C. :Library of Congress, 1998

46. Bowman, J. H. *Essential Cataloging.* London:Facet Publishing, 2003

47. Carpenter Michael, Svenonius Elaine eds. *Foundations of cataloging*:*a Sourcebook.* Libraries Unlimited Inc. , 1985

48. Girja Kumar, Krishan Kumar. *Theory of cataloguing.* Delhi:Bharat Photocomposers, 1986

49. Seymour Lubetzky. *Writings on the classical art of cataloging.* Englewood:Libraries Unlimited, 2001

50. Online public access catalogs. In:Williams M E. *Annual review of information science and technology 20*, Hildreth C. R. New York:Elsevier, 1985

51. American Library Association. *Anglo — American cataloguing rules.* 2nd ed. Chicago:The Association, 1978

52. Joint Steering Committee for Revision of AACR. *Angol—American cataloguing rules.* 2nd ed. , 1988 rev. Ottawa:Canadian Library Association, 1988

53. George Buchana. *FRBR*:*Enriching and Integrating digital libraries. Proceedings of the 6th ACM/IEEE—CS joint conference of Digital libraries*, Jun. 2006

54. Avram H D. *The MARC Pilot project.* Washington :Library of

Congress,1968:Foreword

55. International Federation of Library Associations and Institutions. *UNMIARC:Universal M ARC format*. London:IFLA International office for UBC,1980

56. Drake M A. *Encyclopedia of library and information science*. London:Routledge,2003

57. IFLA Study Gorup on the Functional Requirements for Biblipgraphic Records [et al.]. *Functional requirements for bibliographic records :final report*. Munchen :K. G. Saur,1998

58. Connell TH,Maxwell RL,ed.. *The future of cataloging :insights from the Lubetzky symposium :April 18,1998*,University of California,Los Angeles. Chicago :American Library Association,2000.

二、期刊

1. 阎立中：《编目工作的发展和目录的标准化》，《图书馆学通讯》1980 年第 3 期。

2. 段明莲：《中国文献编目规则的现状与发展趋势》，《中国图书馆学报》2006 年第 3 期。

3. 黄俊贵：《中国文献编目规则的继承与发展》，《国家图书馆学刊》2005 年第 2 期。

4. 胡小菁：《编目的未来》，《大学图书馆学报》2008 年第 3 期。

5. 王松林：《网络资源特点与 MARC 编目方法新探》，《图书馆学刊》2003 年第 5 期。

6. 罗昊：《基于 FRBR 的面向对象编目》，《图书情报工作》2005 年第 9 期。

7. 陈丽萍:《书目记录功能需求模型及其应用》,《图书馆理论与实践》2005 年第 5 期。

8. 吴雷:《〈中国文献编目规则〉与〈资源描述和检索〉编修机制比较研究》,《图书馆建设》2010 年第 7 期。

9. 王绍平:《RDA 与中文编目规则》,《国家图书馆学刊》2011 年第 2 期。

10. 黄如花、周伟:《"资源描述与检索"(RDA)的实施进展》,《现代情报》2012 年第 9 期。

11. 谢美萍、黄国忠:《RDA 论题研究》,《现代情报》2007 年第 7 期。

12. 徐涌:《资源描述与检索(RDA)的发展概况与应用前景》,《现代情报》2007 年第 12 期。

13. 吴杏冉:《FRBR 对编目理论和实践的影响》,《图书馆杂志》2006 年第 10 期。

14. 王忠红:《FRBR 俗解》,《图书馆杂志》2012 年第 11 期。

15. 赵光林、田乐胜:《FRBR 对相关编目规则的影响》,《图书与情报》2006 年第 2 期。

16. 胡晓鹰:《FRBR 概念模型与 CNMARC 之比较研究》,《图书馆论坛》2007 年第 10 期。

17. 汪玉红:《FRBR 对 OPAC 的影响》,《图书馆理论与实践》2007 年第 2 期。

18. 刘素清:《OPAC 最新发展态势——论 IFLA 书目功能需求 FRBR 对 OPAC 的影响》,《图书情报工作》2005 年第 5 期。

19. 王松林:《从 FRBR 看编目条例及机读目录格式的变革路向》,《中国图书馆学报》2004 年第 6 期。

20. 陈琦:《FRBR 及其在国内应用的障碍》,《图书馆杂志》2006 年第 10 期。

21. 张慧铢、林时暖：《书目记录功能需求之发展》，《中国图书馆学会会报》2004 年第 73 期。
22. 张秀兰：《RDA 对其他国际编目标准的继承与发展》，《图书馆论坛》2011 年第 6 期。
23. 胡小菁、李恺：《MARC 四十年的发展及其未来》，《中国图书馆学报》2010 年第 3 期。
24. 胡小菁：《论新一代 OPAC 的理念与实践》，《中国图书馆学报》2006 年第 5 期。
25. 姜化林：《RDA Toolkit 的功能及使用方法解析》，《图书馆建设》2012 年第 9 期。
26. 翟晓娟：《编目的过去、现在和未来》，《大学图书馆学报》2012 年第 2 期。
27. 潘庆超：《Web3.0 下的信息服务探析》，《图书馆理论与实践》2010 年第 4 期。
28. 吴跃：《AACR2 与 RDA 的联系及在图书著录部分的区别》，《大学图书馆学报》2010 年第 4 期。
29. 林明：《目录的语言/文字和规范检索点——试读〈国际编目原则声明〉和 RDA 的语言/文字原则》，《大学图书馆学报》2012 年第 3 期。
30. 赵光林：《田乐胜》，《图书与情报》2006 年第 2 期。
31. 王忠红：《RDA 描述的不同：以普通图书为例》，《图书馆杂志》2012 年第 1 期。
32. 杜芸：《FRAR 及其对我国规范控制工作的影响》，《图书馆理论与实践》2008 年第 3 期。
33. 黄艳芬：《FRAD 概念模型与 CNMARC 规范控制》，《图书情报工作》2009 年第 6 期。
34. 吴万晔：《论 MARC 元数据的缺陷及发展趋势》，《图书馆工作与研究》2006 年第 2 期。

35. 郭卫宁：《FRBR 与 OPAC 发展》，《图书馆杂志》2005 年第 9 期。

36. 高红、靖翠峥：《图书馆 OPAC 的 FRBR 实践及相关思考——来自 RDA 标准的启示》，《国家图书馆学刊》2011 年第 2 期。

37. 吴雷：《现代信息环境下编目的价值》，《图书馆论坛》2011 年第 8 期。

38. 王松林：《图书馆实体信息资源组织的两大发展路径》，《中国图书馆学报》2009 年第 4 期。

39. 刘孝文：《国内 FRBR 研究综述》，《图书馆理论与实践》2009 年第 2 期。

40. 朱虹：《RDA 新著录标准之利弊探析》，《大学图书馆学报》2012 年第 1 期。

41. 杨莉萍：《美国国会图书馆 RDA 服务实践所感》，《现代情报》2011 年第 11 期。

42. 吴晓静：《RDA 资源描述与检索的新标准》，《数字图书馆论坛》2011 年第 1 期。

43. Andresen L. After MARC what then? *Library HiTech*, 2004, 22(1):40-51.

44. Keith C. Using XSLT tom an ipulate MARC metadata. *Library HiTech*, 2004, 22(2):122- 130.

45. Ruth French Strout. The development of the catalog and cataloging codes. In: Ruth French Strort ed. *Toward a better cataloging code: papers presented before the twenty — first annual conference of theGraduate Library School of the University of Chicago, June 13 - 15, 1956*. Chicago: The Univ. of Chicago, 1957:4.

46. Seymour Lubetzky. Ideology of bibliographic cataloging: progress and retrogression. In :Maurice J. Freedman, Michael Malinconico ed. *The nature and future of the catalog : proceedings of the ALA's Information Science & Automation Division's 1975 and 1977 Institutes on the Catalog.* Mansell/ London:Oryx Pr. ,1979:5—8
47. Kokab Mi. Is the future of MARC assured? *Library Review*, 1996, 45(2):68—72.
48. Michael E Casey, Laura C Savastinuk. Library 2. 0: Service for the Nex— Generation Library. *Library Journal*,2006,9(1):40—42.
49. Roy Tennant, Building a new bibliographic infrastructure, *Library Journal*, 2004,(1):381.
50. Peter McCracken. The OPAC Reborn. *Library Journal*; Summer 2004;Academic Research Library, pp. 32.
51. Virginia Ortiz — Repiso, Purificacion Moscoso. Webbased OPACs:Between tradition and innovation. *Information Technology and Libraries*, Jun 1999;18,2;Academic Research Library pp. 68—69.
52. Holly Yu, Margo Young. The Impact of Web Search Engines on Subject Searching in OPAC. *Information Technology and Libraries*; Dec 2004;23, 4;Academic Research Library pp. 168—169.
53. Coyle K. RDA Vocabularies for a Twenty—First—Century Data Environment. *Library Tecnololgy Reports*, 46(2).
54. Marcum, DB. The Future of Cataloging. *Library Resources & Technical Services.* 2006,50(1):5—9.

56. Kokabi M. The internationalization of MARC: PartIII: some MARC formats based on UKMARC. *Library Review*, 1995, 44 (6): 46.

三、网页

1. RDA：资源著录与检索. [2009－12－28]. http://www.rda－jsc.org/docs/rdapptjuly 2005_chi. pdf.

2. 陈家翠译：《RDA：资源著录与检索内容说明书》[EB]. http://www.collections can anda ca/jsc/docs/5rda－prospe ctuserev3－chi. pdf, 2008－11－21.

3. 图林中文译站 2009－1/2. [2009－11－02] http://www.libspace.org/archives/daodabian zhongyingwenduizhaoban. html.

4. FRBR 化：在我国实施的难点 [EB/OL]. [2009－05－05]. http://catwizard.bokee.com/ 2361272. html.

5. RDA——资源描述和检索：21 世纪的编目标准. 2009－08－28. [2009－10－26]. http://www.rda－jsc.org/docs/rdabrochure－chi. pdf.

6. The Joint Steering Committee for Revision of RDA. RDA: Resource Description and Access. [2009－12－28]. http://www.rda－jsc.org/rda. html.

7. Anglo－American Cataloguing Rules Governance. [2009－12－28]. http://www.aacr2.org/governance.html.

8. Joint Steering Committee for Development of RDA. RDA Testing by the three United States National Libraries [OL]. [2009－07－20]. http://www.rda－jsc.org/rdafaq.html♯12.

9. Tentative Timeline forU. S. National Libraries RDA Test [OL].

[2010-09-20]./http://www.loc.gov/bibliographic-future/rda/timeline.html.

10. World Library and Information Congress: 78th IFLA General Conference and Assembly. http://conference.ifla.org/ifla78/pro-gramme-and-proceedings,2012-04-09.

11. RDA Conference Forums and Programs Task Force. http://www.ala.org/alcts/node/49,2012-04-19.

12. http://www.ifla.org/vii/s13/frbr/frbr.pdf [2005-12-7].

13. http://www.vtls.com/documents/frbr2.ppt 或 http://www.vtls.com/corporate/frbr.shtml[2005-12-29].

14. Functional Reqirements for Bibliographic Records, http://www.iflaorg/VII/s13/frbr/frbr.pdf

15. Knut Hegna, Eeva Murtomaa. Data mining MARC to find:FRBR[EB/OL].[2006-9-11]. http://folk.uio.no/knuthe/dok/frbr/dataming.pdf.

16. Vinod Chachra, John Espley. FRBROPAC.[2006-01-20]. http://www.vtls.com/documents.

17. IFLA Task Force in Guidelines for OPAC Displays. Guide-lines for OPAC Displays[EB/OL]. [2006-01-20]. http://www.ifla.org/VII/s13/guide/opacguide03.

18. IFLA Study Group on the Functional Requirements for Bibliographic Records. Functional Requirements for Bibliographic Records-Final Report[EB/OL]. [2006-01-20]. http://www.ifla.org/VII/s13/frbr/frbr.pdf.

19. Working Group on the Future of Bibliographic Control. On the record:Report of the Library of Congress Working Group on the Future of Bibliographic Control. [OL]. [2009-04-14]. http://

www. loc. gov/bibliographic—future/news/lcwg—ontherecord—jan08—final. pdf.

20. IFLA Cataloguing Section and IFLA Meetings of experts on an International Cataloguing Code. Statement of International Cataloguing Principles [EB/OL]. [2011—07—10]. http//www. ifla. org/files/cataloguing/icp/icp_2009—zh. pdf.

21. Joint Steering Committee for Development of RDA. News and Announcements. RDA/MARC Working Group Update [EB/OL]. [2011—07—10]. http://www. rda—jsc. org/rdamarcwg. html.

22. NISO. Bibliographic Control Webinar Q&A [EB/OL]. [2009 11 26]. http://www. iso. org/news/events/2009/bibcontrol09/questions.

23. National Library ofFinland. MARC Proposal 2008 04 [OL]. 2008 06 06 [2009 11 12]. http://www. loc. gov /marc/marbi/2008/ 008—04. html.

24. RDA Toolkit Release [EB/OL]. (2012—02—14)[2012—02—20]. http://www. rdatoolkit. org/content/340.

25. Report of the RDA Special Session at DC2006 2009—7— . [2010—03—02]. http:// dublin core. org/groups/libraries/dc2006/RDA_session_notes. doc.

26. Full draft of RDA2009—7—1. [2009—10—29]. http://www . rda—jsc. org/rda full draft. ht ml.

27. IFLA Cataloguing Section and IFLA Meetings of Experts on an International Cataloguing Code: Statement of International Caaloguing Principles[EB/O L]. [2010—08—042]. http://www. ifla. org/publications/statement—of—international—cat alogu-

ing—principles.

28. Functional Requirements for Bibliographic Records [EB/OL]. [2007—12—09]. http://www.ifla.org./VII/s3/frbr/frbr.pdf.

29. Tillett,Barbara. AACR3:Resource Description and access [OL]. 2007—07—25. http://www.ala.org/ala/alcts/alctsconted/presentations/tillettch12/pdf.

30. KIOR GAARD. RDA Core elements and FRBR user tasks [OL]. http://www.rda—jsc.org/docs/5chair15.pdf,2009—12—02.

31. RDA FAQ,11.2[OL][2010—10—2] http://www.rda—jsc.org/rdafaq.html.

32. http://www.oclc.org/research/software/frbr/default.htm [2005—12—17].

33. RDA Toolkit—What's new since August(New Time Added) [OL]. ALA Connect,2010—10—20. [2010—11—2]http://connect.ala.org/node/115471.

34. http://www.vtls.com/corporate/frbr.shtml[2005—12—29].

35. IFLA Study Group on the Functional Requirements for Bibliographic Records. Functional Requirements for Bibliographic Records:Final Report:Approved by the Standing Committee of the IFLA Section on Cataloguing,September 1997. [2005 2 7]. http://www.ifla.org/VII/s13/frbr/frbr.pdf.

36. Statement of Principles:Adopted by The International Conference on Cataloguing Principles. Paris,October 1961. [2005 2 7]. http://www.ddb.de/news/pdf/paris_principles_1961.pdf.

37. Tillett, Barbara. What is FRBR?:a conceptual model for the bibliographic universe. Library of Congress Cataloging Distribu-

tion Service, 2004. http://www. loc. gov/cds/downloads/FR-BR. PDF.

38. Joint Steering Committee for Development of RDA. RDA scope and structure(2009). http://www. rda—jsc—org/docs/5rda—scoperev4. pdf.

39. Calhoun K. WorldCat and the Future of Bibliographic Control. Members Council Meeting. October 22, 2007. [2007—11—4]. http://www. oclc. org/memberscouncil/ meetings/2008/october/wc_future_bib_control. ppt.

40. Bibliographic Service Task Force. Rethinking How We Provide Bibliographic Services for the University of California: Final Report. Dec. 2005. [2007—11—4]. http://libraries. universityofcalifornia. edu/sopag/BSTF/Final. pdf.